国家社科基金
GUOJIA SHEKE JIJIN HOUQI ZIZHU XIANGMU
后期资助项目

现代性的批判和重构

——马克思与怀特海的比较及中国意义

黄　铭◎著

中央编译出版社
CCTP Central Compilation & Translation Press

图书在版编目（CIP）数据

现代性的批判与重构：马克思与怀特海的比较及中
国意义 / 黄铭著. —北京：中央编译出版社，2024.5
ISBN 978 - 7 - 5117 - 4643 - 6

Ⅰ. ①现… Ⅱ. ①黄… Ⅲ. ①马克思主义哲学 - 哲学
思想 - 思想评论②怀特海（Whitehead, Alfred North 1861 -
1947）- 哲学思想 - 思想评论 Ⅳ. ①B0-0 ②B561. 52

中国国家版本馆 CIP 数据核字（2024）第 049355 号

现代性的批判与重构：马克思与怀特海的比较及中国意义

责任编辑	彭永强　李媛媛	
责任印制	李　颖	
出版发行	中央编译出版社	
网　　址	www.cctpcm.com	
地　　址	北京市海淀区北四环西路 69 号（100080）	
电　　话	（010）55627391（总编室）	（010）55627308（编辑室）
	（010）55627320（发行部）	（010）55627377（新技术部）
经　　销	全国新华书店	
印　　刷	佳兴达印刷（天津）有限公司	
开　　本	710 毫米 × 1000 毫米　1/16	
字　　数	226 千字	
印　　张	14. 25	
版　　次	2024 年 5 月第 1 版	
印　　次	2024 年 5 月第 1 次印刷	
定　　价	88. 00 元	

新浪微博：@中央编译出版社　　　　微　　信：中央编译出版社(ID: cctphome)
淘宝店铺：中央编译出版社直销店(http://shop108367160. taobao. com)　（010）55627331

本社常年法律顾问：北京市吴栾赵阎律师事务所律师　　闫军　　梁勤
凡有印装质量问题，本社负责调换，电话：(010) 55627320

国家社科基金后期资助项目
出版说明

　　后期资助项目是国家社科基金设立的一类重要项目，旨在鼓励广大社科研究者潜心治学，支持基础研究多出优秀成果。它是经过严格评审，从接近完成的科研成果中遴选立项的。为扩大后期资助项目的影响，更好地推动学术发展，促进成果转化，全国哲学社会科学工作办公室按照"统一设计、统一标识、统一版式、形成系列"的总体要求，组织出版国家社科基金后期资助项目成果。

全国哲学社会科学工作办公室

前　言

（一）

　　现代性问题自 20 世纪 90 年代以来一直是学界讨论的热点话题，但大多数文献主要是对现代性进行批判，较少见到现代性重构方面的论证。如今，"中国式现代化"作为国家发展的理念和目标，重新激活了有关现代性的话题。现代化与现代性仅一字之差，两个概念虽有分别但总是纠缠在一起，深入思考现代化必将引出现代性。不同以往，今天讨论现代性，焦点已从西方现代性批判转向中国现代性重构。无疑，重构离不开批判，西方现代性和现代化的经验教训值得中国批判借鉴，而更具挑战性的则是，如何重构中国现代性并将其嵌入中国式现代化。

　　"现代性"作为考察传统社会现代化和民族国家全球化的一个普遍范畴，在 21 世纪获得了不同以往的内涵和外延。在建设中国式现代化的新时代，中国是基于新发展理念和构建人类共同价值对西方现代性进行重构与超越，以规避资本逻辑支配和工具理性异化所带来的社会贫富对立与自然生态破坏等严重后果。

　　现代性作为先前现代化的结晶，将成为后继现代化的规范。故而扬弃西方现代性是后发现代化国家重构现代性的一个重大课题，理论上可表达为对现代性的批判和重构。以往文献汇聚于社会理论和政治哲学来指向这一目标，相对少见从自然哲学和科学思想去反思现代性问题。因此，很有必要将各方面研究结合起来，形成现代性批判和重构比较全面的知识场域。

（二）

　　辨析现代性与现代化的关系既是一个深刻的理论问题，也是一个重大的现实问题。为了更好地理解两者的内在关联，不妨采取以下三个视角进行分析：

首先，从共时态看，现代性属于规范性概念，现代化则是历史性概念。这是对两者的一种基本区分。但现实中，现代性与现代化又是彼此融合并相互转化的，以至于有人将两者视为很难区分的概念或认为是同一概念的不同方面。不过，适当辨析两者还是必要的。现代性有广义与狭义之分，狭义的现代性特指西方启蒙现代性，但广义的现代性不止于此，还包括东亚地区的现代性与中国现代性。同样，现代化也有广义与狭义之分，社会学考察的各种社会变迁指标是狭义的现代化概念，而从传统社会向现代社会的转型以及民族文化心理的变化则是广义的现代化范畴。如今我们讲"社会主义的现代化"也是一个广义的范畴。而广义的现代化范畴一般会包含现代性内涵，诸如理性、价值、伦理等规范性因素。

其次，从历时态看，现代化作为一种社会变迁，就是传统社会向现代社会的整体转型。除了工业化这一物质基础和城市化这一外在景观，现代化的精神指向乃是社会趋于理性化的深刻变化，尤其是工具理性、技术理性被普遍运用于各个领域，成为个体行为和社会组织的基本准则。从某种意义上讲，现代性是现代化之"道"，现代化则是现代性的"道成肉身"。正如有学者指出，"如果说'现代化'（Modernization）是一种客观发生的历史过程，那么'现代性'（Modernity）就是对这个客观历史过程的逻辑概括。"[1] 西方启蒙现代性两大原则是理性至上和自由至上，它们在现代社会中表现为社会合乎理性规范和个体奉行自由主义，在根本上改变了传统社会关于统治者权威和宗法共同体的观念。

在西方文化中的现代性历程经历了 16 世纪马丁路德宗教改革、17 世纪科学天才涌现、18 世纪法国革命等重大事件。这些历史事件给现代人留下了多种遗产，包括建筑、艺术、科学、技术、政治等，以及影响深远的现代观念，诸如主体性、合理性、个体性等，使得现代性变成了"一个充满魔力的词汇把所有元素串联起来"。启蒙理性作为精神层面的现代性，从形上的道理世界下降到形下的器物世界，通过现代实践而实现。就此而言，现代性即现代化。西方文化"作为历史实践过程的现代

---

[1] 王凤才：《21 世纪语境中如何理解马克思的现代性批判？》，载《山西大学学报（哲学社会科学版）》，2022 年第 2 期，第 11—16 页。

性"是告别中世纪走向现时代的历史进程，人们称之为现代化，包括政治、经济、技术和观念多个层面上的转变。①

再有，从学科上看，如果说现代化是一个社会学范畴，那么现代性便是一个哲学讨论的概念。在学科区分上，现代性与现代化构成了形上与形下的不同论域，但为了某种目标它们产生"共谋"作用，即现代性为现代化提供规范，现代化实现现代性的理念。在西方国家，现代性作为问题与批判对现代化造成了深刻影响，有学者指出："现代化被从它曾经占据的崇高位置上拉了下来，成为一个深刻质疑现代变迁的思想切入口。"② 诚然，西方国家现代化中出现的诸多问题可被归结为现代性问题，无论是改造自然的工具理性主义还是社会奉行的个人自由主义。

总之，现代化与现代性既是本体论意义上的过程及其本质的关系，也是实践论意义上的实践及其理论的关系。一方面，从过程与本质来看，过程是变化的，本质是不变的，但本质也在过程中生成，随着过程的变化可以重构；同样，现代化作为一个变化过程，可以创新现代性本质，这是现代性批判与重构的本体论。另一方面，就实践与理论而言，实践产生了理论，理论又指导实践；同理，现代化生成现代性，现代性规范现代化，这是现代性批判和重构的实践论。

（三）

关于书名，所谓"现代性批判和重构"，是指西方现代性批判和中国现代性重构；论述"马克思与怀特海的比较及中国意义"，因为前者是我们的指导思想，后者则与中国传统哲学是深度契合的。本书旨在通过马克思对资本主义现代性批判与怀特海对近代科学现代性批判的对比，深入分析构成现代性的资本逻辑与工具理性，从中揭示现代性的抽象性本质，并经由马克思的社会历史观念与怀特海的过程有机哲学重构现代性的具体性视域，提出"人·社会·自然"的有机整体世界观，为中国式现代化发展呈现一种人与自然关系的全部视域，为中国生态文明建设提供一种宇宙论证明。

---

① 汪民安主编：《文化研究关键词》（修订版），南京：江苏人民出版社 2020 年版，第437 页。

② 任剑涛：《从现代化的规范含义理解"中国式现代化"》，载《江汉论坛》，2023 年第 1期，第 5—14 页。

　　将马克思思想与怀特海哲学进行比较，发现它们在两个方面均有互补性：一方面，在现代性批判上，马克思批判资本逻辑，因其拜物教导致了人的劳动异化，但基本肯定科技理性；怀特海批判近代科学，因其抽象性误置了具体人类经验，但较少关切社会历史。现代性批判应包括资本与科学两大构件批判。另一方面，在现代性重构中，马克思凸显社会历史前景，怀特海拓展自然生态背景。人的存在的整体视域应包括前景与背景。

　　如果说以往研究集中于现代性批判，那么本书在批判之后提出了现代性重构；如果说既有文献大多是关于马克思对资本主义社会的现代性批判，那么本书引入怀特海对近代科学及其自然哲学的现代性批判，并与马克思对资本主义的现代性批判相比较，整合了现代性批判的社会维度和自然维度，论证了人与自然和谐共生的发展理念。因而书名蕴含的意义是：从现代性批判和重构彰显中国式现代化；从现代性批判和重构深入生态文明建设。

目　录

导论：开辟现代性研究新视角

在人类发展的历史长河中，现代性作为近现代以来形成的社会历史事实，相对于几千年的传统社会呈现出史无前例的创新性，但也让人类的未来充满了不确定性和风险性。从结构上看，现代性作为现代社会的总体特征，通过"资本"和"科学"两大支柱得以建构，具有高度的抽象性。在人类精神和心智层面，这种抽象性表达了人类主体能力的极度发展，但人的精神和心智却也被简化为了一种狭义的理性，仅仅专注于事物的形式和数量，从观念到现实、从社会到个人、从自然到文化等各方面均有可能偏离人的本真存在而陷入异化状态。因而，从抽象性及其具体性研究现代性就显得十分必要和非常重要。马克思和怀特海对现代性的抽象性及其具体性都有深刻的透视，他们分别考察了资本的抽象性和科学的抽象性，并提出了各自重构具体性的思想和理论。若从资本与科学在抽象性上互有相通性，且人类社会历史与自然生态演化根本上是统一的观念去审视，我们不难发现他们的思想和理论彼此互补且能够相互结合，是作为化解现代性危机的两大智识来源。本章作为全书的导论，拟对"何为现代性""现代性问题""马克思和怀特海的视角"先做简要的介绍说明，引导读者初步了解全书的"主要内容和基本结构"。

一、何为现代性

何为"现代性"，或"现代性"指什么？这是一个内涵极其丰富且外延非常广泛的范畴。现代性表现于现代社会生活的方方面面，它产生于欧洲的社会历史事实，并在启蒙运动以来的主导观念中积淀和生长。因此，把握现代性除了共时态说明和历时态考察之外，更需要深入其本质去揭示。由于现代性具有社会、历史、观念三大表现，我们不妨从现代社会、历史发展和主导观念去阐发其特征、生成和本质。

（一）从现代社会刻画现代性的特征

从现代社会来看，现代性基于工业文明而诞生。吉登斯（Anthony Giddens）将"现代性"一词用作"现代社会或工业文明的缩略语"①。作为现代社会或工业文明的指称，现代性无疑是一个总体性的概念，分为经济、政治和文化的不同层面。在西方现代社会，现代性的经济基础是基于工业化生产力的资本主义市场经济；现代性的政治制度是根据个人权利及其社会契约的民主制度；现代性的意识形态则是导向自由主义的理性主义。简言之，市场、民主和自由成为现代性的关键词。由此塑造了这样的现代性宏观形象："疆域固定的民族国家、自由民主政制、机器化的工业主义、市场化的资本主义、主体—中心的理性哲学、权力和理性巧妙配置的社会组织，以及所有这些之间的功能联系，等等。"②

现代性具象地呈现于现代生活场景之中，其典型风貌可描述为城市生活，如大量人口频繁流动、交通枢纽极其发达、高层建筑林立、商业大街繁华等现代性的城市化景观。无疑，城市化出于工业化的需要。只有城市化的发展，现代社会才能大规模地配置人、财、物各种资源，才能开展机器大工业生产，才能使现代社会的生产、分配、交换、消费得以迅速运转。

城市化使现代生活异于传统生活。从传统的乡村转向现代的都市，人们生活的节奏变得越来越快，追求时尚、消费和奢侈使现代人失去了生活的简朴和内心的宁静，波德莱尔（Charles Pierre Baudelaire）、西美尔（Georg Simmel）、本雅明（Walter Benjamin）等作家对此不乏描述。韦伯（Max Weber）、马克思、桑巴特（Werner Sombart）等思想家，则更为深刻地就理性、商品、奢侈这些方面刻画了现代生活不同于中世纪的特质：现代理性社会是祛魅化的，现代商品社会是市场化的，现代奢侈社会是欲望化的。祛魅化、市场化和欲望化不同于中世纪的神圣性、封闭性和苦行性。现代社会理性设计的制度、到处流动的商品和向往奢侈的欲望，弥漫于现代人生活的每个角落，刻画了现代社会的政治、经济和伦理的大致轮廓。③

① ［英］安东尼·吉登斯、［英］克里斯多弗·皮尔森：《现代性——吉登斯访谈录》，尹宏毅译，北京：新华出版社2001年版，第69页。

② 汪民安：《现代性》，南京：南京大学出版社2012年版，第6页。

③ 汪民安：《现代性》，南京：南京大学出版社2012年版，第93—95页。

现代性更本质地表现于现代社会的货币交往之中。现代商品经济的发展使货币成为人际交往的普遍媒介。不同于传统社会风土人情式的习俗交往，货币使人际关系变得抽象化和数量化，并带来了双重效应："它一方面使一种非常一般性的、到处都同等有效的利益媒介、联系媒介和理解手段成为可能，另一方面又能够为个性留有最大程度的余地，使个体化和自由成为可能。"① 这是个体基于货币而获得的相对独立性。与此同时，现代性通过货币这一普遍媒介使人际交往产生了不同于传统"礼俗社会"的现代"法理社会"，即滕尼斯（Ferdinand Tonnies）所说的传统共同体和现代社会的本质差异。就质与量的范畴而言，传统礼俗社会主要是质性的，现代法理社会大多数则是可量化的。现代社会这种因同质性而可量化的基本特征反映了现代性在人际交往和社会结合方面的抽象性。

更一般地说，数量理性作为现代性的一般原理被运用于现代社会，建构了一个抽象化的社会。现代社会将理性抽象地运用于生产劳动，视产品为商品，淡化使用价值而强调交换价值，省略质性差异而凸显数量多少，使具有特定质的使用价值被抽象为没有质的差别的价值量，并符号化为货币。然而，一旦社会被抽象化，传统共同体根深蒂固的各种伦理关系就由此彻底解构，人际关系也被简化为以货币为中介的经济利益关系。于是，现代性塑造的社会是经济社会，经济利益而非伦理道德成为了现代社会人际交往的基本准绳。围绕着经济发展，现代社会开展了工业生产、构建了法理社会、组织了城市生活，它们从不同方面刻画了现代性的社会特征。

（二）从西方历史考察现代性的生成

从人类历史发展去考察"现代性"，不妨按历史现象、历史事实和辩证逻辑三个范畴及其内在关联加以说明。"现代性"起初作为一种西方历史现象呈现出来，以一系列的历史事件为标志。然后，人们对这些历史事件的意义进行反思，并将之概念化为重要的历史事实。基于这种历史事实，现代性的往后发展呈现了人类反思参与其中并按新的理念重构的辩证逻辑。因此，我们需要就现代性对主体的启蒙作用、西方文化

① ［德］西美尔：《金钱、性别、现代生活风格》，顾仁明译，上海：学林出版社2000年版，第6页。

的渊源、社会结构的生长等方面进行多重审视，以反思西方现代性的诸方面局限，为中国现代性的撰写提供新的可能性视域。

首先，从现代性对主体的启蒙作用看，"现代性是 16 世纪以来首先出现在欧洲的社会事实和观念事实"①，也就是说，现代性作为一种历史现象，在西方文化传统中最早出现于中世纪结束之后，文艺复兴、宗教改革、科学革命、大机器生产和资本主义市场兴起等一系列重大历史事件奠定了这一历史进程。这些历史事件中蕴含着重大意义：人实现了对自身的重新发现，个人信仰摆脱教会控制获得了自由，天文学日心说带来世界观的根本转变，机器的应用推广使人具备了改造自然的伟大力量，资本主义的商品经济和自由市场打破了传统的人身依附关系，让现代人的活动具有了前所未有的流动性。上述历史现象和历史事件被概括为现代性的个体自由和理性至上的原则。然而，现代社会抽象地遵循这两大原则，脱离了传统社会的伦理规范和自然制约的双重限制，并演绎出个人自由主义和人类中心主义的两种极端立场，最终导致现代社会日益严重的贫富分化和生态破坏两大危机。

其次，从现代性的西方文化渊源看，现代性肇始于西方文艺复兴和宗教改革运动，它是对中世纪的脱离，将人的生活和思想从传统中解放出来。有人将之比喻为"它像一艘巨轮一样，从 16 世纪开始慢慢驶离了完全由上帝宰制的那个中世纪码头。"② 然而，作为近代以来发生在欧洲的历史事实，西方现代性是否具有世界的普遍意义而且是唯一的现代性？除此以外，是否还有另一类现代性或东亚现代性，以至于现代性是文化上多元的？显然，中国传统文化中重农抑商、道德教化、修齐治平等这些集体主义的文化基因都不易产生西方的资本主义精神。20 世纪 60—70年代东亚经济奇迹曾使不少学者尝试追溯类似西方新教伦理的东亚儒教伦理，但事实上并不存在这种可比性。从文化上看，西方现代性的确属于西方文化精神在近现代的一种突变和表达。

最后，从现代性的社会结构生长看，现代社会不同于传统社会还在于其生长方向和发展速度不同。一般而言，人类社会在某个历史时期总会有一定剩余劳动创造剩余的财富积累，但如何使用这些财富积累将成为传统社会与现代社会相区分的一个重要方面。传统社会一般将剩余财

① 汪民安：《现代性》，南京：南京大学出版社 2012 年版，第 1 页。
② 汪民安：《现代性》，南京：南京大学出版社 2012 年版，第 10 页。

富资源用于社会上层建筑的维系和巩固，比如中世纪社会维持封建等级制统治需要的制度成本、官僚阶层用于自身的消费需要以及构建社会文化符号体系的开支等；而现代社会主要将剩余财富资源用于物质生产资料和生活资料的扩大再生产，并在货币制度下将社会结构重组为一架促使资本增殖的巨大机器。显然，如果把剩余财富从生产系统中抽取出来，倾注于维系上层建筑的消耗与再生产，社会一旦陷入"停滞型经济系统"便会导致生产力处于发展缓慢的状态。相反，若将剩余财富不断地投入物质生产系统中，生产力发展势必加快，推动社会成为"扩张发展型经济系统"。① 可见，社会剩余财富资源投入方向不同会造成社会结构不同的生长方向和发展速度。传统社会在较低的生产力水平下将有限的社会财富主要投入巩固上层建筑和阶级统治的需要，虽然有利于社会稳定，但社会发展速度极其缓慢。对比之下，现代社会将大量剩余的社会财富投入物质生产体系，促使生产力迅速增长，引起生产方式不断变革，从而使社会阔步前进。因此，从变化缓慢的传统伦理型社会向快速发展的现代经济型社会转变，推动现代社会结构的生长从上层建筑转向经济基础，更有可能引起社会形态的嬗变。

（三）从主导观念揭示现代性的本质

把握现代性的本质可以分为两个维度，即"现代性的精神性维度"和"现代性的制度性维度"。两者内涵各不相同：前者揭示了人的主体性和自我意识、理性化的文化精神；后者表现为市场经济、科层制和民主政治。② 两个维度分别凸显了考察现代性的内在视角和外部视角。除了对现代性制度层面的考察，不少学者还关注于"现代性的精神性维度"，深入观念层面去揭示现代性的本质。

在观念层面，现代性有可能缘起于一种精神性因素的先导作用。韦伯通过对西方文化传统的考察，揭示了这种精神性因素是源于"两希文化"（古代希伯来的宗教信仰和古代希腊的哲学理性）的新教伦理，它成为现代资本家追求财富、自我禁欲和资本积累的精神动力。新教伦理为资本主义精神的勃兴提供了一种宗教关怀，为资本家追求物质财富增

---

① 鲁品越、骆祖望：《资本与现代性的生成》，载《中国社会科学》，2005 年第 3 期，第 62 页。

② 衣俊卿：《现代性的维度及其当代命运》，见赵剑英等主编：《马克思哲学与中国现代性建构》，北京：社会科学文献出版社 2006 年版，第 114—117 页。

长提供了神学上的合法性。亚当·斯密（Adam Smith）还从市场机制说明了上帝那双"看不见的手"在无形中调节着人们的逐利动机，让芸芸众生自私自利的市场活动汇聚成整个社会的福利增长。

新教伦理源于"两希文化"，其文化基因是逻各斯或理性。韦伯据此认为，现代性发展或现代化就是"使世界理性化"：对自然认识的理性化产生了现代科学，对物质资料生产的理性化产生了现代生产力，对社会交往活动理性化产生了市场规则、法治社会和科层制度。① 一句话，正是理性塑造了现代社会并规定了现代性的本质。

理性作为现代性的本质，表现于现代社会的经济、政治以及人与自然的关系中。现代经济包括生产力的技术层面和生产关系的社会层面：前者是工业化的机器生产，后者是商品化的市场经济。这两方面使传统社会发生嬗变，"工业主义的机器特性，和资本主义的商品特性一样，都同样地促使传统社会向现代社会不可逆地转变。"② 与此同时，工业化和商品化还抽象地演绎为工业主义和资本主义，成为理性在生产力和生产关系方面的主导观念。然而，人类因拥有工业化的生产力在改造自然的广度和深度上达到了空前的水平、成为支配自然界的主人的同时，资本主义的商品化也在不断使自然界抽象为经济资源库，这造成了人与自然关系的对立格局。

基于工业主义和资本主义的生产方式，个人主义的国家制度，以及崇尚民主、自由、平等、法治、公正、人权等理念与之相匹配，后者建构了西方现代性的政治哲学。聚焦于国家概念，现代性的国家理念是个人的自愿联合体。自 17 世纪以来，从马基雅维利（Niccolo Machiavelli）到霍布斯（Thomas Hobbes）再到洛克（John Locke），西方现代性政治哲学一直认为："个人的基本权利必须得到保护和尊重，个人，作为最高价值，受到国家的尊重，个人及其权利，是社会的法律、政治和经济原则的根基。"③ 如此，理性在国家制度和政治哲学上就发展成了自由主义和个人主义的观念。然而，一旦丧失社会必要的道德标准的制约，在个人主义和自由主义主导下，人的自私自利将会泛滥成灾。届时，个人的私

---

① 赵剑英等主编：《马克思哲学与中国现代性建构》，北京：社会科学文献出版社 2006 年版，第 136、139 页。

② 汪民安：《现代性》，南京：南京大学出版社 2012 年版，第 176 页。

③ 汪民安：《现代性》，南京：南京大学出版社 2012 年版，第 113—114 页。

欲和意志将被置于基础性地位，凌驾于整体的善和正义之上，"终将引发一盘散沙的虚无主义，现代性的动荡危机由此而生。"①

无论是经济上的工业主义和资本主义，还是政治上的个人主义和自由主义，现代性的这些主导观念都由理性发展而来。首先，理性在人与自然的原始关系中，不仅使自然界祛巫除魅，而且使个人意识觉醒。这一切起因于传统有神论自然观在近现代的除魔化。在古代，人们认为自然蕴含神性，自然秩序反映了神性秩序；中世纪，人视自然是上帝的创造物，科学探究自然是为了从创造物了解创造者，窥探上帝创造自然的神圣旨意。近现代，自然简化成科学认知的客体，经由数学化处理变成抽象的数和形。由于上帝的退场、自然的物化，人在宇宙中获得了最高的地位。哲学、科学和工业的理性化发展也使人成为自然的主宰，形成了人类中心主义的世界观。其次，理性在人与社会的关系中，使个人相对于社会获得了更高的地位和价值。随着"上帝死了"和人类凸显，文艺复兴和宗教改革运动还将个人从传统、教会束缚中解放出来。个人获得了空前的自由，个人主义和自由主义成为人类解放的主导观念，传统社会基于地缘血亲和教会团体的诸共同体也纷纷解体，因为现代性的个人与社会的关系基于理性规定的契约和法律。因此，无论是现代性的自然观还是现代性的社会观，理性在促成人类解放的同时，也使人与自然、人与社会的关系丧失了原初的有机统一性，导致了现代性对人的生存的深刻危机。

（四）从现代化看现代性批判和重构

现代性作为人类进入近现代社会反映出来的一种时代精神，通过现代化得以具体表现。在某种意义上说，现代化是现代性的"道成肉身"，现代化的负面效应可以揭示现代性自身的各种问题，现代化的伟大成就也证明了现代性的积极意义。不同于自然过程的客观独立性，社会历史是人的活动结果，人的活动无疑离不开观念先导。因而，观念参与了现实的建构，社会历史因此是可变的且被创造的。

在马克思看来，"不是人们的意识决定人们的存在，相反，是人们的社会存在决定人们的意识"②。历史唯物主义坚持社会存在决定社会意

① 汪民安：《现代性》，南京：南京大学出版社2012年版，第113—114页。
② 《马克思恩格斯文集》第2卷，北京：人民出版社2009年版，第592页。

识，但不否认社会意识反作用于社会存在。这种反作用尤为显著地表现为人类用观念重塑现实的历史活动之中。这里，社会意识不是独立于社会存在外在地起反作用，而是内在地参与社会存在建构的观念活动。所以，没有脱离了社会意识的社会存在，反之，也没有脱离了社会存在的社会意识。而社会意识参与社会存在建构的原理不妨用于现代性与现代化的关系，即现代性在观念上建构了现代化，现代化在现实中表达了现代性。有鉴于此，可从现代化反思现代性，通过批判和重构现代性重塑现代化。

现代性在西方发达国家和广大发展中的国家和地区产生的负面效应主要表现为两大方面：一是因人与自然发展失衡而引起的生态环境危机，二是因剥削阶级压迫不断加重而造成的社会贫富分化。前者反映在人与自然的关系上，现代性理念片面强调人对自然的能动性但忘却了人在自然面前的受动性，从外在关系思维出发对待自然，将自然界抽象为自然物，遗忘了人类根源于自然界的原初事实；后者则反映在人与他人的关系上，现代性观念立足于市场竞争，追求个体自由，瓦解了各种传统的共同体。在优胜劣汰的市场机制下，个体间差距因失去了伦理道德限制而被无限扩大，形成了贫富分化的"马太效应"，极少数人占据了社会绝大部分的财富和资源，人口绝大多数却仅有极小份额的财富和资源，金字塔型的财富和资源分配结构由此形成。

现代性的理性至上原则和自由至上原则被抽象运用或许是导致人与自然关系对立、人与他人关系紧张的思想根源。理性至上原则被用于人与自然关系，既改变了传统的自然观，也改变了人与自然的关系。现代人已习惯于从自然物去理解自然，在科学研究中将自然视为物质客体，在经济活动中将自然当作物质资源，使人与自然关系按科学理性和经济理性得以重构，全然消除了人与自然关系可能存在的其他维度。按理性至上原则对传统自然观祛除巫魅之后，人与自然的关系也被归结为人与物的关系，好似人可以站在自然界以外来征服自然和改造自然那样，与自然形成了一种对立关系。自由至上原则被用于人与他人关系上，首先表现为现代市场的自由竞争和自由贸易，个体基于商品和货币获得了空前的生产和交往自由，人与他人的关系被简化为商品交换关系、被抽象成货币计算关系，而自由竞争和优胜劣汰又使个体差异被市场无限放大，造成了差距悬殊和两极分化的局面。由此可见，一旦脱离了人对自然界的根源关系、人对他人的道德规范，将理性至上和自由至上原则抽象地加以运用，那么势必带来现代性的消极后果。这是西方现代性的局限性。

中国现代化同样离不开对现代性的重塑，但显然不能照搬西方现代性观念、采用西方现代化模式，而必须在批判和扬弃西方现代性的基础上重构和创新中国的现代性，从而实现社会主义的现代化。从现代化看现代性的批判和重构，中国社会主义现代化建设及其现代性重撰具有明确的价值导向：表现在人与自然的关系上，中国现代化追求的是人与自然和谐共生的现代化；表现在人与他人的关系上，中国现代化追求的是全体人民共同富裕的现代化。先从人与自然关系去看，"和谐共生"是中国现代性处理人与自然关系的总体理念，它既源于传统文化，又基于现代科学。"和谐"可以视为中国传统文化的基因，反映在人与自然关系上是天人合一，其依据是有机整体的自然观和人与自然的内在关系。"共生"则是现代生态学的概念，生态学站在维系生态系统食物链的角度强调生物种类多样性的自然价值，并遵循人类和其他生物共同生存、相互繁荣的原理。再从人与他人关系去看，中国传统文化揭示了"不患寡而患不均"的道理，从伦理道德上指出规避贫富不均的重要意义，而中国特色社会主义正强调追求共同富裕，以满足人民日益增长的美好生活需要、着力解决发展不平衡和不充分的问题。总之，在上述中国现代性理念的指引下，中国现代化发展必将实现民族伟大复兴和国家永续发展。

二、现代性问题

现代性以人类理性为其本质规定，相对于中世纪神学意识形态的确是一种解放的力量。然而，在现代性塑造的现代社会中，由于人类理性及其运用不受限制地抽象发展，导致现代化各种负面效应产生，人们对现代性的诉求便转为了对现代性的批判。于此，参考现代西方学者对启蒙理性的反思、对工具理性的审视并回顾马克思对资本主义的批判，可为中国现代性重构和现代化发展提供理论借鉴和思想指导。

（一）从启蒙理性看现代性问题

现代性具有什么样的本质规定决定了人们对现代性批判具有什么样的目标。对此，不同思想家做了不同的概括。韦伯从近代启蒙运动出发，以理性规定现代性的本质。他考察了近现代不同于中世纪之处，认为人类的理性代替了上帝的神性，现代社会因此成为一个理性社会，其发展是一个理性化和世俗化的过程。对此，有学者指出，启蒙理性"将社会的神秘化光圈驱散，使之露出此岸的世俗光芒。由此，理性成为现代性的关键词，在某种意义上，理性化过程就是现代性的过程。"① 所以，现代性批判就是理性批判。

不同于韦伯对现代性的理性审视，福柯（Michel Foucault）从非理性主义的视角出发，以权力替换理性审视现代性，指出人类社会基于权力而形成，社会关系就是权力关系。因此，现代社会与传统社会的区别不是理性和神性的差异，"而是一种权力和另一种权力的差异：一方是巧取豪夺的、强征的、压迫的、暴躁和粗鲁的权力；另一方是激励的、生产的、创造的、投资的、管理的权力。"② 很明显，两种权力分别属于封建主义社会和资本主义社会的统治者，显示了传统与现代的权力特征，后者取代前者，对于社会和人性无疑是一种进步。但是，资本主义社会拥有的那种权力任由自由市场发展后，也会造成社会伦理失范和精神价值丧失的后果。

然而，无论是理性表达还是权力规制都离不开制度设计，社会制度往往成为现代性批判的直接目标。20世纪，不少社会学家都聚焦于对现代性的制度批判，如韦伯的科层制度、福柯的规训社会、吉登斯的风险社会、哈贝马斯（Jürgen Habermas）的规范基础等。不过，制度只是观念的表现，在这些现代性制度背后，还有更深层的现代性观念作为依据。康德（Immanuel Kant）、黑格尔（G. W. F. Hegel）、尼采（Friedrich Wilhelm Nietzsche）、海德格尔（Martin Heidegger）、利奥塔（Jean-Francois Lyotard）等人的哲学思想，都体现了对现代性观念的批判。所以，现代性批判可分为社会制度批判和哲学观念批判两大类型。

现代性批判的两大类型，都直接或间接地指向对现代性本质的揭示和对现代性精神的阐发。现代性的本质被揭示为人的理性，现代性的精神可阐发为人的启蒙。理性和启蒙是现代人的基本标志，自摆脱了中世纪蒙昧之后，人的思想和精神获得了空前的解放，凭借自己的理性能力可以实现自己的自由本性。启蒙根据于理性，自由依赖于理性，理性成为现代性的核心概念。

---

① 汪民安：《现代性》，南京：南京大学出版社2012年版，第69页。
② 汪民安：《现代性》，南京：南京大学出版社2012年版，第95页。

从西方哲学史对理性概念进行简略回顾，也能看出现代性在西方思想传统中的理性基因。古希腊哲学家柏拉图（Plato）将理性视为世界的本体，理念作为万物的原型以及理想国作为人间社会的蓝图证明了理性的至高无上。近代理性主义哲学家笛卡尔（René Descartes）、斯宾诺莎（Baruch de Spinoza）、莱布尼茨（Gottfried Wilhelm Leibniz）将理性视为人类的一种认识能力，他们的唯理论尤为强调理性认识高于感性认识。康德则将现代性与理性首次关联起来，认为现代性源于近代启蒙运动，启蒙的实质在于人的理性自觉，他的纯粹理性批判揭示了理性的本体论限度。随后，黑格尔用辩证法超越了康德所说的理性限度，将理性与现实内在地关联起来，其名言为"凡是现实的总是合理的，凡是合理的终将成为现实"，以是否合乎理性作为标准来判断事物能否成为现实。

到了现代，理性走出抽象的思辨范畴而深入现实的生活世界。韦伯考察新教伦理与资本主义精神，更加鲜明地揭示出现代社会生活中蕴含的理性原则，但同时也指出这种理性原则在世俗生活中演绎到极端便走向其反面，产生了现代人存在的理性悖论。法兰克福学派的思想家将韦伯的工具理性扩展为现代社会的技术理性，更广泛地批判了理性的单向度发展所带来的生活世界的异化。

随之而来，人类理性的主体也发生了从个人到群体的转向。近代哲学自笛卡尔开始，将理性立足于个体的自我意识，但这显然不能解释现代人社会化生产和城市化生活的基本现实。因此，从哈贝马斯到罗尔斯（John Bordley Rawls），理性被重写为交往理性和公共理性，以突破自我意识和私人领域的局限性，理性成为一种实践形式并运用于公共领域。

（二）从工具理性看现代性问题

如果现代性的本质被视为理性，那么现代社会工具理性的过度发展正是现代性的问题之一。工具理性是人类理性凸显于工具或手段的一种表现。为了有效地改造对象，采用合适的工具或运用恰当的手段毋庸置疑是极其重要的。但当理性专注于其上，通过计算追求工具使用效率的最大化，或不顾一切追求功利结果的最优化时，往往会遗忘除工具以外对其他方面的考量。在韦伯那里，工具理性是相对于价值理性而言的，两者共同构成人类实践活动的统一体。若将它们抽象地分离开来，价值理性就只讲动机和行为的合理性，仅强调动机正当和行为本身的价值，甚至可以不计后果；工具理性则过于讲究手段，使人们的活动精于算计而缺少关怀。对于工具理性而言，一旦脱离了价值理性的规范和引导，就容易陷入工具主义的狭隘性。精确计算的确可将理性发挥得淋漓尽致，达成形式上的合理性，但如果缺少价值理性的人文关怀，漠视人的情感满足和精神需求，最终难免造成人类理性的物化和异化，本末倒置为实质上的非理性。韦伯对人类合理性的分析批判使工具理性在法兰克福学派那里成为一个重要的议题，引起了不少讨论。

从人与自然这一最根本的关系去审视工具理性的应用，可以发现其正负效应。一方面，进入近现代，科学技术作为人与自然关系最重要的中介，已使人类改造自然的范围、水平和内容发生了前所未有的巨大变化，自在自然通过科学认知更多地成为人化自然，自然物经由技术改造不断地成为人工物。随着科学技术地位和作用的日益凸显，人类理性应用的重点也从自然对象转向科学技术本身，工具理性由此获得专门发展，成为人类理性的主要形式，并遮蔽了理性的其他形式。在"人—科技—自然"的关系结构中，科技成为了人与自然关系的中介，我们如何认识和改造自然主要取决于科学和技术怎样发展，这无疑是人类面对自然的伟大进步。但另一方面，这种进步也伴随着很大的风险。倘若科学认知自然错误或技术改造自然不当，将使人与自然关系失去平衡和引起冲突，甚至招致自然界严重的报复，这方面的惨痛教训在人类工业化的几百年中不胜枚举。不过，造成人与自然关系紧张的根源还在于人类自身，因为科学技术只是人类影响自然的工具，工具有什么效应及其如何使用，取决于作为使用者的人。显然，现代科技使人类拥有了从无机界到有机界所有物种的力量，空前放大了人类影响自然的力量，使人成为自然界名副其实的主人。但就如培根（Francis Bacon）的名言"知识就是力量"，如果这种力量被滥用便会破坏人与自然的关系，造成全球性的生态危机。所以，当工具理性被用于现代科技而重构人与自然的关系时，必须注意科学技术所具有的正负效应。

当工具理性被用于人与他人关系时，也会产生人际关系的问题。启蒙理性从神性那里解放了人性，人类凭借理性获得了充分的自信。人类主体性在认识自然和改造自然方面取得了长足的发展，自然相对人类完全被视为认识和改造的客体，没有任何主体性可言，人与自然的关系则被归为人与物的关系。而这种主客体关系、人与物关系同样也被移植到人与他人的关系上，即把他人视为客体、当作工具，这同样造成了一系列社会问题。首先，人际关系被物化为商品关系，人与他人交往的一切均被抽象为物质利益关系，并通过货币进行同质化的数量计算得以简单评估，而感情、友谊、精神等以往无法计量的东西现在都可以用金钱买卖，从而实现了所有人事物普遍的货币转化。如此货币化的社会难免受制于拜金主义的意识形态桎梏。其次，由于主体性在现代社会各阶层之间、诸个体之间的分布是不平衡的、不公正的，工具理性的强化会使统治者更加容易操控统治对象，以数据形式全方位监视和管理普通民众。人与人的社会交往也变得更有功利性和可计算性，交往成本与收益的反复核算使人们成为一个个精致的利己主义者。总之，工具理性植入人与他人的社会关系中并主导着人们的社会交往，带来了人际关系的现代蜕变，即变得更加物质化和抽象化了。

（三）从人类解放看现代性问题

有别于对现代性的制度批判和观念批判，马克思根据历史唯物主义，从生产方式说明现代性的物质基础。在他看来，现代社会诞生于资本主义的商品经济，商品的生产、交换、分配和消费是现代社会生活的物质基础。由此深入，现代性的理性及其抽象隐藏于商品的二因素，即商品的使用价值和价值之中。不同于一般产品，商品的交换价值决定了其使用价值，资本只有通过商品的流通和交换才能增殖和获利。但商品要想流通和交换，就必须先经过抽象化处理，当异质的使用价值被抽象为同质的交换价值时，不同商品之间就能普遍地发生交换。商品生产在前现代社会中早有萌芽，进入资本主义社会则占据了支配地位，甚至整个现代社会全被商品化了，"所有的东西都被标上了市场价值，所有的东西都被抽象化和量化了。商品拜物教在支配着这个社会组织，也就是说，在这里，人和人的关系在商品生产和交换中被史无前例地抽象为物和物的关系。"① 商品拜物教正是现代性及其抽象本质在商品化社会中产生的异化现象。商品拜物教属于现代社会的一种基本特征，但从历史发展和人的解放来看则是一种历史现象。

马克思和恩格斯在《共产党宣言》中指出，源于欧洲的资本主义现代性通过世界市场在全球各地以殖民掠夺等野蛮方式席卷开来，已成为现代人类的一种命运。但从历史发展来看，现代性及现代社会对于人类

---

① 汪民安：《现代性》，南京：南京大学出版社2012年版，第73页。

解放却有重大而深远的意义，即便这种解放是片面和异化的。在马克思看来，人的解放随着历史发展会先后经历三个阶段：人对人的直接依附阶段、人通过物获得的相对独立阶段、人的自由全面发展阶段。现代社会处于第二个阶段，它对人的解放具有双重性：一方面，现代社会凭借商品、货币和市场，使人的存在从封建社会的人身依附关系中解放出来。在城市化和劳动力商品化的推动下，人们的生产劳动不再受地域限制，实现了前所未有的广泛交往。货币作为普遍的交换媒介也代替了传统社会的各种人际关系纽带，将人与人的关系归为物与物的关系，给人的解放带来了一种抽象的可能性。另一方面，在资本逻辑的支配下，现代社会变成了消费社会，并造成资源浪费和生态破坏，使现代人的生存又陷入新的困境。面对现代化的负面效应或现代性问题，现代人需要超越这一阶段的局限性而迈向自由全面发展的新阶段。

由于现代社会处于传统社会和未来社会之间、现代性处于前现代和后现代之间，人们对于现代社会及其现代性一般有三种态度和立场：其一，坚持现代性并改造之，像哈贝马斯、吉登斯、贝克（Ulrich Beck）等人所倡导的那样；其二，将传统社会理想化以抵制现代性的发展，不少保守派人士的主张均是如此；其三，解构现代性价值体系并直接转向后现代，如福柯、德里达等人对现代性的解构以及激进的后现代主义所提出的观点。但上述三种态度和立场都比较抽象，无论是将现代性从时间轴中独立出来，还是使现代性与传统或未来相脱离，都缺乏对现代性的历史维度的把握。作为历时态概念，现代性的历史维度必须在整个人类社会历史进程中才有可能被真正地把握。

历史由人的活动所创造，社会是人的生活的展开。因此，现代性的历史维度及其历史性最终被归结为人的存在性，现代性问题就是人的解放问题，现代性批判不但要展开社会历史批判，还要深入到人的异化批判。这两大批判在马克思那里通过对资本主义现代社会中人的异化分析来完成。马克思认为，造成现代资本主义社会人的异化的根源在于资本对人类生产和生活的非人道支配，所以他将现代社会的现代性投射于资本，以"揭示资本作为现代性原则的普遍贯穿及其内在限度"。① 马克思还描绘了资本从封建主义社会到资本主义社会的各种表现："在资本已经

---

① 罗骞：《论马克思的现代性批判及其当代意义》，上海：上海人民出版社2007年版，第5、11页。

取得了统治的地方把一切封建的、宗法的和田园诗般的关系都破坏了。它无情地斩断了把人们束缚于天然尊长的形形色色的封建羁绊，它使人和人之间除了赤裸裸的利害关系，除了冷酷无情的'现金交易'，就再也没有别的联系了。它把宗教虔诚、骑士热忱、小市民伤感这些情感的神圣发作，淹没在利己主义打算的冰水之中。它把人的尊严变成了交换价值，用一种没有良心的贸易自由代替了无数特许的和自力挣得的自由。"①

从启蒙理性到人类解放，现代性及其批判内含的核心意蕴是两方面的：一方面，现代性凸显了人的理性力量并彰显了人的自由本性，这对于人的解放具有积极的意义和价值；但另一方面，理性至上和自由至上作为现代性的两大原则，在资本主义社会这一历史形态中产生了极大的负面效应，造成了人的存在的全面异化。所以，现代性对于社会发展和人类解放只是提供了一种可能性，而实现这种可能性在真、善、美层面的价值，需要我们进行新的探索并撰写新的现代性。

（四）中国的现代性诉求与实践

现代性作为一种先进的理念一直吸引着中国学者的理论诉求。在社会发展中，现代性作为现代社会的本质规定，既是现代化发展的基本范式，也是传统社会向现代社会转型的基本标准。这对于已实现现代化的国家和民族曾是如此，对于当今发展中的国家和民族更是如此。但是，无论是发达国家和地区，还是欠发达的国家和地区，都在现代化的进程中暴露出不少严重问题，导致了人类的生存危机。因此，现代性也作为一系列问题在学界受到普遍的关注，引起不少学者以一种批判的眼光去审视现代性的一般观念。对于中国学者来说，从现代性诉求到现代性批判，先后表现为"五四"新文化运动和最近四十多年"改革开放"这两个时期。期间，中国学术界对现代性的探索经历了大量引入西方思想经典、进行本土化改造、聚焦中国当代问题这几个阶段，由此形成对现代性的中国理解。首先，尽管现代性和现代化产生于西方的文化历史传统，但它们并非西方专有；其次，中国的现代性理念和现代化道路可以凸显自己的价值和特色，不必照搬西方的模式。因此，古今中西之争已不再是"五四"时期现代性诉求中的"中西"，即"古今"之争，而指向了

① 《马克思恩格斯选集》第 1 卷，北京：人民出版社 1995 年版，第 275 页。

提出区别于西方的中国道路、中国制度、中国理论和中国文化。也就是说，现代性批判在当下中国学界的含义是揭示西方现代性及其现代化的固有限度，构建中国现代性理念和中国现代化叙事，在世界多元现代性和多样现代化中提出中国版本，即"中国式现代化"。

由于现代性与现代社会具有直接同一性，所以现代性相关研究大多集中于社会领域，现代性批判理论主流也是社会批判理论。出于对现代性的物质基础思考，这些社会领域的研究通常专注于经济维度，但一个完整的社会结构除了经济还有政治和文化，所以现代性的社会理论还应涉及政治维度和文化维度。同时，在全球生态环境问题日益严重的形势下，人类社会的发展也不得不重新反思作为社会发展前提和基础的自然条件，因而现代性批判必须拓展其视域，还要包括生态维度。无论是经济、政治、文化三个层面的分析，还是社会整体的综合，以及向自然生态的拓展，这些方面在根本上都与人的存在关联在一起。故而，诸种现代性批判理论其实都可归结为对人的问题的诸种探究。正如在马克思的思想中，现代性批判与人的异化批判是一回事，或者说，它们终究是关于人类解放及其社会历史条件的学说。因此，本书将现代性批判的基本框架确立为"人·社会·自然"的圈层结构，即以人的生存为核心并统一社会发展和自然稳定的整体性框架。

概念框架预示了理论方法。有国外学者曾提出"深生态学"（deep ecology）的概念，即区别于凭借科学技术和生产方式外在地改造自然的思路，主张人类应转向自身，反思主体的世界观、人生观、价值观及其思维方式对生态环境带来的深刻影响。这种由外而内、从物到人的转向正是深生态学的含义。在此借用深生态学的概念，同样可以提出现代性的"深现代性"（deep modernity）概念，其所谓"深"包括方法论上的两层含义：一是对现代性和现代化的问题不仅要从社会视域去研究，而且要从自然视域去考察，或者说，我们对现代性批判的目光要从社会前景深入到自然背景；二是对于现代性和现代化问题的思考要从外在的社会或自然转向人类自身，反思主体的存在状态和自我意识。"深现代性"这两种含义基于"人·社会·自然"的整体性框架，将现代性批判从社会拓展至自然并归结到人，在思维方式上深化了背景意识和反思意识。

三、马克思与怀特海的关联

将马克思与怀特海在现代性批判上关联起来，主要是基于他们批判对象之间的关联，即资本主义和现代科学这构成现代性的两大核心要素。事实上，正是资本主义的社会制度和现代科学的知识形式塑造了现代社会，实现了现代性的主导观念，片面发展了包括人与自我、人与社会和人与自然在内的人与世界关系。而他们之所以要批判现代性，是因为现代性经由资本主义的资本逻辑和现代科学的同质量化之抽象发展，使人与自我、人与社会和人与自然的关系发生异化，造成了现代人的生存危机。所以，批判现代性的抽象性是实现他们思想关联的一个视角。并且，他们在方法论上基于社会历史和经验事实的具体性来批判现代性的抽象性非常一致，这又增添了将之关联起来的理论上的可能性。

（一）新的视角：对现代性的抽象性批判

如果现代性的精神实质是人类理性的觉醒，那么理性首先表现为一种思维方式。这种思维方式不同于传统的具象思维，属于一种抽象思维，特征是对现实事物进行要素分离并归约同一。事物经抽象后，内容与形式分离开来并被归因为形式，以获得对事物形式化的理解；质量经抽象后，量失去了质的规定而被视为同质之量，质量简约为了数量；整体经抽象后，部分从整体中被分离，根据局部现象来推论整体。可见，抽象思维在把握事物、质量、整体时具有形式化、数量化、部分化的特征。

抽象思维作为人类理性的本质特征和基本功能，极有可能使理性蜕变为工具理性、计算理性、实用理性。工具理性通常夸大手段的作用，忘记目的可引导手段或手段受控于目的，导致手段合理性与目的非理性之间的悖论。计算理性专注于数量的大小却忽视性质的差别，这种先同质后量化的理性经技术转化为当代人的数字化生存。实用理性仅仅关注人与世界的效用关系而遗忘了人与世界的其他联结，使人丧失超越性而成为"单向度的人"。

抽象思维内在于理性，而理性既是现代性的基本属性，也是现代人的本质力量和现代社会的一般特征，所以从抽象性看现代性不失为一种视角。当然，关于现代性的抽象性除了上述一般分析，更应开展对资本逻辑与科学知识的专门分析，其中前者支配社会，后者把握自然，共同蕴含了现代性的核心信息。将二者关联在一起，不仅能对它们共通的抽象性加以透视，而且也揭示了现代性的主要内涵。关于透视，可从"人·社会·自然"的圈层结构去看，"人"作为视域的中心，"社会"是视域的前景，"自然"则是视域的背景。因此，对现代性的抽象性批判也是对人与自我、人与社会和人与自然的关系的反思。

人对自我、社会和自然的某种认识规定了上述关系的特定内涵。如果这种认识是抽象的，那么其关系就是片面的。比如，人对自然的各种抽象认识规定了人与自然关系的不同类型及内涵：在经济学中，"自然"被视为资源或财富，因而"人与自然"的关系是市场关系；在政治学中，"自然"若被看作征服对象，"人与自然"也就成了权力关系；自然科学因为把"自然"视为研究的对象，所以"人与自然"成为了一种主客关系。同理，人对"社会"乃至"自我"的不同认识也规定了"人与社会""人与自我"的不同关系。如果对"自然""社会"和"自我"仅作抽象性的理解，那么人与自然的关系、人与社会和人与自我的关系都会单一化。这种单一化的关系在实践中会解构人的存在及其环境的总体性，如人对自然过于控制和支配导致了生态环境破坏；人对自由市场放任和简单利益导向，导致传统共同体解体；人对自我超越性的遮蔽和缺失，最终使人沦为单向度的人。

启蒙以来，西方现代性的发展经由理性的抽象化日益陷入个人主义和人类中心主义的泥沼，并造成了人与自我、人与社会、人与自然的分裂状态。无论是马克思还是怀特海，都无法忍受这种分裂的现代性，但他们对此加以批判的对象和寻求超越的路径则不同：马克思从对资本主义的历史批判中探索人类解放的路径，怀特海从对现代科学的哲学思辨中反思人类理性的重构。作为现代性观念批判，前者是对现代性的社会观的批判，后者则是对现代性的自然观的批判。将他们的批判互补并结合在一起，能够超越现代性的分裂观念，建构"人·社会·自然"的有机整体世界观，即一种"深现代性"的世界观。

尽管批判对象和超越路径存在差异，但从现代性的抽象性批判角度将马克思与怀特海关联起来，仍可清晰发现他们之间的共通性。马克思将现代社会看作资本主义社会，将现代性视为资本逻辑，通过"商品→货币→资本"分析现代性的抽象发展。与之逻辑相同，怀特海认为，现代性起源于科学抽象的应用，正是现代科学带来了现代世界。在他看来，"自然→物体→机械"的近代自然观是对"自然"形式上的抽象，脱离了"自然"的具体性。因此，如果说马克思对资本主义的批判揭示了现代性在社会视域的抽象性，那么怀特海对现代科学的批判便说明了现代性在自然视域的抽象性。

并且，马克思和怀特海的现代性批判都含有人学的关怀。马克思在《资本论》中的政治经济学批判作为一种现代性批判，解剖了资本主义社会中资本逻辑与人的异化的内在关联，指出超越"对物的依赖性的人的独立性"的现代性局限指向"自由人的联合体"的共产主义社会。怀特海在《科学与近代世界》中对"科学唯物论"的批判，分析了现代科学的抽象思维对经验实在的分离，建议用"泛经验论"的世界观取代纯粹物质性的世界观，以解释蕴含人的主体性和经验性萌芽的自然宇宙。要言之，马克思聚焦社会与人，怀特海关注自然与人，他们各自的视域包含了对人的存在的社会现实性和自然根本性的专门理解。或者说，马克思提供了理解人的存在的社会学进路，怀特海则揭示了理解人的存在的生态学进路。

(二) 马克思对资本主义抽象性的批判

不同于吉登斯等社会学家，马克思视商品为现代性的抽象性体现，并将现代社会看作货币化的社会，进而指出资本统治即"抽象统治"，是抽象劳动对人的存在的支配。在他看来，现代社会不同于传统社会，"个人现在受抽象统治"，劳动力被商品化后，各种社会关系在市场交易中变得不再具有"神圣光环"，劳动产品被商品化后也同样失去了其"感性的光辉"。由于人的劳动力及其产品全部被商品化，现代社会便成了一个商品拜物教的社会。从资本主义发展的历史看，商品拜物教作为其现代性的意识形态，凭借商品交换价值的普遍性，在资本主义生产方式推动下，展开了"资本的抽象同一性逻辑同化一切传统民族文化"的世界历史的生成历程。①

对于商品交换价值及其价值的分析是马克思《资本论》论述的逻辑起点，价值抽象是他对资本抽象性批判的理论起点。价值抽象对于资本抽象性的发展具有奠基性的意义，这在现代社会"商品→货币→资本"的逻辑演绎中得到了充分体现。

马克思对现代性的批判，既涉及人与人的关系，也包括人与自然的关系。在早期手稿中，他从共产主义理想设想了"人和自然之间、人和人之间的矛盾真正解决"，并强调社会是构成这些关系的现实基础："自

---

① 参见夏林：《穿越资本的历史时空——基于唯物史观的现代性批判》，北京：社会科学文献出版社 2008 年版，书封面后页。

然界的人的本质只有对社会的人来说才是存在的；因为只有在社会中，自然界对人来说才是人与人联系的纽带，才是他为别人的存在和别人为他的存在，只有在社会中，自然界才是人自己的人的存在的基础，才是人的现实的生活要素。只有在社会中，人的自然的存在对于他来说才是自己的人的存在，并且自然界对他来说才成为人。因此，社会是人同自然界的完成了的本质的统一，是自然界的真正复活，是人的实现了的自然主义和自然界的实现了的人道主义。"①

马克思还从工业实践的角度充分肯定了科学对于人的解放的意义："自然科学却通过工业日益在实践上进入人的生活，改造人的生活，并为人的解放作准备，尽管它不得不直接地使非人化充分发展。工业是自然界对人，因而也是自然科学对人的现实的历史关系。因此，如果把工业看作人的本质力量的公开的展示，那么自然界的人的本质，或者人的自然的本质，也就可以理解了；因此，自然科学将失去它的抽象物质的方向或者不如说是唯心主义的方向，并且将成为人的科学的基础，正像它现在已经——尽管以异化的形式——成了真正人的生活的基础一样。"②

在马克思看来，人与自然在根本上是统一的。现代社会不同于传统社会，人与自然的关系已不是简单的直接关系，而是以科学技术为中介的复杂的间接关系。如果科学内在地包含于人学中，技术的目的是为人服务，那么人与自然关系的发展终究是一个统一的过程。对此，马克思指出："历史本身是自然史的即自然界生成为人这一过程的一个现实部分。自然科学往后将包括关于人的科学，正像关于人的科学包括自然科学一样：这将是一门科学。"③

对于马克思的上述思想，有学者将之与弗洛伊德的精神现象学相比较，指出他们的共同特征在于："指明了幕前的、可见的、可明确说出的东西就是掩蔽、欺骗或自欺，并以此方式展示出被遮蔽的、真实有效的实在。"或者说，这是现象对本质的遮蔽，一经揭蔽，现象就反映了本质或将通达真实的存在。在他们看来，"与那些在清楚的意识中被故意呈现

① 马克思：《1844 年经济学哲学手稿》，北京：人民出版社 2000 年版，第 83 页。
② 马克思：《1844 年经济学哲学手稿》，北京：人民出版社 2000 年版，第 89 页。
③ 马克思：《1844 年经济学哲学手稿》，北京：人民出版社 2000 年版，第 90 页。

出来的东西相比，被遮蔽的东西始终是更为真实的。"① 诚然，"马克思之所以伟大，就在于他通过对商品、货币、资本等的分析，'真实地再现了'在资本主义生产方式中以颠倒的形式表现在人们日常生活或观念上的各种事实，阐明了社会关系所带有的那种虚幻性。"② 这一"真实地再现了"需要采取过程演化和有机关联的思维方式，以发现其根源并揭示其脉络。同样，在 20 世纪西方哲学发展中，怀特海批判"实体思维"，主张"事件思维"，从"实体"（substance）探究其根源"事件"（event），也是一种类似于马克思和弗洛伊德的解蔽式思考。

（三）怀特海对现代科学抽象性的批判

怀特海在讨论"现代科学的起源"时指出："所谓现代思想的新面貌，就是对于一般原则与无情而不依人意为转移的事实之间的关系发生了强烈的兴趣。世界历史的每一个时代，都有注重实际的人致力于'无情而不依人意为转移的事实'，世界历史的每一个时代，也有富于哲学头脑的人在孜孜不倦地致力于创造普遍原则。对详细事实的这种热烈兴趣，以及对抽象结论的同样倾心就构成了现代世界的新奇观。"③

可见，现代思想的新面貌在于抽象原则与具体事实的结合，同时具备了"对详细事实的热烈兴趣"与"对抽象结论的同样倾心"。这反映了现代科学在研究事物中注重经验实证与追求数学理解相结合的方法论。

作为数学家出身的怀特海，他看到了西方思想传统中过于倾向"普遍原则"和"抽象结论"的一面。譬如，注重实际的现代人更加认同"无情而不依人意为转移的事实"，并对详细事实抱有热烈的兴趣，出现了类似宗教世俗化的精神现实化导向。因而，怀特海强调"现代思想的新面貌"，通过使抽象与具体相结合来让具体作为"他者"制约抽象的片面发展。类似的情形还有，尼采作为后现代的思想家，他张扬一种相对于理性的"他者"，即"权利意志"，以此制衡理性的肆意妄为。缺乏这种制约，科学就容易犯"误置具体性的错误"（fallacy of misplaced con-

---

① ［瑞士］燕娜·赫尔施：《哲学的惊异》，见倪梁康主编：《现象学及其效应》，北京：三联书店 1994 年版，第 196 页注 6。

② 张一兵：《回到马克思：经济学语境中的哲学话语》，南京：江苏人民出版社 1999 年版，第 578 页。

③ ［英］怀特海：《科学与近代世界》，何钦译，北京：商务印书馆 2012 年版，第 6 页。

creteness）①，即将抽象误认为是具体或现实的错误。

怀特海哲学的倡导者美国学者大卫·R. 格里芬（David R. Griffin）进一步批判了基于科学抽象的现代性世界观在当代产生的消极影响：以17世纪的伽利略（Galileo）、笛卡尔、培根、牛顿（Isaac Newton）的科学为基础的世界观，支持现代社会的个人主义、人类中心主义、父权制、机械化、经济主义、消费主义、民族主义和军国主义。对此，他提出建设性后现代主义观念，试图以前现代的精神扬弃现代性："希望保留现代性中至关重要的人类自我观念、历史意义和符合论真理观的积极意义，并且希望挽救神性的实在、宇宙的意义和附魅的自然的这样一些前现代概念的积极意义。"②

现代科学是构成现代性的一个主要元素。作为现代人的主导观念，现代科学不仅与社会制度有关，催生了现代的民主政治和法治社会，而且现代科学观念还极大地改变了自然存在，依靠技术创造了作为现代社会物质基础的人工自然以及由此而构筑的工业文明。然而，由于现代人在使用科学技术中形成的征服自然的强势观念，工业文明得到发展的同时也造成了严重的生态环境问题。其实，在人与自然的关系中，除了人通过科技力量征服自然的一面，还有自然对人的反作用及限制人发展的另一面，后者通过科技作用的负面效应已变得日益明显。因此，现代人仍要学会尊重自然，这既是科学的应有之义，也是人类精神和智力的传统观念："科学依然不会将自然作为来源，作为有用的商品，而是作为挑战心智的难题，不会将它作为讨价还价过程中无足轻重的参与者，而是作为人类充当临时管家的值得尊重的家园。"③

虽然科学为人的发展提供了新的可能性，但其限度已为自然条件所限定，所以人类必须考虑自身发展的可持续性并谋求人与自然的和谐共存："从世界的黑暗深处，新的可能性大量涌现，科学将它们发掘出来，以便供人使用。但是，科学总是告诫我们，人类自己带有局限性，人类认为可以随意支配的这个丰富的世界是有限的。科学默默地忠告我们，

---

① Alfred North Whitehead, *Science and the Modern World*, New York：The Fress Press, 1967, p. 51.

② ［美］大卫·雷·格里芬：《后现代科学——科学魅力的再现》，马季方译，北京：中央编译出版社1995年版，英文版序言第16页。

③ ［克罗地亚］斯尔丹·勒拉斯：《科学与现代性——整体科学理论》，严忠志译，北京：商务印书馆2011年版，第441页。

人类的生存方式毫不留情地榨取资源，干涉生态系统，所以不可能无限期地延续下去。科学甚至告诉我们，应该如何与我们所在的星球建立可以持续的关系，如何与自然和谐共存。"①

从科学技术应用的正负效应看其带给现代社会和自然生态的各种风险，进而讨论现代性的严重后果，社会学家也有相类似的观点。吉登斯指出"现代性是一种双重现象"：一方面"为人类创造了数不胜数的享受安全的和有成就的生活的机会"，另一方面也造成了令人担忧的危机和风险，如人类社会过度改造自然引起的生态灾变、政治上的集权主义、战争的工业化、核武器的潜在危险等。这些前所未有的因素和力量对人类前途和命运造成的影响不容乐观。针对生态环境问题，他指出科技生产力巨大进步的背后潜伏着大规模毁灭自然环境的风险，今天的社会学家们应将生态关系融入社会学之中，对生态问题做出系统的社会学论说。②

（四）新的进路：怀特海与马克思相比较

现代性发展是一种理性化的过程，它表现为资本主义将人的劳动力商品化和现代科学将人的思维抽象化。但作为一种社会事实，正是资本主义将现代性带到人世间；而作为一种观念事实，则是现代科学将现代性赋予现代人。两者的关联在于，现代科学为现代性诞生提供了可能，资本主义则将这种可能变为现实。从现代性的理性至上和自由至上的两大原则来讲，资本主义的自由市场将自由原则发挥得淋漓尽致，而现代科学的知识体系将理性原则演绎到极端精准。作为思维方式，它们都通过抽象性而追求同一性，将人这一主体不是视为孤立的个人自我，就是看作单纯的认知主体。

国外有关现代性批判的理论主要集中于社会领域，如吉登斯对马克思、涂尔干（Emile Durkheim）和韦伯的社会理论进行分析，从资本主义到现代社会对现代性做出了各方面的批判。③ 然而，现代性更为深层

① ［克罗地亚］斯尔丹·勒拉斯：《科学与现代性——整体科学理论》，严忠志译，北京：商务印书馆2011年版，第441页。

② ［英］安东尼·吉登斯：《现代性的后果》，田禾译，北京：译林出版社2011年版，第7页。

③ 参见［英］安东尼·吉登斯：《资本主义与现代社会理论——读马克思、涂尔干和韦伯著作的分析》，郭忠华、潘华凌译，上海：上海译文出版社2013年版，目录第1—4页。

的信息蕴含在现代科学中，"现代科学已经成为一种基本力量，与其他几种力量一起，影响当代生活，确定人类的未来走向。"① 所以，从现代科学切入现代性批判将是一条新的进路。相比现代性批判的社会进路，现代性批判的科学进路"侧重研究作为认知主体的人与作为认知对象的自然之间的物质互动"②，而对于人类的存在和发展而言，人与自然之间的物质互动无疑比人与人之间的社会互动更具根本性和前提性。因此，很有必要在现代性批判的社会进路之后，补充现代性批判的科学进路。

在国内的现代性批判中，这两种进路的研究现状是，"中国学术界近二十年来从西方政治、社会、文化、伦理等角度对现代性进行的反思已经有了一定的基础，但是来自西方科学视角的反思严重滞后。"③ 鉴于中国现代化的快速发展，以及出现的种种生态环境问题，探索现代性批判的科学进路具有重大的现实意义。

如何开拓现代性批判的科学进路，除了从现代科学的作用去审视现代性，更为深远的思索是从现代科学的思想史去追溯现代性。诚然，现代科学及其技术应用在很大程度上塑造了现代文明社会，使现代人的生产和生活方式发生了巨大的转变。但是，"在西方思想史上，许多新观念的产生都与科学的变革有着直接或平行的关系。不了解科学的发展及其思想背景，就很难看清西方思想发展的契机或原动力，也很难理解现代性的根源。"④ 怀特海在《科学与近代世界》中就专门探讨了 17 世纪到 20 世纪科学思想的发展对西方文明的影响，并更为深远地追溯了从中世纪到文艺复兴、宗教改革等重大历史事件对现代科学思想形成的意义，因为"现代世界的基本思想框架是近代早期奠定的。它酝酿于中世纪晚期和文艺复兴时期，完成于 16、17 世纪的近代科学革命和哲学宗教巨变。"⑤

---

① ［克罗地亚］斯尔丹·勒拉斯：《科学与现代性——整体科学理论》，严忠志译，北京：商务印书馆 2011 年版，前言第 1 页。
② ［克罗地亚］斯尔丹·勒拉斯：《科学与现代性——整体科学理论》，严忠志译，北京：商务印书馆 2011 年版，前言第 2 页。
③ ［美］米歇尔·艾伦·吉莱斯皮：《现代性的神学起源》，张卜天译，长沙：湖南科学技术出版社 2012 年版，总序第 1 页。
④ ［美］米歇尔·艾伦·吉莱斯皮：《现代性的神学起源》，张卜天译，长沙：湖南科学技术出版社 2012 年版，总序第 1 页。
⑤ ［美］米歇尔·艾伦·吉莱斯皮：《现代性的神学起源》，张卜天译，长沙：湖南科学技术出版社 2012 年版，总序第 2 页。

引入怀特海对现代科学及其思想史的批判，有助于深化对马克思现代性批判的理解。因为通过怀特海的"过程形而上学的透镜"来呈现马克思的资本主义批判，"适合于把马克思的政治经济学批判与他早期著作中更为哲学本体论的元素整合起来。"① 怀特海哲学为马克思关于人的感性对象性活动理论提供了宇宙论原理，从本体论上解释了马克思早期就异化劳动为主题的人道主义哲学批判与《资本论》及其手稿时期的政治经济学批判的一致性。并且，在实践中将怀特海哲学引入马克思思想，有助于将资本逻辑与现代科学、资本主义与生态危机结合起来反思。

美国学者安妮·F. 波默罗伊（Anne Fairchild Pomeroy）在其专著《马克思和怀特海：过程、辩证法和资本主义批判》中，以怀特海过程哲学作为一条新的进路来重读马克思著作。在她看来，将怀特海与马克思关联在一起，对于双方而言都有所得益。"对于马克思主义者而言，增添过程哲学语言意味着将激活他们再思和发展马克思的思想。由这条进路打开的空间将提议那些在马克思主义内部经久不衰的争论需要重新作整体的思考，通过这种分析，许多这些争论完全可以取消或'消散在空气中'。同样，对于熟悉怀特海过程哲学的学者来说，这意味着一种激进的政治将会涌现出来，只要他们认真对待这种哲学。"② 也就是说，把马克思思想与怀特海哲学关联起来，对于双方的研究者来说都具有开拓创新的意义。

在方法论层面，实现两者的关联需要采取比较的方法。事实上，之所以能够将二者进行比较，除了他们各自关注的资本主义与现代科学都是现代性的核心元素之外，还在于马克思和怀特海在方法论上的相似性，主要体现为以下方面：首先，研究起点的相似性。马克思基于现实的人的生产劳动来思考，怀特海选择现实事态的经验实在来分析，他们都将"现实的"（actual）事物作为研究的起点。其次，批判抽象性的相似性。马克思从商品的价值抽象分析商品拜物教的假象，怀特海从科学的抽象原则指出"误置具体性的错误"，他们都反对将抽象的一般概念视为具体的现实根据。再有，诉求具体性的相似性。马克思以历史唯物主义观

① Anne Fairchild Pomeroy, *Marx and Whitehead: Process, Dialectics, and the Critique of Capitalism*, Albany: State University of New York Press, 2004, p. 13.

② Anne Fairchild Pomeroy, *Marx and Whitehead: Process, Dialectics, and the Critique of Capitalism*, Albany: State University of New York Press, 2004, p. xi.

点审视资本主义的历史性，怀特海以过程哲学或有机哲学反思现代科学宇宙论的局限性，他们都同意理论在"历史或时间中的具体性"（the historical or epoch specificity）。质言之，他们都反对"将抽象作为起点并由此而不加批判地确定具体存在，或者将具体存在抽象化或超历史化，以至于后者被剥离掉生成性存在的过程形式，用马克思的话说，被剥离掉在特殊的物质性历史条件下的生产过程。"①

四、本书的主要内容与基本结构

本书的主要内容按照先批判、后重构的叙事逻辑，包括两大方面的论述：

（一）现代性的抽象性批判

先从现代性的批判看，围绕着现代性的抽象性这一主题展开前三章论述：第一章论述了马克思对资本主义抽象性的批判；第二章论述了怀特海对现代科学抽象性的批判；第三章比较两种抽象性批判的同一性。各章的主要观点如下：

第一章的主要观点是，在马克思那里，对资本主义抽象性的批判不妨从其商品生产、货币社会、资本增殖三个方面说明，因为抽象脱离具体而演绎是贯穿商品、货币、资本的一条主线。从商品的交换价值到货币的一般价值再到资本的价值增量，其抽象性演绎表现为一个同质化、数量化的过程，即商品的价值被同质化抽绎出来、经由货币到资本而数量化运作的过程。

第二章的主要观点是，在怀特海那里，对现代科学抽象性的批判上升到了哲学宇宙论高度。他批判了盛行于现代世界的一些主导观念，如自然的物质观念、科学的分析思维、经验的感觉模式、社会的契约组织等，揭示了这些抽象性观念对于现代人的文化知识和社会生活造成的片面性影响。

第三章基于上述两章的分析，从批判对象、批判理论、批判方法的角度进行概括和比较，阐明了马克思对资本主义抽象性的批判与怀特海对现代科学抽象性的批判具有同一性。尽管他们各自的批判视域和学科

① Anne Fairchild Pomeroy, *Marx and Whitehead: Process, Dialectics, and the Critique of Capitalism*, Albany: State University of New York Press, 2004, p. 13.

语境存在明显不同，但对于现代性的抽象性本质之批判却是非常相通的。

事实上，现代性的抽象性通过资本主义制度得以实际体现，经由现代科学观念得以广泛传达。如果说现代性由资本主义和现代科学所建构，那么对于现代性的抽象性批判也应展开为基于这两方面的抽象性批判。在对抽象性的批判中，马克思和怀特海同时呈现了抽象性所源自的具体性视域，即资本主义抽象性背后的社会历史视域，以及现代科学抽象性背后的自然演化视域。分言之，马克思的政治经济学批判作为对资本主义抽象性的批判，在社会历史视域中揭示了抽象的商品货币和资本逻辑对于工人劳动创造的非人剥削；怀特海的哲学宇宙论批判作为对现代科学抽象性的批判，则在自然演化视域中揭示了近代哲学那套抽象的自然观、抽象的科学观、抽象的经验观、抽象的社会观对生活世界的根本性遗忘。

（二）现代性的具体性重构

再从现代性的重构看，围绕着现代性的具体性展开后三章的论述：第四章论述了马克思关于"人的劳动"的具体性理论；第五章论述了怀特海关于"人类经验"的具体性理论；第六章基于人的存在将两种具体性理论结合起来，形成"人·社会·自然"的总体性视域。各章的基本内容如下：

第四章的基本内容是，分析马克思从社会历史维度对具体性的诉求，其理论聚焦于"人的劳动"的不同层次，包括实践本体论的劳动概念、政治经济学批判的劳动概念、社会历史观的劳动概念。这些不同层次的劳动概念的具体性分别指：实践唯物论关于人的本质力量的对象化及其实现条件；劳动价值论说明具体劳动创造使用价值；剩余价值论揭秘唯有工人活劳动才使资本增殖；而社会历史观作为考察人的劳动发展的宏观背景，指出人的劳动总是处于具体的社会历史条件之中，资本主义的工业劳动虽然是一种异化劳动，但也是通向人的自由而全面发展这一劳动理想的一个极其重要的必经阶段。

第五章的基本内容是，分析怀特海从自然演化维度对具体性的诉求，其理论探究了"人类经验"的起源和发展：首先，过程哲学或有机哲学将人类经验奠基于现实事态这一本体；然后，泛经验论找到了关于人类经验起源的普遍性根据；再有，知觉象征论揭示了人类经验的特殊性结构；最后，创造性范畴从微观到宏观描述了人类经验世界的创造性进展。

　　第六章则综合了上述两章的基本内容，指出无论是马克思关于"人的劳动"的具体性理论，还是怀特海关于"人类经验"的具体性理论，他们论述具体性的概念都遵照"本体论→普遍性→特殊性→总体性"的逻辑结构，都将"人的劳动"和"人类经验"视为人的存在范畴，前者作为人的存在之前景，后者作为人的存在之背景。因此，以人的存在为核心能够整合他们各自凸显的社会历史和自然演化的观点，确立起人、社会和自然相统一的总体性世界观，即关于"现实的人"具体的社会历史存在论。

第一章　马克思对
资本抽象性的批判

　　资本主义社会的抽象性表现为商品生产、货币社会和资本增殖三大方面，而对资本主义抽象性的批判则集中于资本抽象性批判这一更特殊的方面。对于商品、货币和资本而言，抽象对具体的统摄是贯穿其中的一条主线。商品作为使用价值和交换价值的统一体，是具体和抽象的统一。商品二因素在交换中被分离开来，交换价值被抽象为价值并以货币为交换媒介。货币是固定充当一般等价物的中介商品，它本身是一种抽象物，没有一般商品的使用价值，仅表征商品交换中的价值量。资本家将一定数量货币作为资本投入商品生产，通过购买工人劳动力这种特殊商品带来剩余价值。由此，从商品的抽象分离（使用价值→交换价值）到货币的抽象共通（交换价值→一般价值）再到资本的抽象核算（价值定量→价值增量），其中的抽象性发展是一个同质化并数量化的过程。最终，资本根据共通的一般价值来计算价值量的多少，以决定资本是否增殖。但这些抽象性背后的具体性，却是工人劳动创造的价值服务于资本增殖，和雇佣工人只能得到维持其生存底线的低廉工资这一现实。在《资本论》的政治经济学批判中，马克思运用抽象思维依次对商品、货币和资本进行共性析取，由现象深入至本质，再展开一系列的抽象性批判。比如，对于剩余价值的研究，他先"撇开剩余价值的各种特殊形式来研究剩余价值本身"①，等等。然而，马克思并没有止于抽象性或离开具体性仅做简单的抽象分析，而是进一步使抽象概念上升为理论具体，并遵循历史和逻辑相统一的原则，从现实存在和历史发展来揭示一般规律。

----

① 《马克思恩格斯全集》第30卷，北京：人民出版社1995年版，前言第7页。

一、商品生产的抽象性

资本主义社会是一个商品社会，它基于商品生产并通过市场经济来维系其存在和发展。但是，作为商品生产和市场交易的对象，商品本身蕴涵着具体与抽象的矛盾，即商品的使用价值与价值的矛盾。资本主义将商品的使用价值归约为交换价值，将交换价值抽象为一般价值，再将一般价值通过货币形式加以表现，从而使得商品经济的抽象性渗透到现代社会的各个方面。因此，无论是社会生产的机器系统和分工制度，还是构成商业社会的抽象规则和契约精神，这种抽象性在观念、制度和器物各层面都表现了资本主义的抽象性。马克思的劳动价值论对此有深刻的分析和批判。

（一）商品交换的抽象性：商品价值与抽象劳动

马克思在《资本论》第一卷的第一版序言中指出，我们必须运用抽象思维来分析复杂的经济形式。在他看来，资本主义经济作为一种商品经济，尤其适合于用抽象思维来分析，而这种分析要从作为商品经济的细胞的商品开始。他说："对资产阶级社会来说，劳动产品的商品形式，或者商品的价值形式，就是经济的细胞形式。"① 商品作为"劳动产品的商品形式"，其实质是"商品的价值形式"。因此，分析商品生产的劳动价值论的概念框架是商品二因素和劳动二重性。在商品二因素中，商品必须被抽去使用价值"质"的多样性，才能获得相同的一般价值之"量"；在劳动二重性中，无差别的、一般的抽象劳动也是从各种具体劳动中抽象出来的共性，即人类共通的脑力劳动和体力劳动的付出。从个别到一般、从具体到抽象，马克思的劳动价值论指出：人类的具体劳动创造商品的使用价值，人类的抽象劳动则凝结为商品一定的价值量。商品的价值量即人类的劳动量，它通过一定时期"社会必要劳动时间"来计算，后者是抹平个体劳动时间差距的社会劳动的平均数值。所以，在商品的生产和交换中，使用价值和具体劳动作为商品生产的实际情况和现实基础往往被遮蔽，而根据抽象劳动所规定的价值量计算的商品交换价值则以商品价格形式被凸显，使人误以为抽象就是具体，从而"将抽象误置为具体"。

---

① 马克思：《资本论》第 1 卷，北京：人民出版社 2004 年版，第 8 页。

　　商品是通过交换以满足人们需要的劳动产品，它不仅是一种自然存在，而且也是一种社会存在。在其自然存在中，商品可以经历各种形态变化并具有多种存在样式。只有具备各种不同的形式，商品才能满足人们各种不同的需要，因而具体的商品总是表现为千差万别的使用价值。在其社会存在中，商品作为用于交换的劳动产品，必定有某种共同的依据来决定它们的使用价值是可以交换的，而且这种共同的依据不随商品形态和样式的改变而改变，以至于每一种商品均可按此分为若干的数量单位。这种共同的依据就是商品包含的价值量，表现为一种商品与另一种商品相互交换的数量比例关系，即商品的交换价值。可见，商品使用价值刻画的商品的自然存在是具体的、个别的，商品交换价值刻画的商品的社会存在是抽象的、一般的。在马克思看来，抽象基于具体才是可信的，"作为价值，商品的可交换性的尺度决定于商品本身；交换价值所表现的正是这个商品换成其他商品的比例；在实际的交换中，商品只有在和自己的自然属性相联系的并且和交换者的需要相适应的数量上，才是可交换的。"①

　　在普遍交往中，商品的自然存在是商品的物质基础，商品的使用价值是交换的基本前提。然而，由于自然存在和使用价值为人们习焉不察，很容易被遮蔽、被遗忘，人们往往更关注商品的社会存在和交换价值。在商品交换中，商品的社会存在又被简化为市场存在，交换价值则被抽象为一般的价值量。正如马克思说的，"商品取得了二重存在，除了它的自然存在以外，它还取得了一个纯经济存在；在纯经济存在中，商品是生产关系的单纯符号，字母，是它自身价值的单纯符号"②，而这一切均源于商品固有的具体性即商品的自然存在及其使用价值。

　　历史上，商品是人类多余的劳动产品和社会交往扩大的产物。古人的商品交换起初只是将他们多余的使用价值进行交换，后来随着生产的发展，多余产品交换的数量和范围不断扩大，出现了经常性的交换价值并泛化为一种社会关系。从自然到社会，马克思指出："价值的第一个形式是使用价值，是反映个人对自然的关系的日常用品；价值的第二个形式是与使用价值并存的交换价值，是个人支配他人的使用价值的权力，是个人的社会关系；最初它本身又是节日使用的、超出直接需要之外而

① 《马克思恩格斯全集》第30卷，北京：人民出版社1995年版，第90页。
② 《马克思恩格斯全集》第30卷，北京：人民出版社1995年版，第90页。

使用的价值。"① 进入现代，交换价值成为社会生活的普遍规定性："一种东西要成为交换对象，具有交换价值，就必须是每个人不通过交换的中介就不能得到的，必须不是以这种天然元素的形式即作为共同财富的形式而出现的。"②

在商品经济下，商品的交换价值得到充分凸显，而决定商品交换价值是其价值量。价值量由凝结在商品中无差别的、一般的劳动量来衡量。但实际中，人类的劳动总是表现为各种具体劳动，诸如木工、钳工、电脑工程师等。抽绎其共性，能够发现这些劳动都得消耗人类的脑力和体力，由此确立了抽象劳动的概念。当人类劳动按其共性被同质化后，差别就仅仅在于数量的大小，这种抽象的劳动量便成为了商品价值量的依据。马克思指出，量的抽象基于质的同一："物只在量上不同的前提是什么呢？是它们的质的同一性。因此，从量上计量劳动，其前提是它们的质的同类性，同一性。"③ 如果说抽象劳动是商品的价值本体，决定了商品的交换价值，那么各种具体劳动只有被抽象为一般的、无差别的人类劳动后，才有可能实行普遍交换。反之，"劳动只有通过交换才能被设定为一般劳动。"④

无论是人类一般劳动还是商品的价值量，都是抽象思维的产物，都是从共性看待人类劳动和商品价值的观点，这是劳动价值论的抽象层面。但马克思提醒我们不能因为抽象而忘记具体："这个一般，或者说，经过比较而抽出来的共同点，本身就是有许多组成部分的、分为不同规定的东西。……对生产一般适用的种种规定所以要抽出来，也正是为了不致因为有了统一而忘记本质的差别。"⑤ 同理，由人类一般劳动规定的商品价值也是通过其使用价值来实现的："价值能否实现，则取决于它借以实现的使用价值。"⑥

（二）生产系统的抽象性：机器生产和分工制度

资本主义的生产是商品生产。由于商品存在使用价值与价值的矛盾

① 《马克思恩格斯全集》第 30 卷，北京：人民出版社 1995 年版，第 127 页。
② 《马克思恩格斯全集》第 30 卷，北京：人民出版社 1995 年版，第 127 页。
③ 《马克思恩格斯全集》第 30 卷，北京：人民出版社 1995 年版，第 123 页。
④ 《马克思恩格斯全集》第 30 卷，北京：人民出版社 1995 年版，第 122 页。
⑤ 《马克思恩格斯全集》第 30 卷，北京：人民出版社 1995 年版，第 26 页。
⑥ 《马克思恩格斯全集》第 30 卷，北京：人民出版社 1995 年版，第 531 页。

以及具体与抽象的对立，商品世界呈现出两个极端：一端是作为使用价值的各种商品大量堆积，另一端是代表价值的货币不断通胀，两端背后分别是工业生产和市场交换。显然，交换源于生产，货币源于商品，货币本身就是一种专司于交换的特殊商品。商品和货币都是资本主义生产所固有的，而作为资本主义生产基础的则是工业生产体系，即采取分工制度和使用机器生产。

经济学家穆勒（John Stuart Mill）把现代商业说成是现代生产的结果，并对后者从分工和使用机器进行了说明："分工和使用机器可以促进生产的丰富。委托给每个人的操作范围必须尽可能小。分工和使用机器也决定着财富从而决定着产品的大量生产。这是大制造业产生的原因。"① 马克思进一步指出，资本主义的机器生产与自然科学的抽象思维具有一致性，机器生产是自然科学的工艺学应用，因为"机器生产的原则是把生产过程分解为各个组成阶段，并且应用力学、化学等等，总之应用自然科学来解决由此产生的问题。这个原则到处都起着决定性的作用。"② 不同于传统手工业，"大工业的原则是，首先不管人的手怎样，把每一个生产过程本身分解成各个构成要素，从而创立了工艺学这门完全现代的科学。"③ 然而，在这种工艺学中，工人被置于一种机械式的分工之中，一个个现实人被简化为数量的代码，仿佛机器系统中的一个个零部件。由生产至交换、从工厂到社会，"机械化和可计算性的原则"④遍及了生活的全部表现形式。

资本主义的生产基于机器系统、成于工业制度，与此相适应的思维是自然科学的分析思维。首先，机器系统将生产过程分解为各个组成阶段。其次，工业制度按生产要素重组生产过程。在上述分解和重组中，自然科学及其工艺学的观念始终贯穿其中，并遵循着将过程分解为阶段、将整体分解为要素的分析思维。若分解的目的是便于操控，那有效的操控便离不开数量管理，需要应用自然科学的同质而量化的抽象方法，使不同对象同质化从而可量化，通过计算对之达到控制。然而，事情的另

---

① 马克思：《1844 年经济学哲学手稿》，北京：人民出版社 2000 年版，第 138 页。
② 马克思：《资本论》（第一卷），北京：人民出版社 2004 年版，第 531 页。
③ 马克思：《资本论》（第一卷），北京：人民出版社 2004 年版，第 559 页。
④ ［匈］卢卡奇：《历史与阶级意识》，杜章智等译，北京：商务印书馆 1992 年版，第 153 页。

一面则是，从生产到管理各个环节均被抽象化，工人降格为机器系统中的零部件，劳动对象成为数量代码，各种价值和意义随之蒸发殆尽。

抽象作为一种方法，其实是指脱离过程的演化去固定单个的事实、忽略整体联系去研究单独个体，这种非过程的、无联系的观点试图获得关于对象的精确分析。不过，抽象思维能盛行于现代世界倒不是出于纯粹的理论兴趣，而是与资本主义固有的抽象性有着互生性的现实关联："如果这种方法乍看起来可取的话，那是因为资本主义发展本身倾向于产生出一种非常迎合这种看法的社会结构。"① 资本主义的社会结构不同于传统社会，作为其基础部分的生产方式以机器系统和工厂制度取代了手工作坊。机器系统被资本家纳入生产过程之后，要对工人的劳动进行以精细分工和简单重复为特征的机械式分解，并且，工厂机器的大规模生产也需要市场交换的不断扩大来持续下去。因此，伴随工业化而来的势必是世界市场的日益形成。

韦伯认为，现代社会不同于传统社会，表现为社会的理性化发展。吉登斯指出，现代社会是"建立在精确计算基础上而得以理性化的"②。无论韦伯所谓的理性化，还是吉登斯称之的精确计算，这些抽象性特征都出于资本主义逐利本性的需要，而后者逐利的需要也预设了前者的抽象发展。抽象性预示了一种文明的衰落征兆，也表征了现代性的危机。正如历史学家汤因比（Arnold Joseph Toynbee）所看到的那样，正在衰落的文明无一不打上"统一和标准化趋势"以及"差异和多样性丧失"的印记。这种量的"统一和标准化趋势"以及质的"差异和多样性丧失"在现代社会已呈现普遍化趋势，这无疑是资本主义文明衰落的征兆之一。③

（三）商业精神的抽象性：凸显数量和强调契约

商品首先作为人类劳动产品而产生，最后要在人类消费中实现自身。正如马克思指出的，"产品不同于单纯的自然对象，它在消费中才证实自

---

① ［匈］卢卡奇：《历史与阶级意识》，杜章智等译，北京：商务印书馆1992年版，第315页。

② ［英］安东尼·吉登斯：《资本主义与现代社会理论：对马克思、涂尔干和韦伯著作的分析》，郭忠华、潘华凌译，上海：上海译文出版社2013年版，第164页。

③ ［美］约翰·贝拉米·福斯特：《生态危机与资本主义》，耿建新、宋兴无译，上海：上海译文出版社2006年版，第84—85页。

己是产品,才成为产品。"① 这预示着商品社会有可能发展成为消费社会,人们也有可能受消费主义观念的支配。作为一种具体物品而非抽象观念,商品总是与人产生某种关系,从而对人的生产和生活具有各种意义。比如,从自然存在到劳动产品,再从商品到货币到资本,商品以各种形式与人的存在展开了丰富多样的关系,但这些关系也潜藏着与人的存在相异化的诸多风险。

马克思一般性地将社会经济运行分为生产、分配、交换、消费四个环节,并分别考察了这些环节对于个人和社会所具有的意义:"生产制造出适合需要的对象;分配依照社会规律把它们分配;交换依照个人需要把已经分配的东西再分配;最后,在消费中,产品脱离这种社会运动,直接变成个人需要的对象和仆役,供个人享受而满足个人需要。因而,生产表现为起点,消费表现为终点,分配和交换表现为中间环节,这中间环节又是二重的,分配被规定为从社会出发的要素,交换被规定为从个人出发的要素。"② 商品主要出现于"交换"这一环节,在商品社会中其作用日益凸显,彰显了人的存在之社会交往面相。

如果我们聚焦于交换的环节,便可见商业社会的基本特征。这种基本特征之一就是数量计算。精于计算作为现代社会的一种理性精神,不仅属于自然科学,还表现于社会生活之中。不同于传统社会,现代社会是一个因普遍交换而商业发达的社会,而要想简单有效地控制交换的范围和事物的数量,似乎更取决于量而非质。所以,"种种社会变化的量的方面对于商业关系来说是相当重要的。因此,把对社会质方面的观察转移到对其量方面的观察,这一习惯将是未来商业精神的一大特色。"③ 可见,商业对于数量的管理基于科学对于数量的计算,两者都与量的计算和控制紧密相关。

同样,从经济运行的交换环节回溯其生产环节,不难发现另一种抽象原则在起主导作用。现代社会生产遵循工艺学原理,即将生产过程机械地分解为各个部分和不同阶段,这一原理被用于现代职业的分类。不同以往,"古代文明主要由各种手艺行业组成。现代生活则在更大程度上

① 《马克思恩格斯全集》第 30 卷,北京:人民出版社 1995 年版,第 32 页。
② 《马克思恩格斯全集》第 30 卷,北京:人民出版社 1995 年版,第 30 页。
③ [英] 怀特海:《观念的冒险》,周邦宪译,贵州:贵州人民出版社 2007 年版,第 84 页。

将自身分成各种职业。所以，古代社会协调的是社会生活的本能目的所需的各种手艺行业，而现代社会协调的则是各种职业。"① 现代社会职业协调功能主要基于抽象的原则而非具体的经验。在分工上，现代社会从事某一职业人士的抽象智力水平越高，他们的职业级别就越高。相反，部分遗留的手艺人因长于具体经验，反而社会地位显得无足轻重。

伴随职业分工的是各类社会组织的形成。各种职业基于抽象性原则而分类，各种组织也基于抽象性原则而建构。现代社会从普遍的抽象原则出发，建构的各种组织不断派生并体系化，纷纷仿效科学机构的客观性和中立性。或者说，一些组织即便属于某一国家，也并非必然关心本国民族的利益，而更可能是跨国公司的利益。这有点像中世纪的教会，跨国公司"非正式地建立起了一个相当于天主教联盟的组织。"② 不同的是，现代社会的组织机构基于理性原则而非宗教信仰获得了这种普遍性，科学进步使各行各业都知识化了，从而使各种组织具有了普遍的理性原则。

随着职业分工和社会组织的出现，现代社会制度相对传统风俗习惯发生了本质性的改变，即现代社会制度空前地凸显契约的重要性。社会生活中的契约类似于科学活动中的知识规则，基于规则形成了科学共同体，契约的缔结也构建了商业社会。总之，现代社会的商业、职业、组织、制度等都基于一套抽象原则来运作。这套抽象原则源于科学理性，也表达了商业精神。这是现代性的基本规定，也是现代人的基本理念。对此，怀特海却指出，"关于社会从传统基础向契约基础转移的最受欢迎的学说，是建立在肤浅社会学的基础之上的"，即基于"具有种种绝对权利，具有规定充分明确的外部关系的契约能力的绝对个人"的人性假设。③而这种人性假设是远离人们生活实际情况的。

二、货币社会的抽象性

商品生产带来商品交换。为了提高交换的便捷性和高效程度，货币

---

① [英] 怀特海：《观念的冒险》，周邦宪译，贵州：贵州人民出版社2007年版，第51—52页。

② [英] 怀特海：《观念的冒险》，周邦宪译，贵州：贵州人民出版社2007年版，第53—54页。

③ [英] 怀特海：《观念的冒险》，周邦宪译，贵州：贵州人民出版社2007年版，第56—57页。

作为一般等价物成为商品交换的普遍性中介，形成了更具普遍性的商品流通和更具广泛性的人际交往的货币社会。在货币社会中，货币似乎扮演了传统社会上帝的"全能"角色，但却未有其"全知"和"全善"的品德。作为一种世俗性的财富符号，货币所能满足的只是人们之间的物质利益交往。而现代人之所以产生货币拜物教即拜金主义的观念，是因为货币在社会交往中表现出一种无所不能的幻象，使人认为一切需要仅凭借货币便能得到满足。人对货币的这种运用、追求和幻想，促使社会朝物质利益及其数量增长方向片面发展。这是资本主义商品经济的抽象性对现代社会造成的物化效应。

（一）从商品到货币：货币是商品的抽象存在

从劳动产品到商品已经历了一次抽象，因为商品是用来交换的劳动产品，它凸显了劳动可交换的一面，退隐了生产、分配和消费等其他方面。从商品到货币又是一次抽象，对于商品而言，使用价值和交换价值这二因素缺一不可，尤其是满足人们实际需要的使用价值，但货币这一特殊的商品被抽去了使用价值，只剩下了交换价值。所以，如果说商品是抽象的劳动产品，人与自然的关系被遮蔽，呈现的是人与社会的关系，那么货币则是抽象的商品，其交换价值脱离了使用价值而独立出来，诞生了货币这种符号。随之，这种以数量为标识的货币符号作为中介，使得一种商品可按确定的数量同任何其他商品广泛地交换。于是，货币相比商品反而获得了更大的实在性，表现为时间上的永恒性和空间上的普遍性："一切商品只是暂时的货币；货币是永久的商品。货币是无所不在的商品；商品只是地方性的货币。"① 很显然，货币与商品、一般与个别被本末倒置了，造成一般凌驾于个别之上、货币统摄一切商品的假象。

抽象本来只是一种思维活动，抽象获得的一般观念也只是思维中的一种存在。然而不同的是，货币的抽象却使交换价值摆脱使用价值并作为一种符号游离出商品之外。换言之，交换价值从具体商品中独立出来，通过货币来实现自身。在历史上，货币起源于各种特殊的商品，而在长期交换中被固定下来的那种商品就成为了"一般等价物、流通手段和尺度"。于是，货币作为普遍性的符号变成了一种实体性的存在，成为

---

① 《马克思恩格斯全集》第 30 卷，北京：人民出版社 1995 年版，第 185 页。

"一种同特殊事物和个别事物的形式并存的、特殊的现实形式。"① 货币作为商品价值量的一般实体，是价值发展高级阶段的抽象形式，早先曾以贵金属等感性形式出现。商品价值的货币化，让国民经济学家获得了"一种抽象能力，使他能在所有的商品形式中看到货币的这种存在"，货币就成为国民经济学的唯一对象，但他只是"在货币本质的抽象性和普遍性中把握货币本质的"。②

货币只是对商品交换价值的抽象和析取，即"作为纯交换价值的商品就是货币"。但货币这种抽象物现在变成了实体，独立于商品之外或商品之旁，让人觉得它"获得一种不依赖于商品的，在一种特别的材料、特有的商品上独立化的存在。"③ 其实，具体商品总是使用价值和交换价值的统一体，但货币作为商品的交换中介，只表达了商品的交换价值，而脱离了商品的使用价值。所以，货币作为商品的抽象存在，它析取了商品的形式而省略了其内容，并使形式实体化，因而"表现为商品本身以外的货币存在，不过只是在形式上表现为这种存在。"④

货币是交换价值的化身。交换价值的发展经历了从特殊形态到一般形态的转化，即从具体的商品到抽象的货币的演变。有了货币之后，各种商品的交换范围迅速扩大，依附于商品的特殊交换价值经由货币转化为一般交换价值，彼此之间实现了普遍的关联。此时，交换价值被赋予了一般与个别、价值与价格的双重属性，使得商品交换在一般价值与个别价格之间相互转换，即"交换价值一次是在货币的形式上表现为一般交换价值，另一次是在具有价格的自然商品上表现为特殊交换价值。"⑤如此循环往复，交换得以不断进行。

货币是贯通各种特殊交换价值或具体商品的普遍中介："它是一切商品借以互相等同、比较和计量的那种形式；它是一切商品向之转化，而本身又转化为一切商品的那种形式；是一般等价物。"⑥ 在此，货币作为价值符号具有象征着一切商品的功能，但作为象征符号的货币其本身材料则起源于具体的商品。一种商品能够脱颖而出成为象征所有商品的符

① 《马克思恩格斯全集》第 30 卷，北京：人民出版社 1995 年版，第 441 页。
② 马克思：《1844 年经济学哲学手稿》，北京：人民出版社 2000 年版，第 166—167 页。
③ 《马克思恩格斯全集》第 30 卷，北京：人民出版社 1995 年版，第 139 页。
④ 《马克思恩格斯全集》第 30 卷，北京：人民出版社 1995 年版，第 225 页。
⑤ 《马克思恩格斯全集》第 30 卷，北京：人民出版社 1995 年版，第 201 页。
⑥ 《马克思恩格斯全集》第 30 卷，北京：人民出版社 1995 年版，第 90 页。

号，必定是由当时的物质生产水平和社会交往范围决定的。因此，"表现这种象征的材料决不是无关紧要的，虽然在历史上曾出现过各种各样的材料。社会的发展，在产生出这种象征的同时，也产生出越来越适合于这种象征的材料，而以后社会又竭力摆脱这种材料；一种象征如果不是任意的，它就要求那种表现它的材料具有某些条件。"① 可见，货币不是凭空而来的，它是商品发展到一定阶段才产生的。了解抽象的货币符号离不开具体商品及其发展史。

（二）货币与人的需要

在以商品经济为主导的现代社会中，根据普遍交往的社会条件，人只有通过拥有足量货币才能掌握更多事物。在理论上，"对货币的需要是国民经济学所产生的真正需要，并且是它所产生的唯一需要。"② 但货币作为一种抽象物，只代表商品的一般等价物而已。所以，拥有货币只是在社会交往中拥有获得商品的可能性而非现实性。并且，货币这种一般等价物是同质化的，可抽象为纯粹的数量，以至于"货币的量越来越成为货币的唯一强有力属性；正像货币把任何存在物都归结为它的抽象一样，货币也在它自己的运动中把自身归结为量的存在物。无度和无节制成了货币的真正尺度。"③ 抽象的货币规定了抽象的人，国民经济学家"把工人变成没有感觉和没有需要的存在物，正像他把工人的活动变成抽去一切活动的纯粹抽象一样"。④ 人的社会交往和生产劳动由此都被抽象地处理了。

在这种抽象的支配下，人变成了货币的存在物或货币的占有者而丧失了存在的真实意义，人的需要也被归结为对货币的需要。在此，马克思分析了货币与人的需要的关系，指出"货币是需要和对象之间、人的生活和生活资料之间的牵线人。"⑤ 更一般地说，货币作为维系人与世界关系的"牵线人"，使人变成了"货币人"，即人的存在必须通过占有货币来抽象地占有外部事物。而人也随之将自我认同为货币，因为如果人是一种对象性的存在，现在对象必须通过货币来重新获得了。所以，马

① 《马克思恩格斯全集》第30卷，北京：人民出版社1995年版，第94页。
② 马克思：《1844年经济学哲学手稿》，北京：人民出版社2000年版，第120页。
③ 马克思：《1844年经济学哲学手稿》，北京：人民出版社2000年版，第120页。
④ 马克思：《1844年经济学哲学手稿》，北京：人民出版社2000年版，第123页。
⑤ 马克思：《1844年经济学哲学手稿》，北京：人民出版社2000年版，第140页。

克思说，"依靠货币而对我存在的东西，我能为之付钱的东西，即货币能购买的东西，那是我——货币占有者本身。货币的力量多大，我的力量就多大。货币的特性就是我的——货币占有者的——特性和本质力量。"①

人的创造力也在货币身上得以表现。人的创造力不仅是一种潜在力，更是一种实现力。而无论潜在力还是实现力，都必须通过货币的抽象普遍性与其现实中介性得以表现。正是货币能够"把我的那些愿望从观念的东西，把那些愿望从它们的想象的、表象的、期望的存在改变成和转化成它们的感性的、现实的存在，从观念转化成生活，从想象的存在转化成现实的存在。作为这样的中介，货币是真正的创造力。"② 在前货币社会，人的需要可以离开货币直接得到满足，但进入货币社会以后，货币这一抽象普遍性和现实中介性的媒介反倒变成了一种客观存在，如果没有货币就缺乏一切潜能实现的基本条件。显然，货币存在和人的需求、抽象的东西和具体的东西发生了本末倒置。马克思进而将之视为思维和存在的根本倒置："以货币为基础的有效需求和以我的需要、我的激情、我的愿望等等为基础的无效需求之间的差别，是存在和思维之间的差别，是只在我心中存在的观念和那作为现实对象在我之外对我而存在的观念之间的差别。"③ 因此，是否拥有货币决定了人的需求是否有效，不论这种需求是否基于现实对象。可见，思维和存在、观念和现实的关系却被货币完全弄颠倒了。

马克思还用莎士比亚的比喻，将货币比喻为"有形的神明"，生动地刻画了货币的两个功能：其一，"它是有形的神明，它使一切人的和自然的特性变成它们的对立物，使事物普遍混淆和颠倒；它能使冰炭化为胶漆。"其二，"它是人尽可夫的娼妇，是人们和各民族的普遍牵线人。"④ 无论是"有形的神明"还是"普遍牵线人"，货币成为实现人间一切交换的万能之物。"万能"在中世纪被认为是不可见的神的属性，现在却被表现为货币这种有形的中介功能，在货币的支配下，神圣与世俗、高贵与低贱都可以发生跨界交换。所以，尽管货币也是商品，具有

① 马克思：《1844 年经济学哲学手稿》，北京：人民出版社 2000 年版，第 143 页。
② 马克思：《1844 年经济学哲学手稿》，北京：人民出版社 2000 年版，第 144 页。
③ 马克思：《1844 年经济学哲学手稿》，北京：人民出版社 2000 年版，第 144 页。
④ 马克思：《1844 年经济学哲学手稿》，北京：人民出版社 2000 年版，第 144 页。

对象性的存在形式，但它已不是普通的商品之物，而被当成万能之物凌驾于万物之上，"因为它具有购买一切东西的特性，因为它具有占有一切对象的特性，所以是最突出的对象。"① 货币具有的普遍交换力量是它作为万能之物的依据，而这种普遍交换力量是由于其单纯的抽象所产生的，抽象能将各种个别对象经由一般中介普遍地关联起来。于是，货币能通行于整个世界。但现实世界被货币重构后也带来了两方面的效应：一方面，"它把人的和自然界的现实的本质力量变成纯抽象的观念，并因而变成不完善性和充满痛苦的幻象；另一方面，同样地把现实的不完善性和幻象，个人的实际上无力的、只在个人想象中存在的本质力量，变成现实的本质力量和能力。"② 在此，货币那种抽象普遍性和现实中介性，不仅对人的真实需要与虚假需要、有效需求与无效需求实现了根本性的颠倒，而且对人与世界的关系产生了总体性的倒置。

综上所述，马克思从多个方面揭示了货币对现代社会中人的生活所发挥的各种异化作用：作为"有形的神明"，货币的神力和万能源于其普遍占有人的本质力量对象化而成的一切对象；作为一切对象中"最突出的对象"，货币的购买力和占有一切对象的特性成为货币占有者的本质力量和特性；作为"万能之物"，货币又充当了人的需要与满足的对象、日常生活与物质资料、人与人之间的普遍"牵线人"；作为"真正的创造力"，货币还能将我们的愿望从观念转变成为现实。

（三）货币化的社会：同质性和无节制的社会

现代社会不同于传统社会，它是一个基于交换价值而运作的商品社会。但货币作为交换价值的符号和商品流通的中介，其本质是观念的，作为一种抽象物而存在，通过数量的多少来反映货币持有者拥有社会权利的大小。在一般人际交往中，货币常起到"社会抵押品"的作用，将一切社会关系货币化，并由货币这一普遍对象象征地表达。但与此同时，人际交往却也被货币普遍地异化了，人们所处的各种社会关系均被抽象地对待，由量化逻辑所支配。所以，在马克思看来，"货币对于个人只是作为'社会抵押品'来用，只是由于它具有象征性的社会属性；货币所以能拥有社会的属性，只是各个人让他们自己的社会关系作为对象同他

---

① 马克思：《1844 年经济学哲学手稿》，北京：人民出版社 2000 年版，第 140 页。
② 马克思：《1844 年经济学哲学手稿》，北京：人民出版社 2000 年版，第 145 页。

们自己相异化。"①

出于普遍交往的需要，人们必须凭借一种普遍性的媒介，以实现各种利益的合理交换，而货币正是一种最抽象的、也最普遍的媒介。货币不仅可以将商品的使用价值抽象为其交换价值，而且能将其交换价值抽象为一般价值及其数量。如此，货币便完成了对商品同质而量化的抽象过程，使商品交换可以进行更方便和更有效的计算。同时，货币这种同质而量化的抽象也使商品获得了无限增长的前景，因为脱离了质的规定性的量是无限制的，超越了时空等具体性的局限。这种对纯粹数量的抽象也为现代社会的同质性规整和无节制发展做了一种预备，表现为计算理性的普遍应用。可见，现代社会的可计算性正是通过货币来实现的。吉登斯对此指出，"用货币来理性地计算利润和亏损的可能性对现代资本主义企业来说是最根本的。"②

这种借由货币实现的可计算性，其实质是将人和社会都视为物，塑造了一个普遍物化的社会。正如马克思指出的，"在交换价值上，人的社会关系转化为物的社会关系；人的能力转化为物的能力。"③ 这种转化从关系到实体、从主体到客体、从质的多样性到量的同一性，正是现代科学为人们认识世界和改造世界提供的放之四海而皆准的普遍理念。而这一理念在商品社会中通过货币，又为现代人的生活提供了普遍的同一性标准。吉登斯所谓的现代性"脱域"之所以能实现，也就在于"货币在这中间起了极其重要的作用，因为它使得对交换价值进行数量化且固定的而不是主观的估量成为可能。因此，经济关系从地方性社会结构的特殊纽带和义务中解脱出来，而且任由物质机会（material chances）来决定，也就是个人在竞争的市场上运用他们所具有的财产、货物或服务进行交易的物质机会。"④ 资本主义空前地为人们提供了这种机会。

---

① 方锡良：《现代性批判中的马克思自然观研究》，上海：上海人民出版社 2014 年版，第 238 页。

② ［英］安东尼·吉登斯：《资本主义与现代社会理论：对马克思、涂尔干和韦伯著作的分析》，郭忠华、潘华凌译，上海：上海译文出版社 2013 年版，第 227 页。

③ 《马克思恩格斯全集》第 30 卷，北京：人民出版社 1995 年版，第 107 页。

④ ［英］安东尼·吉登斯：《资本主义与现代社会理论：对马克思、涂尔干和韦伯著作的分析》，郭忠华、潘华凌译，上海：上海译文出版社 2013 年版，第 208—209 页。

三、资本增殖的抽象性

资本主义的生产目的是追求资本增殖，即榨取工人创造的剩余价值。考察资本增殖的抽象性可分两个方面：一是从数量形式上看，资本是否增殖可按资本投资前后的数额变化来核算，但这必须以同质而量化的抽象为前提，因而货币这一抽象物可作为核算资本是否增殖的尺度；二是从实质内容上看，资本能够增殖在于劳动创造价值，正是雇佣工人消耗的"活劳动"（劳动力）与资本家占有的"死劳动"（以前的劳动力物化而成的生产资料）经由货币发生了不等价交换，才为资本增殖造成了条件，使生产中工人劳动力消耗产生的价值总是大于资本家为之偿付的劳动力价格或工资而带来剩余价值。所以，从货币到资本展开了"死劳动"对于"活劳动"、物对于人、数量对于实质的抽象化过程。这一过程造成了人的双重异化，即资本家在货币幻象下无限地追求资本增殖的发财梦，而雇佣工人陷入了只有靠承受资本家剥削才能活下去的悲惨命运。

（一）从货币流通到资本生产的抽象性

货币社会具有抽象性，因为货币是一种抽象物。货币这种抽象物既不同于具体事物，也别于抽象符号，而是"始终具有同一形式，同一基质；因此很容易认为货币只是一种物。"①但资本却不尽然，资本不直接等同于货币，只有投资于生产的货币才能成为资本。因此，资本超出货币抽象物而成为一种关系，"资本显然是关系，而且只能是生产关系。"② 关系一般不同于物而较为具体，物则通常嵌入关系中，所以相比货币这一抽象的物，资本作为一种生产关系更接近于资本主义现实。从其作用领域看，货币常被用于流通领域，资本则被用于生产领域。生产领域要比流通领域更为根本，但由于商品生产的主要目的是实现交换价值，因而流通就成为了再生产的必要条件，货币也在流通中成为资本的抽象形式。

在流通领域，货币作为商品的交换尺度和交换手段，也是同各种商品并存的一般商品，这基于货币所具有的一般交换价值的功能。在生产

---

① 《马克思恩格斯全集》第30卷，北京：人民出版社1995年版，第509—510页。
② 《马克思恩格斯全集》第30卷，北京：人民出版社1995年版，第510页。

领域，货币"成为资本的已实现的和始终可以实现的形式，成为资本的始终有效的表现形式。"① 况且，货币的数额大小可以标识资本通过流通和生产以追求自我增殖和不断扩张的力量大小。因此，资本凭借货币对社会的抽象重构实现了对社会的抽象统治。于是，资本成为货币抽象的现实基础，货币成为资本运动的观念反映。

再从流通和生产的整个过程看，货币的抽象化仅表现于流通阶段，而资本的抽象化则存在于整个过程。因此，资本抽象化涵盖的范围更广："资本本身在它时而作为货币，时而作为商品，时而作为交换价值，时而作为使用价值出现的每一要素上，现在表现为不仅是在这一形式变化中从形式上保存自己的价值，而且是自行增殖的价值，是自己同作为价值的自己发生关系的价值。"② 所以，尽管资本作为价值量与货币作为价值量两者在形式上相同，但在内容上却有实质性的差别，这从不同于流通阶段的生产阶段可以发现。

在生产阶段，资本作为一种物，属于过去的死劳动，它必须借由现在的活劳动才能"起死回生"。资本通常以生产资料形式出现，这些东西正是"过去的、客体化了的劳动"，现在为资本家所占有。生产资料为资本家所有在资本主义社会似乎是天经地义的，已成为一种"一般的、永存的自然关系"，殊不知其背后"恰好抛开了正是使'生产工具'、'积累的劳动'成为资本的那个特殊。"③ "那个特殊"就是工人劳动力的创造性，它正是资本增殖的源头。可见，资本增殖的原因不在于资本自身，而在于工人活劳动的创造结果。而且，资本作为生产资料其价值在生产前后只是发生了物的转移和形式的改变，即由生产资料变为劳动产品，但总量不变。比如，棉纱和纱锭在生产完成后按照其价值在布上再现出来，其中的价值量未曾不变，只是获得了另一种形式而已。

尽管如此，生产资料对于资本生产却是不可缺少的必要条件。对于工人来说，生产资料作为"过去的对象化劳动是他的劳动的条件，只有这种过去的对象化劳动才使他的劳动成为劳动"④；对于资本家来说，生产资料作为其拥有的对象化劳动必须通过工人的活劳动才得以保存并不

① 《马克思恩格斯全集》第30卷，北京：人民出版社1995年版，第95页。
② 《马克思恩格斯全集》第30卷，北京：人民出版社1995年版，第535页。
③ 《马克思恩格斯全集》第30卷，北京：人民出版社1995年版，第26—27页。
④ 《马克思恩格斯全集》第30卷，北京：人民出版社1995年版，第322—323页。

断被追加，从而使资本增殖。显然，"保存旧价值决不是一种同追加新价值分开的行为，而是自然而然地发生的行为，表现为追加新价值的自然结果。"① 也就是说，资本的保存与增殖在生产中是统一的，只有追加了创造更高价值的活劳动，才有资本新的保存，同时获得新的增量。

（二）剩余价值的限度及其扩张

资本是能够带来剩余价值的价值。剩余价值的源头在于工人的活劳动，但活劳动的运作必须以对象化的劳动为必要条件，所以劳动者的生产离不开生产资料。这使资本涉及主体和客体两个方面，分为可变资本和不变资本两个部分，既用于雇佣人，又用来购买物。马克思指出："资本，作为对象化劳动进入同活劳动相交换的过程，并因此分为不变部分——劳动的客观条件即材料和工具——和劳动的主观条件，即活劳动能力生存的条件，也就是工人的必需品，生活资料。"② 当生产资料与生产者相分离、并且工人缺乏自己的生活资料时，资本主义实施雇佣劳动制度就具备了现实条件。当然，这首先离不开商品生产和货币社会的前提条件："劳动直接生产交换价值，从而生产货币；而货币也直接购买劳动，从而购买工人，只要后者在交换中让渡自己的活动。"③

抽象地说，"资本是产品和货币的直接统一，或者更确切些说，是生产和流通的直接统一。"④ 在资本的生产和流通中，雇佣劳动制度在流通领域或劳务市场为资本生产提供了可能性条件，而工作日的结构改变与其空间扩张在生产领域为资本增殖提供了现实性条件。就后者而言，工作日的结构改变是受到工人生理条件和社会道德舆论限制的，而且工作日长度也不能无限延长，因为"资本的界限始终是一日中体现必要劳动的部分和整个工作日之比。资本只能在这个界限以内运动。用于必要劳动的部分越小，剩余劳动就越大，生产力不管怎样提高都越是不可能明显地减少必要劳动；因为分母已经变得很大了"⑤，所以资本在其中的增殖是有一定限度的。不过，马克思建议我们转换视角，从空间扩张来看许多工作日同时并存而使资本增殖的可能性："资本越是能同时与更多的

---

① 《马克思恩格斯全集》第 30 卷，北京：人民出版社 1995 年版，第 325 页。
② 《马克思恩格斯全集》第 30 卷，北京：人民出版社 1995 年版，第 441 页。
③ 《马克思恩格斯全集》第 30 卷，北京：人民出版社 1995 年版，第 178 页。
④ 《马克思恩格斯全集》第 30 卷，北京：人民出版社 1995 年版，第 294—295 页。
⑤ 《马克思恩格斯全集》第 30 卷，北京：人民出版社 1995 年版，第 304—305 页。

工作日进行交换，即用对象化劳动同活劳动相交换，资本同时增殖的价值就越大。在生产力发展的一定阶段上，资本只有在一个工作日之外，同时使用另外一个工作日，从空间方面增加更多的同时并存的工作日，才能超越一个人的活的工作日所形成的自然界限。"① 这是以空间换时间的资本运作策略，也是当下愈演愈烈的资本主义全球化扩张的真实写照。

如果说从商品到货币是一种抽象性的流通，造成的是货币对现代社会的抽象重构，那么从货币到资本则是一种抽象性的生产，造成了资本对雇佣工人的实际剥削。前者是资本增殖的一般可能性条件，后者则是资本增殖的具体现实表现。马克思对资本抽象性的批判，落实到制度层面就是政治经济学批判，不仅阐明了劳动和资本、雇佣工人和资本家之间的关系，而且在商品交换中揭示出"货币转化为资本"的机制。他指出："在纯粹流通中进行的交换的简单运动，决不能实现资本。"② 所以，问题是"说明工人和资本家之间实质上的非等价交换究竟是怎样在等价交换的基础上进行的。"③

对此，马克思把劳动和资本的交换过程分为两个不同的阶段：第一个阶段在流通领域中进行，其实质是资本家用一定数量的交换价值（作为工资的货币）购买工人的使用价值（劳动力商品）；第二个阶段在生产领域中进行，经过第一个阶段的交换，资本家获得了对工人的支配权，于是在资本家的监督之下，工人在劳动中创造了比劳动力自身价值更大的价值（劳动力的使用价值消耗会带来其价值增值），这部分价值增值被无偿地收进资本家的钱袋，实现了资本家的生产目的，即资本的保存和增殖。而这一过程必须满足两个条件：一是资本家通过劳务市场交换或雇佣工人体制获得对工人的支配权，从而限制工人的自由；二是资本家通过剥削工人来创造财富使资本增殖，因为工人的劳动力（活劳动）相异于资本家的资本物（死劳动）而有创造性。究其实质，这是抽象物（货币、资本）对人的生命力（劳动力）的占有和剥削。

（三）资本主义：抽象、异化和剥削

基于商品经济形成的货币社会，其经济形式是由各种抽象形式构成的："对资产阶级社会来说，劳动产品的商品形式，或者商品的价值形

---

① 《马克思恩格斯全集》第30卷，北京：人民出版社1995年版，第378页。
② 《马克思恩格斯全集》第30卷，北京：人民出版社1995年版，第209页。
③ 《马克思恩格斯全集》第30卷，北京：人民出版社1995年版，前言第5页。

式，就是经济的细胞形式。"① 商品是资本主义经济的"细胞形式"，其抽象物是价值一般。货币作为价值一般的表示，将这一抽象物普遍地符号化和实体化。

在马克思看来，一个"抽象物"作为整体的一部分，只是在整体中才表现出来的部分。② 抽象来自具体，具体作为抽象的母体是处于各种关系中的复杂整体。也就是说，"抽象物"是蕴含在整体中的一个要素，它与现实的联系要在其所处的特定情境中才能被看清。如果脱离了整体及环境，简单地认为现实仅仅由这些"抽象物"构成，就是一种错认具体性的谬误。不辨识这种错认而任意由抽象处理一切事物，会造成种种"异化"现象。③

因此，对于商品与资本主义，我们必须从商品是使用价值和交换价值的具体统一的角度，去审视资本主义即商品交换价值的抽象这一事实，它脱离了人们的现实需要而片面追求交换价值最大化，是异化的一种表现。对于货币与资本主义，"我们必须弄清楚私有制，贪欲和劳动、资本、地产三者的分离之间，交换和竞争之间，人的价值和人的贬值之间，垄断和竞争等等之间，这全部异化和货币制度之间的本质联系。"④ 货币是一种"抽象物"，货币制度是一种抽象制度，如果脱离社会生活这一整体，上述全部异化现象便会出现，所以基于货币这种抽象物的资本主义是一种更加深刻和广泛的社会异化。

资本在货币之后，将货币对于社会生活的"抽象重构能力"转变为现实的"抽象统治力量"。资本主义的抽象性将商品归结为货币，将货币归结为数量，为资本追求自我增殖和不断扩张起到理性的先导作用。反之，货币在资本之前从使用价值中抽象出交换价值，对现实感性的商品进行"同质而量化"的筹划和"可计算性"的抽象，旨在实现资本对社会生活的最终统治。两方面的关系是，资本逐利是货币抽象的现实基础，货币抽象则是资本逐利的观念预备。因此，对于资本主义抽象及其异化可做如下概括：其经济形式基于货币而自由买卖一切事物，其社会

---

① 马克思：《资本论》第1卷，北京：人民出版社2004年版，第8页。
② 《马克思恩格斯选集》第2卷，北京：人民出版社1995年版，第18—19页。
③ ［美］伯特尔·奥尔曼：《异化：马克思论资本主义社会中人的概念》，王贵贤译，北京：北京师范大学出版社2011年版，第76页。
④ 《马克思恩格斯全集》第3卷，北京：人民出版社2002年版，第267页。

生活片面追求效率并崇尚功利而不计后果，其意识形态普遍盛行拜物教和拜金主义。

从商品、货币和资本的抽象性看资本主义，它是一套从交换价值中抽象地演绎出来的社会制度。这套抽象的社会制度不仅造成了整个社会生活的异化，而且完全基于对工人阶级的剥削之上。对此，《资本论》早就阐明了："资本主义是一个商品生产体系，该体系的驱动力是寻求交换价值的最大化。交换价值，而非使用价值，是资本主义生产逻辑的基本点，而这一点甚至适用于人类劳动本身：劳动只有作为劳动力，作为抽象的能量消耗时才有价值。资本主义经济所固有的基本'矛盾'直接来源于它建立在交换价值生产基础上的体制特征。维持或扩大利润率的需要与利润率呈不断下降趋势的规律相对立；生产者与消费者的分离（即资本主义生产是要让交换价值最大化，而非为已知的需求进行生产）成为资本主义周期性危机发生的主要原因；而资本主义市场的运作既需要劳动力不能以高于其交换价值的价格出售（这样使劳动阶级的大多数处于持续的经济困境中），也需要产生大量生活贫困的'剩余劳动大军'。"①

四、马克思对抽象性的批判

显然，贯穿"商品生产""货币社会""资本增殖"这些范畴始终的是一种抽象思维。抽象思维是人类理性必不可少的一种功能，但假如抽象脱离了与具体的关联便会产生认识上的谬误和实践中的异化。所以，马克思在充分运用抽象思维的同时并没忘记对各种脱离现实的抽象观念进行批判。他的"政治经济学批判"方法，先后从现实中的"具体"和理论上的"具体"来界定抽象概念在其中的地位和作用，并对资本主义的抽象性作了深刻的分析。

（一）揭示抽象本体

在西方文化中，"抽象"一词的拉丁文原义是指将什么东西"从……中抽出"。按此义，抽象将研究的对象从环境中分离出来或将考察的部分从整体中抽绎出来，从而使对象或部分在我们的观念中成为独立存在的

---

① ［英］安东尼·吉登斯：《资本主义与现代社会理论：对马克思、涂尔干和韦伯著作的分析》，郭忠华、潘华凌译，上海：上海译文出版社2013年版，第303—304页。

抽象物，而遗忘了作为抽象物源自其中的本体即环境和整体。抽象作为一种科学方法被用以分析事物，起到化繁为简、中心聚焦和区分划界的作用，使组成事物的各个要素得以解析、归约或彰显：每一要素分别"确立了一个中心并在我们的感觉中确立了一种把有关的东西同无关的东西区分开来的界限"；并且作为一种共性思维，"抽象过程使某物成为同一类的一个，并让我们知道那一类从哪里开始到哪里结束"；从思维反映现实来看，每一次抽象"都是通过分离、集中和强调它们所接触的现实的某些方面来部分地发挥作用的"。①

有学者指出，马克思关于"抽象"一词有两种用法：其一，用作动词的"抽象"，它"指把世界分解为我们用来思考它的精神结构的精神活动"，即抽象思维；其二，用作名词的"抽象"，它"指这个过程的结果，即现实被分成的实际部分"②或抽象物。无论用作动词还是名词，马克思认为，抽象都源自具体而不能完全脱离具体，具体才是抽象的本体。在他看来，"政治经济学范畴"是对"实在的、暂时的、历史的社会关系的抽象"，这些范畴"仅仅在这些关系存在的时候才是真实的"。③并举例说，"最简单的经济范畴，如交换价值，是以人口即在一定关系中进行生产的人口为前提的；也是以某种家庭、公社或国家等为前提的。交换价值只能作为一个具体的、生动的既定整体的抽象的单方面的关系而存在。"④换言之，商品的交换价值作为一个抽象概念，是不能脱离劳动者的生产过程以及生活在其中的社会共同体而独立存在的。

然而，为了使一般概念不局限于对象的特殊性，并超越对象本身而深入其前提，马克思依然建议采取概念的一般抽象规定作为理论思考的起点。他指出，研究开始于"一般的抽象的规定，因此它们或多或少属于一切社会形式"⑤，否则我们就陷入一个特殊的体系而难以自拔。比如，如果从雇佣劳动开始分析资本主义，就必须解释为什么将雇佣劳动作为起点，这会让我们在准备研究资本主义之前就陷入了资本主义体系

---

①　[美]伯特尔·奥尔曼：《辩证法的舞蹈——马克思方法的步骤》，田世锭、何霜梅译，北京：高等教育出版社2006年版，第73—74页。

②　[美]伯特尔·奥尔曼：《辩证法的舞蹈——马克思方法的步骤》，田世锭、何霜梅译，北京：高等教育出版社2006年版，第75—76页。

③　《马克思恩格斯选集》第4卷，北京：人民出版社1995年版，第537、536页。

④　《马克思恩格斯选集》第2卷，北京：人民出版社1995年版，第19页。

⑤　《马克思恩格斯选集》第2卷，北京：人民出版社1995年版，第26页。

之中。相反，如果从人类的一般劳动开始分析，就不会局限于这一体系了。同样，一般商品也是马克思分析资本主义商品生产的理论起点。在此，一般劳动、一般商品等抽象概念无疑是从具体劳动、具体商品中抽象而来的，但抽象超越了具体的局限而获得时空上的普遍性，所以具有了逻辑上的先在性。

抽象固然重要，但理解现实需要将抽象与具体关联起来。因此，马克思辩证地处理了一般与个别、抽象与具体、概念与现实，并按历史和逻辑相统一的原则将之统摄于"从抽象上升到具体"的过程中。这一过程分三个环节演进："现实的具体"→"概念的抽象"→"理论的具体"。显见，概念的抽象位于现实的具体与理论的具体中间。而"通向理解现实的极好之路，据说是通过抽象方法从现实的具体走向精神上的具体。"① 首先，从展现在我们面前并可以经验到的事物（"现实的具体"）出发；其次，从这一事物中抽象出各种我们对之思考的精神要素（"概念的抽象"）；然后，重构由概念抽象获得的这些要素以实现对事物的理论把握（"理论的具体"）。思维与存在、概念与现实便在这一过程中达成一致，抽象是其中必要的环节，也是关键的环节。

（二）保留抽象方法

马克思的研究方法侧重于"从抽象上升到具体"的环节。但与抽象相对的具体有两种含义，一种是感性具体，另一种是经抽象后上升到的理论具体。在马克思那里，两种具体观念一隐一显地规定着其抽象思维。一方面，他通过抽象追求对象的普遍性，另一方面则"从抽象上升到具体"，以获得关于对象全面的理论把握，这需要将各种抽象概念加以综合来达到理论具体，构成一个理论体系。黑格尔曾将抽象和具体作为考察事物的两种方法：所谓"抽象"就是在陈述一个对象时将其某些方面或规定搁置起来；所谓"具体"则是将这个对象置于许多规定之中。② 在此，黑格尔说的"具体"是一种理论的具体，即马克思"从抽象上升到具体"所设定的目标。因此，抽象是具体的某一方面，具体则是各种抽象的重组和整合。显然，抽象与具体的关系在理论上是片面与全面的关

---

① ［美］伯特尔·奥尔曼：《辩证法的舞蹈——马克思方法的步骤》，田世锭、何霜梅译，北京：高等教育出版社2006年版，第72—73页。

② ［美］奥尔曼：《异化：马克思论资本主义社会中人的概念》，王贵贤译，北京：北京师范大学出版社2011年版，第76页注1。

系、在方法上是分析与综合的关系。而从思想发展看，由片面至全面、从分析到综合是一种必然趋势。

于是，抽象作为逻辑的前提，成为了理论的起点。抽象概念必须是具有普遍性的一般概念，其外延达到最大而其内涵规定最少。由抽象概念组成的判断必须是分析命题，由分析命题组成的推理必须是演绎推理。这是建构理论的常规要求，以确保理论对于现实具有超越性。马克思指出，理论开始于"一般的抽象的规定，因此它们或多或少属于一切社会形式"①，否则我们就会陷入一个特殊的体系而难以自拔。

马克思从一般概念出发的抽象其实是一种要素分析方法。一个抽象要素可以开辟一个特定的研究视域，从而揭示出对象某一方面的本质规定。研究者可从一个个要素开始观察，并不断改变视角，进而推论诸要素之间的相互联系，最终获得关于对象较为全面的认识。对于资本主义的研究，马克思分别从资本、劳动、价值等各个要素进行抽象分析，以便获得关于这一对象各个角度的认识②，作为资本主义社会不同类型的性质来研究。但抽象哪个要素以及它代表哪一类性质，却要看对象所处的现实状况和我们研究的具体问题来确定。③

其实，现实状况和具体问题是全部理论构思的来源，是一切抽象规定的母体，要真正把握一般概念就不能脱离与现实相对较近的特殊概念。马克思专门强调了这一点："例如，抛开构成人口的阶级，人口就是一个抽象。如果我不知道这些阶级所依据的因素，如雇佣劳动、资本等等，阶级又是一句空话。而这些因素是以交换、分配、价格等等为前提的。比如资本，如果没有雇佣劳动、价值、货币、价格等等，它就什么也不是。因此，如果我从人口着手，那么，这就是关于整体的一个混沌的表象，并且通过更切近的规定我就会在分析中达到越来越简单的概念；从表象中的具体达到越来越稀薄的抽象，直到我达到的一些最简单的规定。于是行程又得从哪里回过头来，直到我最后又回到人口，但是这回人口已不是关于整体的一个混沌的表象，而是一个具有许多规定和关系的丰

---

① 《马克思恩格斯选集》第 2 卷，北京：人民出版社 1995 年版，第 26 页。

② ［美］奥尔曼：《异化：马克思论资本主义社会中人的概念》，王贵贤译，北京：北京师范大学出版社 2011 年版，第 77 页。

③ ［美］奥尔曼：《异化：马克思论资本主义社会中人的概念》，王贵贤译，北京：北京师范大学出版社 2011 年版，第 76 页。

富的总体了。"①

这里，马克思论述了他的抽象过程：从"混沌的表象"（现实的具体）→"简单的概念"（概念的抽象）→"规定的总体"（理论的具体）。如果起点是概念的抽象，正确使用抽象方法就既要从现实的具体又要从理论的具体做双向的限定。两个方向上的抽象有不同的道路："在第一条道路上，完整的表象蒸发为抽象的规定；在第二条道路上，抽象的规定在思维行程中导致具体的再现。"第一条道路的目标是"把直观和表象加工成概念"，第二条道路的目标是达到理论上的具体，即"只是思维用来掌握具体、把它当作一个精神上的具体再现出了的方式。但决不是具体本身的产生过程。"②不然的话，就犯了把抽象当作具体的谬误，即把观念与现实混同起来，颠倒了思维与存在的关系。

总之，在马克思"从抽象上升到具体"的研究方法中，抽象只是贯通现实与理论的中介环节。研究真正的出发点还是具体现实，这符合从实际出发、实事求是的原则。但是，现实是多样性的统一，并处于生成过程之中。因此，理论的具体作为目标就表现为许多规定的综合，其中每一种规定的抽象都是"同作为它们的前提的具体现实不可分割地联系在一起的，而从简单到复杂的抽象思维的进程，总的说来是同现实的历史过程相一致的。"③

（三）抽象上升具体

我们经常将抽象概念用于研究具体对象。比如，运用"价值"概念分析"商品、货币和资本"，运用"生产一般"概念分析"社会历史发展"，等等。概念与对象之间的关系正是抽象与具体的统一，只有深入具体，才能正确抽象。否则，不是流于现象的罗列和纷呈而丧失其本质的规定，就是空于概念的单纯演绎而脱离具体的现实。而在用各种抽象的规定构造一个具体的理论时，我们容易陷入孤立和静止的形而上学，缺乏对立统一的辩证思维。马克思批评这种形而上学的抽象思维："把某种关系、某种经济形式的某个片面的规定固定下来，颂扬这个规定，排斥相反的规定"④，他指出："不论何种关系，如果被归结为片面的规定，

---

① 《马克思恩格斯全集》第 30 卷，北京：人民出版社 1995 年版，第 41 页。
② 《马克思恩格斯全集》第 30 卷，北京：人民出版社 1995 年版，第 42 页。
③ 《马克思恩格斯全集》第 30 卷，北京：人民出版社 1995 年版，前言第 3 页。
④ 《马克思恩格斯全集》第 30 卷，北京：人民出版社 1995 年版，第 13 页。

这种规定又被看作肯定的东西，而不是否定的对象，……都是建立在这种抽象上的。"①

马克思对脱离具体的抽象批判，分为观念和现实的两种情况。首先，他批判"观念的抽象"是一种脱离现实条件的抽象，指出资产阶级意识形态用的就是这种"观念的抽象"："如果把使自由成为可能的（或不可能）的条件……从'自由'的意义中去掉的话，剩下的就是一种仅能歪曲和打乱甚至是它意图表现的那部分现实的观念。"② 因此，脱离了现实条件的观念抽象是马克思所不赞同的，尽管他很看重抽象概念的作用。

其次，马克思更加激烈地批判了"现实的抽象"，因为它造成了社会生活的异化和工人阶级被剥削的状况。在他眼里，由商品、货币和资本抽象地构造起来的现代社会导致"个人现在受抽象统治"的结局。正因如此，"现实的抽象"甚于"观念的抽象"，"这使实际上不能分离的东西显得分离了，并使事物的历史的和具体的特征消失到了它们更为一般的形式之后。"③ 比如，本来只是观念上可分离的使用价值和交换价值，实际上也分离为商品和货币两种抽象物，以致人们误以为它们各自独立存在和大量堆积，造成了生产过剩和通货膨胀的经济危机。并且，"现实的抽象"与"观念的抽象"在资本主义制度下相互促进，后者作为前者的意识形态，前者则是后者的客观基础。

由此可见，马克思批判脱离具体的抽象，无论是观念的抽象还是现实的抽象，但并不拒斥抽象思维的作用和意义，只要这种抽象关联具体的现实即可。因为抽象思维是人的理性所固有的，具有化繁为简、由近及远的认识功能，而且抽象概念能够获得对于现实的一种普遍性的理解。但抽象概念为我们发现并运用，必须通过其所在的特定情境具体化后才能进入我们的视野。譬如，"劳动"是一个抽象概念，我们相信它在所有社会制度之中都是存在的，但它只有通过"奴隶劳动"、"行会劳动"、"雇佣劳动"等各种社会制度中的具体劳动才被我们所看见。④ 显然，这

① 《马克思恩格斯全集》第 30 卷，北京：人民出版社 1995 年版，第 14 页。
② ［美］伯特尔·奥尔曼：《辩证法的舞蹈——马克思方法的步骤》，田世锭、何霜梅译，北京：高等教育出版社 2006 年版，第 75 页。
③ ［美］伯特尔·奥尔曼：《辩证法的舞蹈——马克思方法的步骤》，田世锭、何霜梅译，北京：高等教育出版社 2006 年版，第 75—76 页。
④ ［美］奥尔曼：《异化：马克思论资本主义社会中人的概念》，王贵贤译，北京：北京师范大学出版社 2011 年版，第 76 页。

样对"劳动"作抽象分析并没有脱离具体的现实。一般地说，政治经济学的各个范畴都是对"实在的、暂时的、历史的社会关系的抽象"，这些范畴"仅仅在这些关系存在的时候才是真实的"①，就像"最简单的经济范畴，如交换价值，是以人口即在一定关系中进行生产的人口为前提的；也是以某种家庭、公社或国家等为前提的。交换价值只能作为一个具体的、生动的既定整体的抽象的单方面的关系而存在。"②

---

① 《马克思恩格斯选集》第 4 卷，北京：人民出版社 1995 年版，第 537、536 页。
② 《马克思恩格斯选集》第 2 卷，北京：人民出版社 1995 年版，第 19 页。

第二章　怀特海对
科学抽象性的批判

怀特海对科学（近代科学）抽象性批判的代表作是《科学与近代世界》①。他在该书的序言中指出，西方文明自十七世纪以来受到科学发展的根本影响，反映在思想观念层面便是当时的科学宇宙观在知识文化界和社会各阶层中均占据主导地位，广泛而深刻地影响人们的认知和生活方式。但是，这种"现代世界新出现的科学思想"是有其局限性的。对之，哲学必须发挥"批判宇宙观的功用"。② 哲学批判是一切知识文化活动中最具先导性的，无论是其建构还是解构的活动，仿佛"在工人还没搬来一块石头以前就盖好了教堂，在自然因素还没有使它的拱门颓废时就毁掉了整个的结构。"③ 作为"精神建筑物的工程师和分解因素"④，哲学主要表现为对现代科学宇宙观的批判，并聚焦于当时流行的观念，如自然概念、科学方法、经验模式、社会组织等，揭示这些观念的抽象性特征以及对知识文化和社会生活造成的片面性影响。

一、抽象的自然：生命—物质—机械

现代科学的抽象性首先反映在自然观上。现代科学将前现代的有机论自然观抽象成为近现代的机械论自然观。两种自然观分别对自然本质

① Alfred North Whitehead, *Science and the Modern World*, New York: The Fress Press, 1967. 中译本见［英］怀特海：《科学与近代世界》，何钦译，北京：商务印书馆 2012 年版。

② ［英］怀特海：《科学与近代世界》，何钦译，北京：商务印书馆 2012 年版，序言第 1 页。

③ ［英］怀特海：《科学与近代世界》，何钦译，北京：商务印书馆 2012 年版，序言第 2 页。

④ ［英］怀特海：《科学与近代世界》，何钦译，北京：商务印书馆 2012 年版，序言第 2 页。

作了"有生命的"和"无生命的"不同理解。经理性启蒙和自然祛魅后，"无生命的自然界"成为近现代的主导观念。在当时人们的理解中，自然本质是物质实体，即通常所谓的"物体"。物体这一观念在牛顿力学的知识体系中，可从空间上根据"简单位置"来确定，而且按照笛卡尔的实体哲学，物体乃独立于环境和变化的静力学事实，可对其进行数学化处理和机械论构思。如此而论，现代科学所持的抽象的自然观从"有生命的"走向"无生命的"、从"物体"发展为"机械"，按照"生命机体→物质实体→机械模型"的逻辑来演进。

（一）对自然的物质抽象：从生命有机体到物质性实体

自然观的基本内涵包括对自然本质的理解。自然本质是有生命的还是无生命的？或者说，自然界在根本上究竟是"有生命的自然界"还是"无生命的自然界"？近现代自然观对此做出了新的回答。尽管我们常见的自然界中不乏生命现象，甚至是一片生机盎然，但生命现象是复杂的、变动的，很难为抽象概念所把握。相反，自然界的无机物因具有比较简单且相对稳定的特征，似乎更适于作为自然本质被抽象概念所把握。因此，近现代自然观为了使抽象"由难变易"而发生了颠倒性的转变，即将"无生命的"自然物视为"有生命的"自然界的本质，并以"实体"来定义物质。在笛卡尔那里，"实体"是不依赖于其他事物便能独立存在的东西。如此定义的物质实体只有"简单位置"，即每一物质实体都是自身独立并占有一定空间的，不同物质实体则占有不同空间位置，且彼此相互独立和分离。在描述某一物质实体时，不必涉及任何处于其他空间位置中的物质实体。

但事实上，我们称之为物质实体的事物已嵌入其周围环境中，自身独立和彼此分离的物质实体仅仅是脱离周围环境的一种抽象观念而已。实际中的每一事物存在及其本性都与周围环境紧密相关，甚至环境能决定该事物的存在及其本性。根据生物学领域的一些最新发现显示，生物体基因在某些方面能为其所在的生存环境而改变；物理学的基本事实也说明，环境的特性渗透于物质微粒的震动群中，后者又把物质微粒的性质扩展到周围环境中。① 因此，所谓按"简单位置"定位的物质，即自身独立和相互分离的物质实体，不过是具体事物在观念上的抽象而已。

---

① ［英］怀特海：《思维方式》，刘放桐译，北京：商务印书馆 2004 年，第 122 页。

怀特海的自然观在某种意义上回溯于传统自然观，将自然有机论与科学新发现相结合，重新以"有生命的自然界"观念去揭示自然本质，指出自然界根本上是"活动和过程"，即相互关联的活动综合为生成和转化的过程。他根据 20 世纪物理学中的相对论和量子力学，以活动中的事件关系的研究取代空间中的物质实体的研究。① 也就是说，自然的本体是事件，表现为"活动和过程"，充满了生命力，使现实处于不断生成中；而所谓"物质实体"，则是自然演化生成的各种事实综合成为一种稳定的关系模式的抽象概念。② 或者说，"物质"是事件活动过程的凝结状态，"实体"乃关系结构的稳定模式。

随着人类文明从古代到近代再到当代的历史发展，人类心智对自然的认识经历了从感性具体到概念抽象再到理论具体的逻辑演进，不同时期科学研究的对象和主题也发生了很大的变化。古代科学考察自然界的动植物生长和气候的周期性变化，近代科学则研究自然界的无机矿物质和工厂大生产。在后者的研究中，科学开始撇开一切生命的东西来抽象地定义自然概念。从十六世纪起，"物体"这一抽象的自然概念被力学、物理学和化学视为常识。接着，笛卡尔的实体学说在哲学上把物质定义为空间中的简单位置，产生了物质实体概念。伽利略和牛顿等人则用这一概念将近代科学推至辉煌之巅，广泛地改变了人们的观念和思维："在三百年间，它在人类的内心思想、技术、社会行为以及抱负等诸方面改变了人类的生活。"③ 进入二十世纪，物质概念不仅与生命直接有关，而且在理论物理学中也悄然发生变化，"这种变化可以表述为从当作基本概念的空间和物质到过程的转化。而过程则被当作活动及其各种不同因素之间的内部关系的复合。"④ 由此，物质实体的概念逐渐被关系过程的概念所取代。一言以蔽之，当代科学对自然本质的理解从更高层次上由物质实体概念重新回溯到生命活动概念。

科学不可避免地要使用抽象思维，因为任何一门科学都是对自然某一方面的专门研究，或者说，"任何一门科学的论题都是从自然界的丰富

① ［英］怀特海：《思维方式》，刘放桐译，北京：商务印书馆 2004 年，第 124 页。

② ［英］怀特海：《思维方式》，刘放桐译，北京：商务印书馆 2004 年版，第 127 页。

③ ［英］怀特海：《观念的冒险》，周邦宪译，贵州：贵州人民出版社 2007 年版，第 100 页。

④ ［英］怀特海：《思维方式》，刘放桐译，北京：商务印书馆 2004 年版，第 127—128 页。

的具体事件中得出的一种抽象。"① 不过，任何抽象都会省略掉一些因素，忽视与之有关的一些论题，然而被省略掉的因素实际上与抽象出来的因素并存于自然界中，所以这些被忽视的论题不应被全然遗忘。怀特海指出，"如果由抽象得出的结论没有为省略的真理所推翻，那么这种抽象就是有根据的。"② 同样，对于自然本质的理解，如果将物质实体概念视为对生命活动的一种抽象，从物质实体概念回溯到生命机体概念，揭示出物质存在于其中的环境概念，那么这样理解的自然本质便是源于具体的一种抽象，同时也使"有生命的自然界"得以呈现。所以，"引入生命概念，因此将会使我们得以更具体地、而不是抽象地来认识自然界。"③

（二）对自然的数学抽象：数学化和机械论的构想

自然观从传统有机论向近代机械论的转变，始于人对自然在观念和态度上的转变。启蒙理性使人对自然的看法发生了一种根本性的转变，即自然从"神的自然"转变为"人的自然"，人对自然的崇拜也变成了对自然的祛魅。对于自然的祛巫除魅此后深刻地影响了人对自然的认知和实践。在现代人眼里，自然的存在物不是什么神的创造物，而是自然的物品，人可以按自己的意愿将自然物改造成为人工物，甚至可以塑造和控制自然。这种观念在近代科学和哲学上典型地表现为伽利略、牛顿、笛卡尔等人对自然的数学化理解和机械论建构。

伽利略首先对自然界作了数学化的理解，他将自然界视为一个可量化的世界："自然的真理存在于数学的事实；自然中真实的和可理解的是那些可测量并且是定量的东西。质的差别，像颜色之间、声音之间的差别等等，在自然界的结构中没有位置，而只是确定的自然物体作用于我们的感觉器官在我们中造出的变型。"④ 为了保持自然的客观性，必须排除自然中蕴含的人的主观性，即颜色、声音等与人的感觉相关的性状。一旦排除了自然中的主观性，即排除了人的主观感觉，那么自然的数量就容易作为客观因素被凸显出来。因此，我们看待自然的视点便发生了

---

① ［英］怀特海：《思维方式》，刘放桐译，北京：商务印书馆2004年版，第126页。
② ［英］怀特海：《思维方式》，刘放桐译，北京：商务印书馆2004年版，第122页。
③ ［英］怀特海：《思维方式》，刘放桐译，北京：商务印书馆2004年版，第129页。
④ ［英］柯林伍德：《自然的观念》，吴国盛译，北京：北京大学出版社2006年版，第124页。

从质（性状）向量（数量）的转变，为形成同质而量化的自然观作了抽象性准备。牛顿后来用数学定律来说明自然现象，用数学原理来探讨自然哲学问题，诞生了其重要著作《自然哲学的数学原理》。伽利略和牛顿对自然的数学化理解其实是对自然的抽象化思考，将自然物蕴含的数和形这些规定性作为共性抽绎出来，视数量关系和几何构型为自然界的本质。

而笛卡尔不仅将代数与几何通过直角坐标结合在一起，建立了解析几何学，而且建构了机械论的自然观。他认为，自然最终由物质实体组成，一切运动形式无非是机械运动形式及其数学组合；他甚至把动物比作机器，把血液循环也理解为一种机械运动，并以机械论的夸张口气向世人发出宣言：如果你给我物体和运动，我就给你建造世界。①

在科学和哲学对自然的研究中，数学无疑居于基础地位，但机械论也发挥了极其重要的作用。如果在数学中，一切自然现象都可以量化和计算，都可以进行几何学的设计，即在一种均质的物理空间中对自然作同一性的数学处理，那么这种数学处理在实践中便是对自然的机械论建构。于是，自然变得容易为人的理性所掌控。或者说，理性通过对自然界的数学化理解和机械论建构，在认知和实践上使"自然变得可计算和可统治了"，于是"可计算性本身被设定为统治自然的原理。"②

上述思想家对自然界的数学化理解和机械论构想为现代社会的机器生产和工业制度发挥了知识和观念上的先导性作用。不过，如此抽象的自然观显然不能解释自然中的生命现象，更不可能说明具有高度复杂性和巨大创造力的人类社会运动。然而，自近代以来这种抽象的自然观便占据着主导地位，对人类社会产生广泛而深刻的作用。对此，马克思和韦伯分别从"资本"和"理性"两个角度来揭示"抽象"对现代社会产生深刻影响的根源。马克思的政治经济学批判指出，资本世界的抽象性是资本逐利所必需的。资本主义为了实现资本的增殖，必须谋划简单而

① 方锡良：《现代性批判中的马克思自然观研究》，上海：上海人民出版社2014年版，第59页。

② 方锡良：《现代性批判中的马克思自然观研究》，上海：上海人民出版社2014年版，第64页。

有效的支配自然界和统治人类社会的方法。显然，作为"抽象"的数量核算和机械操控十分适用。因此，对自然的数学化理解和机械论构思便被推广用于对社会的数字绩效管理和机械式科层制，使可计算性成为人们生产和生活的基本原则。而韦伯则从形式合理性来分析现代社会的可计算性特征。他认为，西方现代社会是建立在形式合理性上的，但形式合理性只是对理性的一种"抽象"，脱离了实质合理性的内容，而且形式合理性的实质可归结为万物的可计算性。对于复杂的人类活动而言，形式合理性是"根据理性计算原则来组织安排行为"，而从社会组织制度来看，作为形式合理性表现的"官僚制的理想类型可能是组织的最理性类型"。无论是马克思还是韦伯的观点，我们都可以在更广泛的意义上发现，源于科学的可计算性及其哲学上的形式合理性无处不在地表现于现代社会生活的方方面面，以致"科学原则构成了现代社会生活的基础"，即"通过计算来掌握所有的事情"。①

二、抽象的经验：感觉对象、时间观念

人类的观念起源于经验，其把握经验本质的方式决定了所建构观念的特征。由于上述抽象的自然观源于我们对经验的抽象把握，所以更为原初地探究现代科学及其自然观的抽象性应从分析人类感官知觉的抽象性开始。现代科学通常从感觉经验尤其从视觉出发产生知识，但其实感觉经验只能部分地反映外部实在。从感觉经验的外源性看，人类五种感觉器官在获取外部信息时均有其特定的选择范围和功能界限；从感觉经验的内生性看，感觉经验为人类感官和理性所塑造，并受到其过去的经验事实的影响。以上两方面决定了感觉经验对客观实在的反映存有较大的偏差。怀特海从感觉经验和时间观念分析了近代科学的抽象性，指出后者基于抽象的感觉经验和抽象的时间概念追求物的客观性而忽视了人的主观性，并从人的经验活动和自然事件生成的"对象化"来分析近代科学抽象性产生的原因。

（一）感觉经验的对象化

理论与对象必须相一致决定了科学抽象与自然抽象相一致。同理，

---

① ［英］安东尼·吉登斯：《资本主义与现代社会理论：对马克思、涂尔干和韦伯著作的分析》，郭忠华、潘华凌译，上海：上海译文出版社 2013 年版，第 232 页。

理论与经验必须相一致也决定了科学抽象与经验抽象相一致。简言之，科学的抽象性在对象、理论、经验三者之间达成了相互一致。若从感觉经验看抽象性，我们一般会强调视觉的重要性，即"眼见为实"。但是，人的眼睛接收外部世界的光波信号是有界限的，如我们看不见红外线等视觉阈值之外的光波；人的身体其他方面的感官同样也各有界限，如耳朵听不到次声波、嗅觉也远不如一些动物灵敏等等。并且，人的感觉器官只有眼耳鼻舌身的"五官"，我们通过感官获得关于外部世界的感觉经验也仅仅是这五种抽象。显然，有限的感觉器官及其有限的感觉阈值会过滤掉许多外部信息，并被人的感性和理性赋予一种主观形式。所以，人通过感官感觉能够把握外部实在的范围极为有限，只是世界的一部分而已。如果以此作为科学认识的唯一来源，得到的只能是一种局部性的知识。因此，基于感觉经验和倡导实证主义的现代科学难逃其抽象性认知的命运。

现代科学知识产生于抽象性的认知。从思维活动看，抽象是对具体事物不同方面的单一选择及着重强调。由于抽象方面因"对选择性的关注的增加而产生"，所以抽象所得的知识一定是片面的。诚然，"选择性的关注"促进了我们对经验活动的区分，能让我们有效地把握对象的某一属性，但也很有可能使我们忽视对象的其他属性以及对象与主体的本质联系。① 因为通过感官经验到的对象常被我们分解为某些感觉元素，以便于我们的思考聚焦于其上。但与此同时，我们也忽略了其他的元素，遗忘了感觉主体的参与和周围环境的影响。

比如，就以"我们面前的那堵墙"为例，视觉能清楚地分辨墙的颜色和形状，身体也能依此精准地接近这堵墙体。然而，"颜色及空间透视都是抽象的元素，它们描述墙进入我们经验的具体方式。"② 其实，我们并不能看到脱离这堵墙体的抽象颜色和脱离这堵墙体的抽象形状，能见的仅为这堵墙体所具有的特定颜色和具体形状。因此，我们经验到的不只是颜色和形状这些抽象的特性，还有跟颜色和形状难于分离的这堵墙体。而且，知觉的构成除了具有一定颜色和形状的这堵墙体之外，还有在场的知觉者，因为知觉对象离不开知觉主体。而科学观察为了保持客

① ［英］怀特海：《思维方式》，刘放桐译，北京：商务印书馆2004年版，第66页。
② ［英］怀特海：《宗教的形成·符号的意义及效果》，周邦宪译，贵州：贵州人民出版社2007年版，第70页。

观性，只保留了作为知觉对象的那堵墙，抽取出其颜色和形状，使之成为脱离墙体和主体的抽象概念。显然，"单纯的颜色和单纯的空间透视是非常抽象的实有，因为人们只有忽略了当时的墙和当时的知觉者二者间的关系才能获得它们。"①

除了感觉对象和感觉主体构成感觉经验以外，当时周围环境也参与了感觉经验的生成。不过，"环境"有内外之分。身体成为心灵的内环境，外部世界又是身体的外环境。但从感觉主体的经验过程看，"环境"还指由过去经验所构成的经验事实。过去经验"被客体化"（objectified）后成为了当前经验的一个对象，变成当前经验的客观资料。从人类文化发展的宏观视野看，所谓"传统"也是文化传承的一个"环境"。传统是复活于现在的过去，并以客体形式或资料要素参与现在的构成。对此，怀特海提出"客体不朽性"原理，即过去的现实在当前经验中成为"不朽的"或永恒的要素，但只能以客体形式存在，不会以活的主体存在。客体融入当下主体的经验之中，成为主体生成要素并起到某种决定作用。不过，纳入现在经验的传统因素只是关于过去经验的一种抽象而已。所以，客体化或对象化（objectification）作为自然演化和人类历史的必然环节属于对前者的一种抽象。怀特海从思维到存在指出抽象的客观性存在："抽象表达了自然的相互作用模式，它不只是精神的作用。当思想进行抽象时，它只是在服从自然或将自己表现为自然中的一个要素。"②

（二）时间本体的对象化

上述感觉经验的对象化揭示了客体对象的发生学来源和主体性建构，这同时也揭示了时间本体，而我们的时间概念只是对时间本体的一种抽象而已。人们常将时间理解为一种纯粹的接续性，视其为独立于自然演化和事物运动而先天存在的一个永恒框架。但怀特海从经验活动和事件过程来告诉我们有关时间的真相："时间是我们的经验行为的接续，而且由此可引申为在那些行为中被客观地知觉到的事件的接续。"③由此可见，

① ［英］怀特海：《宗教的形成·符号的意义及效果》，周邦宪译，贵州：贵州人民出版社2007年版，第70页。
② Alfred North Whitehead, *Symbolism: Its Meaning and Effect*, New York: Fordham University Press, 1958, p. 25ff.
③ ［英］怀特海：《宗教的形成·符号的意义及效果》，周邦宪译，贵州：贵州人民出版社2007年版，第79页。

我们的时间概念形成于我们的经验活动，而时间本体则是世界的事件生成。怀特海说明了真实的时间具有两种含义：其一，时间是我们经验行为的一种接续性，即当前的经验行为必须顺应过去的经验行为，这不是休谟（David Hume）意义上的因果经验乃感知的习惯性行为所致，而是过去经验事实成为客观条件参与当前经验活动的必然结果；其二，时间的本体是前后相续的一系列事件，先前事件经对象化后作为资料参与后续事件的生成。

因此，我们对于时间的连续性感知实际上基于经验活动和事件过程的先后关联性机制，即通过先前经验在当前经验中的客体化或对象化，为当前经验提供与之相符合的客观条件。有别于抽象的时间概念，真实的时间是在经验活动中被知觉到的事件的前后接续性，而过去经验活动成为当前经验活动的客体对象决定了现在必须顺应过去。所以，时间的流逝是经验活动的接续或事件生成的连续，在这种接续或连续中必须遵循前后顺应即"符合"原则。相反，"单纯的时间流逝就是一种从'符合'的更具体的关联性中的抽象。"① 显然，从经验活动及事件生成的连续性来定义时间，才是关于时间的一种具体性观念。

怀特海揭示了时间的本体存在，分析了现代科学及其哲学将时间的抽象概念误认为是真实时间的认识论根源：没有发现经验活动或事件生成"与宇宙既定的现实性（那是一切条件的来源）在时间上是有关系的，'具体性误置'的谬误抽去了时间的这一特殊的特点，而只留给它纯粹接续的那一仅是普遍的特点。"② 然而，根据普遍相对性原理，每一次经验活动或每一个事件生成都必须与现实宇宙中已经存在的事实保持一致。否则，单纯接续性的抽象时间概念有可能被我们误以为是真实的时间本身，产生将时间概念与时间实在本末倒置的谬误。

怀特海超越了牛顿力学知识中的绝对时间观念，从时间概念和时间本体揭示了时间的真相，即时间概念是对人类经验活动和宇宙事件演化的一种抽象，而现实的时间将呈现出其主观性和客观性两个方面，并与我们对时间的生活经验相一致。一方面，时间的规定和测量有其客观依据，大到日月四季的变化，小至钟表时刻的显示，分秒不差，人类共通一致；另一方面，不同人在不同时间对相同时长的感知差距却很大，而不同的时间感知又反映了时间的主观性特点。其实，时间观念的客观依据和主观感知都离不开作为时间真相的本体：宇宙事件生成和人类经验活动。有关时间本体的揭示对于治疗现代人因抽象的时间概念而引起的内心焦虑具有一种深刻的意义，即当我们全身心投入事件过程并保持活在当下的心理体验时便会忘记时间的飞快流逝。

三、抽象的学科：科学分化、哲学整合

在某种意义上，科学是关于自然及其经验的各种抽象观念的理论建构。不同于古代科学，现代科学在学科建制下基于抽象观念形成了分门别类的诸多学科，整体性的科学走向分化。各学科内部的抽象性也不断深入，无论是在观察和论题上，还是在概念定义和理论体系中。牛顿经典力学曾将这种抽象演绎到极致，其公式迫使自然事实完全符合抽象的数学原理，要求物质运动严格遵循力学定律。但作为人类理性另一项伟大事业的哲学却与抽象发展的近代科学相反，从古到今一直试图整合各种科学，这种整体性观念来自人类生活的普遍性观念。怀特海认为，科学抽象只是对经验世界的片面认知，仅能获得部分真理，而哲学则让理性从个别上升到一般、从一般降落于个别，从而获得对于经验世界和人类生活的全面认知，因此哲学具有治愈抽象的功能。

（一）科学的抽象性及其哲学整合

从自然观反思科学，抽象性在近代自然科学中表现得尤为显著。自启蒙以来，人类凭借自身的理性及其科技应用从自然的束缚中解放出来，理性已成为现代社会的一种主导观念。人类理性主要基于自然科学的范式，而自然科学在近代发展主要参照牛顿经典力学孤立和静止的思维方式，所以无论是在观察上，还是在理论上，自然科学都采用了极其抽象的认知方法。

首先，就科学观察及其论题而言，科学家为了进行精确观察，必须把注意力集中在有限的对象身上，即抛开与对象没有直接关联的其他经验线索。这是一种化繁为简的抽象方法，但观察者在抽取观察对象凸显出来的某部分内容时，也省略了其整体性和背景性的经验材料，在专注于对象孤立和静止的状态时，很容易遗忘其联系和运动的发展态势。可

见，"整个科学就是建立在被忽视的关联方式的基础上的"①。而事实上，背景中的事物尽管没有进入观察范围，却因与对象以这样或那样的方式相关联，会或隐或显地影响甚至支配着观察者。观察活动本身也很难规避观察者的主观意图而保持完全客观中立，以至于科学家所在的社会集团利益能很大程度地影响科学观察结果，并使观察者不自觉地采取不同的观察取向。显然，完全客观的科学观察不过是一种抽象理念而已，观察的抽象性决定了论题的抽象性。所以，如果说"任何一门科学的论题都是从自然界的丰富的具体事件中得出的一种抽象"，那么科学论题作为一种抽象选题难免会"忽略了省略的因素并存于存留的因素之中"，以致关于对象的研究只是一种片面的不完备的理解而已。②

其次，从科学概念及其理论来看，科学概念大多数是抽象概念，具有普遍性。譬如，近代科学给"物质"作出的定义是"具有简单位置的物质微粒"，这属于一种抽象概念，仅以此理解现实世界难免会导致"具体性误置的谬论"③，即把抽象概念误认为具体现实。然而，近代科学理论如牛顿力学体系正是由这些抽象概念演绎出来的。尽管对于擅长抽象思维的科学家来说，不难从"抽象实有之间的关系演绎出各种结论来"，但这些概念定义和理论体系及其推演结论如果在"抽绎时没有脱离经验中一切重要东西的话，那么集中在这些抽象概念范围内的科学思想，便能得出许多有关我们对自然界的经验的重要真理。"④

在科学思想史上，抽象观念从传统的形而上学发展为近代科学的基本概念。在西方文化的源头，古希腊哲学家从毕达哥拉斯（Pythagoras）到柏拉图，对存在的理解都基于某种抽象观念，诸如数、几何关系、道德品格等，他们认为这些思想实体是独立于具体事物而客观存在的。⑤ 比如，关于宇宙万物的数和形便是一种形而上学的实体，可以脱离具体事物的结构而被抽象析取。⑥ 于是，数学抽象成为了形而上学的

---

① ［英］怀特海:《思维方式》，刘放桐译，北京：商务印书馆2004年版，第66—67页。
② ［英］怀特海:《思维方式》，刘放桐译，北京：商务印书馆2004年版，第126页。
③ ［英］怀特海:《科学与近代世界》，何钦译，北京：商务印书馆2012年版，第67页。
④ ［英］怀特海:《科学与近代世界》，何钦译，北京：商务印书馆2012年版，第67—68页。
⑤ ［英］怀特海:《思维方式》，刘放桐译，北京：商务印书馆2004年版，第61页。
⑥ ［英］怀特海:《思维方式》，刘放桐译，北京：商务印书馆2004年版，第72—73页。

典范。

从形而上学思辨到各门科学抽象的发展，抽象性至十八世纪迎来了一个鼎盛时期。十八世纪是科学理性大获全胜的一个世纪，被誉为"理性的时代"。不同于中世纪人们对上帝的信仰，理性的时代使人空前独立，科学将人的理性奠基于对自然秩序的认识之上。然而，十八世纪这个"理性的时代"凭借"一套抽象概念获得惊人成就"，便使当时知识界对"不合他们那套体系的东西都一概置之不理，加以嘲笑，或表示不信任"。针对这种普遍的偏见，怀特海尖锐地指出其局限性，认为这个"理性的时代"实际上属于"纯正的理性占统治地位的世纪"，而"那种理性是用一只眼睛透视的理性，视野缺乏深度"。① 随之而来该时代的心智状态则是，当时科学界的大多数人士因其伟大成就和辉煌胜利而拒绝任何批评，心满意足地沉醉于那套"自身的特殊抽象概念"，认为它事实上行得通就可以了。②

诚然，人类的理性思维不能没有抽象概念，因为思想的储存和交流总是通过语言来表现的，而语言中的单词和句子"都暗示了一切撇开环境的完全抽象是可能的。"③ 如果说抽象概念是理性思维所必需的，那么"最重要的是要经常以批判的态度检查你的抽象方式"，即通过哲学反思对科学抽象概念进行批判，因为"现代文明如果不能超脱流行的抽象概念，便会在获得一些进步之后变得一无后果。"④ 设想一下，如果我们一直沿用十八世纪的那套抽象概念，那么对于今天的科学研究而言显然是过于狭隘的。因此，在 20 世纪物理学中，爱因斯坦的相对论便以具体性的"事件"（event）概念取代了牛顿力学抽象性的"实体"（substance）概念，类似的情况也发生在生物学等其他科学领域中。可见，哲学反思和批判启示人们，为了让科学理论更好地解释现代世界，"我们就必须拥有一些范围较宽的抽象概念，和距离我们直觉经验的全部具体情况更近的具体分析。"⑤ 科学和哲学在现代也必须重新结合起来，使哲学以其普

① ［英］怀特海：《科学与近代世界》，何钦译，北京：商务印书馆 2012 年版，第 68—69 页。

② ［英］怀特海：《科学与近代世界》，何钦译，北京：商务印书馆 2012 年版，第 76—77 页。

③ ［英］怀特海：《思维方式》，刘放桐译，北京：商务印书馆 2004 年版，第 60 页。

④ ［英］怀特海：《科学与近代世界》，何钦译，北京：商务印书馆 2012 年版，第 68 页。

⑤ ［英］怀特海：《科学与近代世界》，何钦译，北京：商务印书馆 2012 年版，第 77 页。

遍意义上的具体性去整合科学在特殊意义上的抽象性。

（二）哲学一般观念源于生活世界

人类思维有一种理性冲动，渴望理解从经验事实中抽绎出来的一般原则，并对普遍运用这些原则怀有"好奇心"。在理性冲动和"好奇心"的驱使下，人类思维尽可能发挥了"建构抽象"（constructive abstraction）① 的功能，即从"这些抽象实有之间的关系演绎出各种结论"。而要想通过这些抽象演绎获得真理，不仅要求这些抽象概念彼此之间逻辑自洽，还需要概念本身保留经验中一切重要的东西。如果达到上述要求，"在这些抽象概念范围内的科学思想，便能得出许多有关我们对自然界的经验的重要真理。"② 实际上，人类思想的抽象建构属于哲学概括的任务，即"研究诸种观念的一致性，这些观念被看成是为真实世界中的具体事实所例示的。"③ 完成这一任务具体可分两条路径：一是将诸种观念形而上地概括为"描绘事实全部真实的最一般概念"；二是将它们形而下地嵌入具体经验事实中，后者可作为一般观念的个别例证。

理性思维表现于一般观念运思之中，而一般观念是人类精神形上求索和形下落实的一个阶梯，即思维超越特殊事物上升为一般观念并通过一般观念下降为特殊事物。这些一般观念蕴含着理性力量并产生智识冲动："它是一种隐蔽的推动力，使得人类不安，而且总是以特殊的面具出现，迫使人们采取行动，因为它吸引着该时代的不安的道德心。"④ 因此，一个时代的"道德心"总是受其背后的"好奇心"支配，而"好奇心"也是一种理性冲动，即想要理解从经验中分离出来的客观事实并抽象地表达其道德原则的那种欲望。然而，"在我们的感情眷恋某一具体对象的地方，一般原则却保持着冷冰冰的公正。"⑤ 所以，一般观念只得戴

---

① Alfred North Whitehead, *Science and the Modern World*, New York: The Fress Press, 1967, p. 58.

② ［英］怀特海：《科学与近代世界》，何钦译，北京：商务印书馆 2012 年版，第 67—68 页。

③ ［英］怀特海：《观念的冒险》，周邦宪译，贵州：贵州人民出版社 2007 年版，第 129 页。

④ ［英］怀特海：《观念的冒险》，周邦宪译，贵州：贵州人民出版社 2007 年版，第 15 页。

⑤ ［英］怀特海：《观念的冒险》，周邦宪译，贵州：贵州人民出版社 2007 年版，第 125 页。

上各种情感面具来表达人类理性冲动并满足好奇心。

科学和哲学是人类理性的两项伟大事业。在对现实世界的理解上，"两者都注重如何将个别事实理解成为表现普遍原则的实例。原则被抽象地理解，而事实则被理解为对原则的体现。"① 但两者并不完全相同，科学追求抽象概念，哲学旨在一般概念。人类在认识世界中对抽象概念和一般概念的运用也有所区别："哲学的任务是研究诸种观念的一致性，这些观念被看成是为真实世界中的具体事实所例示。它追求的是描绘事实全部真实的那些一般概念，脱离了这些概念，任何事实都会堕落为抽象物。而科学则是制造抽象观念的，它只要理解了事实的一些本质方面，就满足了，算是理解了全部的事实。"② 因而，科学把握的只是独立于人的物质世界，哲学对具体事实的一般理解则能够通向生活世界。

对于现代社会而言，抽象概念的盛行容易导致人的思想贫困化，使人遗忘了生活世界。因为各门科学通过抽象概念研究自然和把握其规律时，往往会过滤掉现实经验世界的丰富多样性。吉登斯就此指出，"规律的形成涉及一个把纷繁复杂的现实加以抽象化的特殊规则，如此说来，凡不属于规律涵盖范围内的事件都被认为是'偶然的'，因此在科学上没有什么重要意义。"③ 但实际上，现实中发生的大多数事件都是偶然的，所谓规律也无非是从大量偶然性中呈现出来的一种统计必然性。所以，自然科学习惯用规律范畴抽象地看待现实事物，其适用范围是有限度的，因为许多重要因素尤其是价值方面的因素经抽象概念筛选后未能进入科学研究的视野。

法兰克福学派指出，启蒙理性主导下的近代科学原则是一种"抽象同一性支配原则"。单纯遵循这一原则不仅在思想上消除了质的多样性，也在现实中同化了那些质的差异性。对自然的祛巫除魅本是启蒙理性主导的基本方面，但这在近代科学中却突出表现为抽象化，试图摒弃一切不可度量之物，抽象出相同性质以便数量化。更甚的是，将精神的异质

---

① [英]怀特海：《观念的冒险》，周邦宪译，贵州：贵州人民出版社2007年版，第124页。

② [英]怀特海：《观念的冒险》，周邦宪译，贵州：贵州人民出版社2007年版，第129页。

③ [英]安东尼·吉登斯：《资本主义与现代社会理论：对马克思、涂尔干和韦伯著作的分析》，郭忠华、潘华凌译，上海：上海译文出版社2013年版，第178页。

性还原为物质的同一性。最后，人类理性被简化为形式逻辑、数学公式和可计算性，以至于"形式逻辑和数学公式成为启蒙思想家看待、计算世界的基础构架，数字成为启蒙精神的准则，一切东西都必须合乎算计和实用规则。"①

怀特海对近代科学的上述抽象性展开批判，指出那是将抽象误置为具体的一种错误。比如在物理学中，作为起点的抽象概念本来只是假设和反思的结果，却被牛顿视为原初的根据。现代科学中诸如此类的抽象性误置更是使自然观念陷入贫困状态，尽管"这种贫困状态为自然自身所驳倒或否定……自然本身和向前进展的经验驳倒了那原来（贫困）的经验。"② 在近代哲学的两大学派即休谟学派和康德学派的推演下，这种贫困观念一直影响至今：休谟学派的经验实证主义导致了"经验的贫困"；康德学派的先验唯心主义则造成了"概念的贫困"。两大学派都遗忘了作为自然科学基础的生活世界，造成了人的理性单一化和人的存在贫困化。在西方文化中，胡塞尔（Edmund Husserl）称之为"欧洲科学危机"。

四、抽象的社会：教育、职业、机构和商业

怀特海对近代科学抽象性的批判，除了反思近代自然观念和分析人的感觉经验以外，还将批判的目光转向了教育、职业、机构和商业等现代社会的主要领域。在他看来，这些领域基于科学抽象理念的运作导致了社会总体性的丧失。其中，无论是教育的抽象化理念、职业的专业化分工，还是商业的数量化转向，这些现代社会的发展趋势越来越让人的心智迷失了总的方向。只有通过反拨各种抽象化，以有机整体的世界观指导人们养成生活中的审美习惯，才能找回社会和人的总体性感知。但是，现代社会在现代科学及其哲学的指导下已在根本上以抽象性为主导，即根据抽象的人性论假设规定人际关系和社会交往必须遵循契约原则，并根据同质化和数量化的抽象方法衡量并评估一切人事物。

---

① 方锡良：《现代性批判中的马克思自然观研究》，上海：上海人民出版社 2014 年版，第236 页。

② ［德］黑格尔：《哲学史讲演录》第 4 卷，贺麟、王太庆译，北京：商务印书馆 1978年版，第 163 页。

（一）抽象教育的局限与有机整体的审美

现代教育以科学为准绳。科学作为一门追求客观知识和普遍原理的学问必然涉及抽象概念，因为抽象概念不仅可以摆脱主观性纠缠而坚持客观性，还不受历史和地域的限制而有普遍性。因此，现代教育在讲授科学的抽象概念时难免带有抽象性。在怀特海看来，哲学的基本任务之一就是经常批判科学中盛行的抽象概念，即对这些概念相互的自洽性和实际适用性进行全面审视，以保证人类理性协调发展。现代科学中的抽象知识确有其存在的必要性，因为要想对事物进行精确观察，就必须把注意力集中在对象本身，撇开一切与对象无关的因素。然而，一些与对象可能有关的影响因素也在这一抽象过程被忽略了，特别是正在观察对象的主体和对象周围环境的重要影响被遮蔽。毋庸置疑，教育是针对主体的，而且离不开环境。脱离了主体的客体是一种抽象的存在，脱离了环境的对象也是一种抽象的观念。所以，现代教育基于科学的抽象思维是一种抽象的教育理念，如果按照这套忽视人和环境的抽象理念进行教育的话，这种教育无疑是极其片面的。

事实上，在科学抽象概念的影响下，现代教育已经出现了严重的问题，诸如只见物不见人、只求知识不求智慧、崇拜科学贬低人文等。从教育培养人的目标来看，抽象的教育造就了抽象的人格，而抽象的人格集中表现于社会分工方面，造成了各种职业人才的过于专业化和社会总体性意识的严重缺失，从而带来了社会治理的风险。怀特海对此指出，"社会的专化职能可以完成得更好、进步得更快，但总的方向却发生了迷乱。细节上的进步只能增加由于调度不当而产生的危险。"① 由于现代教育出于社会分工及其职业专业化的需要，从一些抽象的理念出发，按照自身的逻辑抽象地演绎下去，最终使职业人士关于社会发展的整体意识逐渐退化，导致现代社会陷入"整体沉沦在某一局部之中"② 的不利状态。

现代教育如何避免现代社会陷入这种"整体沉沦"的状态，拯救途径之一在于培养学生形成一种有机整体的审美意识，这种审美意识能使学生获得"对一个机体在其固有的环境中所达成的各种生动的价值的认

---

① ［英］怀特海：《科学与近代世界》，何钦译，北京：商务印书馆2012年版，第217页。
② ［英］怀特海：《科学与近代世界》，何钦译，北京：商务印书馆2012年版，第218页。

识"。比如，我们对于一次落日进行有机整体的审美观照，除了在科学概念上抽象地理解太阳、大气层和地球运转的一切问题以外，还得留意亲身体验到太阳落下时的余晖和美感。这种亲身体验可以使我们对于事物在实际环境中实现的价值产生直接的认识，成为科学知识的一种补充。不同于以抽象概念来获取知识，我们对具体事实的审美关注旨在凸显其价值。① 诸如此类的审美观照，包括强调环境意识、重视亲身体验、发现具体价值等，所形成的有机整体审美意识均能够唤醒我们的美感，起到纠正现代教育抽象化和专业化的偏颇而恢复生活世界总体性的作用。

（二）社会职业专业化与组织机构普世化

除了教育的抽象性，现代社会关于职业和组织也有显著的抽象性特征。现代社会的职业分工和组织建构基于"绝对个人"的抽象概念之上，即"具有种种绝对权利，具有规定充分明确的外部关系的契约能力的绝对个人"②。但考察现实个人的实际存在，会发现每个人都是离不开其所处的社会组织以及自然环境的，并不存在可以独立自存的个人。为了论证这一观点，怀特海从微观角度分析了个体经验事态的生成过程：一方面，环境中留存的过去经验事实作为客观资料参与了当下经验事态的生成；另一方面，当下经验事态一旦生成又会作为客观资料参与未来经验事态的生成，并"内在于它所帮助传播的环境之中"。③ 在宏观上，社会事件的生成过程中，个人介入与其周围的人事物也是一种构成关系。脱离他人和环境的"绝对个人"在现实中并不真实存在，人际的外在关系和社会契约也只是一种抽象观念而已。所以说，"关于社会从传统基础向契约基础转移的最受欢迎的学说，是建立在肤浅社会学的基础之上的"，因为从抽象和具体相结合的角度看，"对于每一社会制度内的主要利益集团来说，变更的只是普遍意识经验中契约因素与传统因素两者的相对重要性而已。"④

基于"绝对个人"这一抽象概念，现代社会的从业人员朝职业专业

① ［英］怀特海：《科学与近代世界》，何钦译，北京：商务印书馆2012年版，第219—220页。

② ［英］怀特海：《观念的冒险》，周邦宪译，贵州：贵州人民出版社2007年版，第56页。

③ ［英］怀特海：《观念的冒险》，周邦宪译，贵州：贵州人民出版社2007年版，第57页。

④ ［英］怀特海：《观念的冒险》，周邦宪译，贵州：贵州人民出版社2007年版，第57页。

化的方向发展，他们从事的社会职业相比传统手工业发生了专业性的细化，以致不同行业"以实践某种观念为动因的机构增加了"。① 诚然，专业化的职业理念形成了专门的社会机构，其中的从业人员终身从事同一种职业，并且有别于传统社会的手工行业，现代社会的各行各业都要追求知识化，而这种知识化必须以抽象观念为指导。怀特海由此指出，现代社会"所谓的职业指的是这样一种专业，它的各种活动是服从理论分析的，同时也接受从那种分析中得出的结论的修正"②。由于理论分析要根据对象的抽象知识来预见其结果，所以从事某种职业的现代人士在抽象智力上必须达到较高的水平以获取较高的社会地位，即"在他们的生活中所表现的抽象智力越高，他们的级别就越高"③。但如果遇到较为复杂情况需要处理时，他们的"抽象智力常显得无足轻重"。

现代社会在组织机构上也以抽象观念为基础，纷纷诞生了跨越地域局限的各种普遍性的世界组织。根据科学四海相通的普遍性原则，"各种科学机构，虽然在形式上是属于某国的，却这样非正式地建立起了一个相当于天主教联盟的组织。" 如今的社会组织大多数仿效科学机构，不像以往那样只是基于"一些习惯活动，受互不相关的理论的指正"，而是准备接受"理性阳光的照射"和愿意经历"普遍职业见解的检验"④，这种普世性的社会组织机构正是参照科学的普遍性原理而建构出来的。

（三）企业管理常规化与社会生活数量化

现代职业的专业化和社会组织的普世化特征特别适应商业社会人们广泛交往的需要。商业社会的生产原则服从于现代企业的理性运作及其规章制度，而现代企业则一般遵循常规化和数量化的管理原则。从企业运作来看，常规化管理是提高企业效率的必要手段。所以，现代企业要求全体从业及管理人员必须具备"遵守常规、监督常规以及理解常规的能力"。⑤ 而数量化管理不仅是企业内部运作的特征，也是其外部营销的关键。比如，根据市场需求，企业营销考察一些社会流行性行为的存活

---

① [英] 怀特海：《观念的冒险》，周邦宪译，贵州：贵州人民出版社2007版，第57页。
② [英] 怀特海：《观念的冒险》，周邦宪译，贵州：贵州人民出版社2007版，第51页。
③ [英] 怀特海：《观念的冒险》，周邦宪译，贵州：贵州人民出版社2007版，第52页。
④ [英] 怀特海：《观念的冒险》，周邦宪译，贵州：贵州人民出版社2007版，第54页。
⑤ [英] 怀特海：《观念的冒险》，周邦宪译，贵州：贵州人民出版社2007版，第84页。

期便是一个重要指标，像大众兴趣、时装流行等各种社会行为的存活期长短都将影响企业计划的制订。怀特海洞见到："社会变化的量的方面对于商业关系来说是相当重要的。因此，把对社会质方面的观察转移到对其量方面的观察，这一习惯将是未来商业精神的一大特色。"①

现代商业由质向量的转化，离不开科学同质化和数量化的抽象思维在社会生产和生活中的各种运用。然而，撇开社会生活的本质性差异不论，单就量的考察而言，我们对社会活动变化之量的把握也不同于对自然演化过程之量的把握，前者是统计学上的概率分析，后者则是基于因果关系的精确计算，将后者方法简单移植至前者本身就是一种抽象。由此而论，无论是现代科学对自然的抽象把握，还是现代商业对社会的数量统计，以及将自然科学方法运用于社会商业活动中，都表现出一种将抽象概念等同于具体现实的"具体性误置之谬误"。正如我们从抽象概念中演绎不出现实事物，通过数学计算同样也推导不出事物性质。因此怀特海指出，"我们不能仅仅从概率出发，正确地推导出事实。"② 然而，数量化作为现代社会的规定性，早已被广泛运用于生产经营活动、商业贸易交往、社会组织机构诸方面。如今，由数量化决定的可计算性原则通过数字技术支配着人们生活的方方面面，现代人似乎陷入了数字化的生存误区：绩效考核、收视率、点击率、引用率、排行榜等层出不穷的数量化占尽了社会生活的全域，人生的意义也不得不彰显于这些数据之中。

（四）从"选择性关注的增强"到数量化

总之，近代科学大获成功的抽象性思维在很大程度上塑造了现代社会的各个领域，也改变了现代人的生存状况，让我们疏远了原初的自然和传统的社会，与各种形式的共同体相分离，从而发展成为"单向度的人"。这是怀特海批判近代科学抽象性的意蕴所在。然而，这种抽象性批判只是现代性叙事的一个面相，抽象性在人类文明发展中也具有必要地位并发挥了重大作用。怀特海在批判现代科学的抽象性的同时，也充分肯定了抽象对于传统的继承以及对于现代的意义。在他看来，西方文化从毕达哥拉斯学派到柏拉图哲学，抽象性通过神性观念和数学概念一直

---

① ［英］怀特海：《观念的冒险》，周邦宪译，贵州：贵州人民出版社2007年版，第84页。
② ［英］怀特海：《观念的冒险》，周邦宪译，贵州：贵州人民出版社2007年版，第112页。

延续到现代，这种对抽象性的理性冲动为人类有效把握复杂世界抓取了"显著的实在性"。① 如果没有对这种实在性的格外凸显，就不可能诞生近代科学。在对世界抽象性认知的发展中，人类理性随抽象程度的深化也在不断升级，外部世界由此被人类日益精确地把握了。

就人类理性提升而言，我们关于外部世界的原初信息通过人类感官被知觉。但人的感官知觉或感觉经验只反映了外部世界极为有限的一部分，因为人类摄取外部世界信息的五种感官各有其阈值。在漫长的自然演化中，人类的眼、耳、鼻、舌、身及其视觉、听觉、嗅觉、味觉、触觉获得了专门化的摄入信息功能，它们过滤掉大量非感官类的信息，并在感觉经验上对经验实在作了五种抽象。这种对经验实在"选择性的关注的增强"，便是大自然赋予人类天然感官的五种抽象能力。由此，在感性之上，人类理性进一步提升了抽象能力，并赋予人类三种功能："一种对精确性的接近，一种对于各种外部活动性质上的区分的感觉，一种对本质联系的忽略。"② 这些精确的、定性的和数量的抽象能力发展日益提升了人类的智力，创造了现代文明的伟大成就。

从外部世界把握上看，现代科学作为最为有效的认知手段，通过抽象方式获取关于事物结构和数量的认识，以展开深入而精准的研究。科学抽象能够从纷繁复杂的现象界中归纳出其支配因素，并借此在概念上抽象地重构现实事物。正是如此，现实事物反而被看作抽象概念的具体例证，通过抽象概念把过去、现在和未来的经验事实关联起来进行逻辑推理。所以，只要外部世界被概念化时不脱离现实事物及其存在环境的具体性考虑，只要人类正确使用抽象概念不离开其价值目标和生活目的之引导，那么这种抽象便是可取的且极其必要的。因为人类对世界有目的控制是以"根据结构的不同的运用而对结构所作的理解为转移"③ 的。此外，除了惯用抽象概念来把握事物的结构和性质以外，学习科学方法也能让人类擅长以数学计算来了解现实事物的规模、水平、数量等属性。尽管相比以抽象概念把握事物的结构和性质，对于事物的数量规定更加凸显其抽象性，但这在形式上却距离现实事物的本质越来越近了。在对现实事物从概念化到数量化的抽象中，事物质性从杂多到单一、从单一

① [英] 怀特海：《思维方式》，刘放桐译，北京：商务印书馆 2004 年版，第 72—73 页。
② [英] 怀特海：《思维方式》，刘放桐译，北京：商务印书馆 2004 年版，第 66 页。
③ [英] 怀特海：《思维方式》，刘放桐译，北京：商务印书馆 2004 年版，第 69 页。

到省略，抽象越来越能趋向事物本质的共通性和一致性，这虽然片面，却十分深刻。怀特海认为，正是由于"对杂多的模糊的认识转换成了对数的精确观察"，我们才在"认识较高级的生命所必要的那种形式的交织、即发现善上就迈进了一大步。"① 这在他的《数学与善》② 中有专门的论述。

---

① ［英］怀特海：《思维方式》，刘放桐译，北京：商务印书馆 2004 年版，第 69 页。

② ［英］怀特海：《怀特海文录》，陈养正等译，杭州：浙江文艺出版社 1999 年版，第 245—262 页。

第三章　两种抽象性批判
具有相通性

由上述两章的论述可见，马克思对资本主义抽象性的批判与怀特海对近代科学抽象性的批判是非常一致的，尽管他们讨论的对象和论述的语境存在差别。在社会历史视域中，马克思的政治经济学批判从商品、货币、资本分析了资本主义制度对现代社会的抽象性建构，揭示了资本逻辑对工人剩余劳动的剥削。在自然演化视域中，怀特海的哲学宇宙论批判从宇宙有机整体、人类经验起源分析了近代科学所产生的自然概念、感觉概念的抽象性特征，揭示了机械论自然观对有机论自然观的抽象性误置。基于此，本章的任务在于从"批判对象""批判理论"和"批判方法"三方面比较马克思与怀特海对资本和科学的抽象性批判的相似之处，通过阐明两种抽象性批判之间的相通性，来揭示将马克思思想与怀特海哲学关联起来的理论根据。

一、批判对象出于相同的抽象逻辑

在关于抽象性批判的对象上，马克思的政治经济学批判和怀特海的哲学宇宙论批判分别从商品概念和自然概念开始。尽管"商品"与"自然"两个概念各自适用于人类社会与自然生态，但它们可以通过人类的生产劳动与感觉经验最终在人身上统一起来，内在于人的生存和发展之中。或者说，资本主义以"商品"塑造现代世界和近代科学以"自然"认识现代世界作为现代人类的两大基本活动，终究源于人的生存和发展的现实处境，这也成为了马克思批判资本主义抽象性和怀特海批判近代科学抽象性的具体性根据。因此，马克思根据"商品→货币→资本"的抽象化演绎揭示资本主义制度的抽象性发展，怀特海按照"自然→物质→实体"的抽象化演绎揭示现代科学思想的抽象性发展，两人在批判逻辑上呈现出一定的相似性。

（一）从具体事物分离出抽象物

马克思政治经济学批判的起点是商品。商品作为批判对象，包含使用价值和价值二因素。其中，商品的使用价值必须通过普遍交换才能广泛实现，而不同商品的使用价值存在着质的多样性，如何从其多样性中抽取同一性？这需要我们同质而量化地看待商品，即把不同商品的使用价值在质上的差别转换成其交换量上的多少。通过将使用价值转化成为交换价值，商品的使用质便被转化为交换量。但是，实现这种转换的前提是必须将不同商品的使用价值进行同质化处理，否则无法达成普遍度量的客观交换量。因此，马克思在商品劳动价值论中对人类劳动进行抽象化思考，将各种具体劳动归约为本质上无差别的一般人类劳动（即共通的脑力劳动和体力劳动），并以这种抽象劳动作为商品一般价值的实体，其数量便能体现商品的价值量。由此，一般价值及其价值量成为具体商品的一个抽象物，也成为了不同商品普遍交换的客观根据。

通过从商品使用价值中抽取其一般价值，作为具体对象的商品发生了从同质化到数量化的两步抽象演绎，即从质的多样性到质的同一性、从质量统一到同质之量。然而，一般价值及其价值量作为一种抽象物，只有从各种商品中分离出来并独立存在，才能用于计算不同商品的交换价格。在此，抽象物必须通过一种普遍的载体形式得以独立。于是，货币作为一般价值的载体从众多商品中被分离出来，货币量则作为价格来确定商品的价值量。随着货币和价格在商品经济中的角色愈发凸显直至起到支配性的作用，商品的使用价值及其具体性也就被逐渐遮蔽。所以，如果说货币是对商品的符号建构，那么价格则是对商品的数字操控，货币和价格同质而量化地刻画了商品经济的抽象性，构成一种抽象性的质量统一。这也反映了抽象物如何对具体对象实施其统治。从人的生活看，货币和价格的抽象作用不仅让人们产生了观念误置现实的幻觉，而且陷入一种对抽象物的拜物教的异化状态，即货币拜物教和拜金主义。

怀特海哲学宇宙论批判从自然概念开始。自然界原本是多样性的存在，从有机物到无机物、从生命现象到物质形态，自然万物极其复杂。但近代的"科学唯物论"为了让人类能简单地把握并有效地控制自然，便将自然界归结为无机物及其物质形态，用"物质"概念代替了"自然"概念。这种"物质"概念从自然界中抽取出某一性质或特殊形态，以偏概全地形成了抽象的自然观，由此指导现代人类认识自然和改造自然的基本活动。抽象的自然观在西方哲学传统和近代科学发展中有着深刻的思想渊源。回溯欧洲哲学史可以发现，古希腊的天才哲学家们十分强调抽象。柏拉图学园的数学研究对雅典城邦生活及当时观察到的自然天体运动的具体事实作了几何和数字方面的抽象；亚里士多德（Aristotle）则对各种动物进行分类，对各种政治制度加以分析，并设想出种和属的抽象范畴，把各种逻辑特征从内容充实的经验中抽取出来。① 从伽利略开始，近代科学对自然作了同质化且数量化的抽象，即忽略事物质的不同，只考究其量的大小，这种同质而量化的抽象思维使牛顿力学获得了高度的精确性，一度成为所有科学共同仿效的典范。从古希腊数学和哲学到近代科学可见，抽象一直是西方思维的典型特征。

　　毋庸置疑，人类意识的形成离不开抽象，意识正是人对生存环境中一些具体事物的对象性抽象，从而产生了主体对客体的分离观念。人类智力超越动物心理也在于能从个别事例中产生关于事物的一般概念。但是，一般概念作为人类意识的主要构建，其广泛运用很容易让人忘记它们来源于具体事物抽象的真相。而由一般概念构成的科学知识与现实生活的距离又很大，我们不能本末倒置地直接从一般概念去把握具体对象。譬如，数学上的"点"是一个一般概念，但它并不实际地存在于具体事物中，因为任何具体事物都有一定程度的广延性，如线段、面积和体积的大小，至于"点"如何从经验到的具体事物中抽象而来则要被说明。② 同样，各种一般概念都源于现实存在，而后者才是我们思考的真实起点，也是科学抽象合法性的最终根据。如此说来并不是要贬低科学抽象的重要性，而是防止出现科学抽象颠倒概念与现实的错误。

　　将马克思的政治经济学批判与怀特海的哲学宇宙论批判相比较，他们对现代性的抽象性批判具有一些相似之处：

　　1. 有见于抽象的普遍必然性

　　马克思着眼于现代商品交换的普遍性，指出商品交换必然导致货币这种抽象物的盛行，以至于形成一个货币化的社会。怀特海认为近代科学基于抽象概念同样具有普遍必然性，数学是一门关于抽象形式的最典

---

　　① ［英］怀特海：《数学与善》，见王治河、霍桂桓、任平主编：《中国过程研究》（第二辑），北京：中国社会科学出版社 2007 年版，第 309 页。

　　② John B. Cobb Jr., *Whitehead word book*, Claremont, CA：P&F Press, 2008, p. 16.

范的科学，音乐的抽象理论则是另一门这样的科学，政治经济学和货币流通的抽象理论也是如此。① 马克思和怀特海之间的共识在于：现代性的抽象性无论是从商品还是从科学开始，抽象概念在人们观念中的盛行和抽象物在社会生活中的支配已成为一种日益广泛的现象。

2. 强调抽象不脱离具体事物

马克思从商品开始，进而到货币，直至资本，每一步抽象都不忘记将具体性作为抽象的本源和基础。比如，从劳动看商品，从商品看货币，从劳动创造价值看资本增殖。所以，马克思的劳动价值论和剩余价值论通过将商品、货币和资本这些抽象物归于工人的具体劳动而得以理论建构。怀特海分析现代科学的抽象性时也诉求具体性，指出"科学开始于经验中清晰而独特的元素"②，这种元素是从实际经验中抽象出来的，不能脱离具体事物而独立自存。如果科学单纯地抽象出这种元素而忘记了其现实的来源，那么只能获得局部和片面的认识。所以，分门别类的诸种学科在研究事物时，很容易忽视对于现实的整体性关照。

3. 指出抽象会导致异化状态

马克思批判资本主义的抽象性，指出商品、货币和资本的抽象化应用，导致人们陷入"商品拜物教""货币拜物教""拜金主义"等各种异化状态，因为它们都以抽象物代替了人类的具体性存在。怀特海也指出，将一些抽象观念视为整个科学的基础，就犯了"具体性误置之谬"（Fallacy of Misplaced Conreteness）③，即赋予了抽象实际上并不具有的功能，或误认为抽象的东西是一种真实的存在，以至于现实的人反而要由各种抽象物来证明其存在的意义和价值。

（二）抽象物以抽象性构成对象

货币作为一种抽象物，它从商品的使用价值中抽象出一般价值，以特定商品为载体或以符号媒介为形式在人们的商品交往中约定俗成，从而掩盖了劳动创造价值和促使资本增殖的真相。与此相似，物质概念作

---

① ［英］怀特海：《教育与科学·理性的功能》，黄铭译，郑州：大象出版社2010年版，第165页。

② ［英］怀特海：《教育与科学·理性的功能》，黄铭译，郑州：大象出版社2010年版，第155页。

③ John B. Cobb Jr., *Whitehead word book*, Claremont, CA: P&F Press, 2008, p. 15.

为一种抽象观念，它使自然物的物质性从其有机整体关联中抽取出来，并基于物质性使自然数学化。在此，抽象思维形成了自我增殖的资本观念和数学化的自然观念，资本主义和近代科学便基于这些抽象物和抽象观念建构了现代世界。无论是抽象物还是抽象观念，都因具有普遍必然性而获得了超越现实的非凡力量，即货币化能够增殖资本和数学化能够控制自然。所以，作为现代性的两大抽象，商品的货币化和自然的数学化致使现实被抽象物以抽象化的方式所重构。

商品货币化为资本自我增殖提供了一种抽象的可能性，似乎只要资本投资就能带来其价值量的增加，即通常所谓的"钱生钱"。但实际上，这是一种因抽象而产生的假象，它脱离了工人劳动创造价值的实际真相，以为单凭资本自身运作便具有价值增值的功能。究其本质可以发现，这种只见"资本"而无视"劳动"的抽象观念源于商品价值的抽象化和货币化。在商品二因素中，商品的"价值"被抽象独立出来并使商品的"使用价值"遮蔽于其后，这种抽象导致商品价值化，并经由货币而实体化。有鉴于此，马克思的劳动价值论将商品的"使用价值"与生产商品的"具体劳动"相结合；在使用抽象概念上，也将"价值"与"一般劳动"相结合，从而使商品价值与人类劳动紧密联系在一起，让"物"归于"人"。马克思的剩余价值论则进一步揭示了商品的"价值量"要由社会必要劳动时间来衡量，资本增殖的真相也必须从雇佣工人的劳动力消耗而创造价值去发现。

自然数学化则为人类控制自然开启了一种抽象的可能性。假设自然物可以计算，那么它便具有了确定性，我们能够对之做出相关预测，让它处于我们的掌控之中。所以，近代科学认识自然物长期使用"客体"这一概念，并以"实体"方式来思考。但视自然物为客体，也意味着预设了人类主体的先在性，因为客体是相对主体而存在的，由主体来确立其地位和规定其性质。而科学的一般原则为了保持物的客观性总是竭力消除人的主观性，甚至只见"客体"不见"主体"，最终使客体成为了脱离人而独立自存的抽象物体。例如，牛顿力学中的物体概念就是孤立和静止的，是独立不依和持久不变的实体。虽然如此以实体组成的自然界可作数学化处理，让人能够对其加以计算和掌控，但这与自然界的实际情况并不符合，因为自然界还呈现出普遍关联和不断演化的另一面。因此，将自然界视为静力学事实和作数学化处理只是一种抽象观念而已。

　　针对近代科学将自然数学化的抽象观念，人文学者和自然诗人掀起了浪漫主义的反作用思潮。他们认为自然界在整体上是一个生命的有机整体，这一有机整体具有自身的价值，能让人类充分感受其丰富的内在蕴含且充满了诗情画意。自然界远不是近代科学抽象理解的物质实体，更不像是被数学化处理的力学模型。怀特海同意上述人文主义者关于自然抽象观念的批评，不过他也不否认抽象的必然性和重要性，因为抽象是表征人类理性的科学和哲学之必然思维和基本观念。在他看来，只要抽象源于具体，最终由具体来决定即可，所以一种抽象观念是否引入以及抽象程度的大小，只能按我们在直接经验中遇到的具体情况来评估。①

　　马克思分析资本主义"货币"和"资本"的抽象性相通于怀特海讨论近代科学"客体"和"实体"的抽象性。货币和资本、客体和实体，它们都是抽象物，作为现代性的重要概念建构了现代世界。因此，无论是马克思对资本主义的抽象性批判，还是怀特海对近代科学的抽象性批判，都通过这些抽象物展开，最终实现对现代性的抽象性批判。同时，他们也诉求具体劳动与现实经验回归人类的具体性存在。在理论上，源于具体或现实的抽象物是内在关联的，无论是历史性关联还是逻辑性关联，都按历史与逻辑相统一的原则构成了一个理论体系。马克思的《资本论》和怀特海的《过程与实在》所建构的理论体系皆是如此。

　　本书之所以将现代性批判揭示为马克思对资本主义的抽象性批判和怀特海对近代科学的抽象性批判，是因为资本和科学共同构成了现代性的工业文明，两者均以抽象性为基本特征。法兰克福学派指出由资本和科学构成的工业文明其背后是"抽象的同一性支配"原则。现代人类在认识和改造世界中无意识地遵循这一原则，消除一切质的多样性而努力同化之，摒弃所有不可度量之物而使之可计算，以便实现控制世界的目的。同样的原则，从启蒙看现代性，有学者指出："形式逻辑和数学公式成为启蒙思想家看待、计算世界的基础构架，数字成为启蒙精神的准则，一切东西都必须合乎算计和实用规则。"②

---

　　① John E. Smith, *The Spirit of American Philosophy*, revised edition, Albany: State University of New York Press, 1983, p. 172.

　　② 方锡良：《现代性批判中的马克思自然观研究》，上海：上海人民出版社2014年版，第236页。

二、批判理论基于类似的现实存在

无论是马克思的政治经济学批判，还是怀特海的哲学宇宙论批判，他们的批判理论都建基于现实存在之上。"资本"作为马克思的批判对象，其实是关于雇佣劳动和商品价值的抽象物；"自然"作为怀特海的哲学概念，意味着存在于自然界演化过程和有机关联中的事物。"资本"和"自然"两个概念所揭示的两种现实存在虽处于不同层次、属于不同范畴，但都具有联系和发展的一般特征。在马克思那里，"资本既是一个过程又是一种关系"；在怀特海那里，也可以"把资本当作一种历史事件"来了解。分析地看，资本主义和近代科学对现实存在的抽象表现在以下几个方面。

（一）"资本"批判与"过程—关系"哲学

1. 从"过程—关系"哲学看资本："资本既是一个过程又是一种关系"

若从抽象的角度把握世界，可分两方面加以考察：其一，时间维度的考察，一个"过程"可分为若干个阶段，这些阶段先后相继，后续阶段包含着之前的阶段；其二，空间方位的考察，一种"关系"分布在不同位置，这些位置彼此之间相互关联。因此，把握世界必须综合"过程"和"关系"两个方面，研究事物处于过程的某一阶段并位于空间的某一位置的存在方式，即现实存在的时空模式。

首先，从"过程"分析来看，马克思政治经济学批判中的一些抽象概念："劳动、价值、商品、货币、等等——都正是以这种方式与过程、形成、历史相结合的。"[1] 因此，马克思力求"按照事物的真实面目及其产生情况"[2] 来运用这些概念，以求达到概念与现实、逻辑与历史的辩证统一。的确，从"商品"到"货币"再到"资本"，这些抽象概念的生成与演绎根源于它们所指的现实存在的历史发展，根源于现代社会的生产和交往的历史发展。与此相似，怀特海指出近代科学的时间概念是一种抽象观念，由一系列相互独立的瞬间组成，且遵循机械模式运动。他认为，现实的时间是一种有机过程，即过去、现在和未来是关联在一

---

① ［美］伯特尔·奥尔曼：《辩证法的舞蹈——马克思方法的步骤》，田世锭、何霜梅译，北京：高等教育出版社 2006 年版，第 80 页。

② 《马克思恩格斯选集》第 1 卷，北京：人民出版社 1995 年版，第 76 页。

起的，并且过去和未来内在于现在之中。因此，正如他的名著《过程与实在》所揭示的那样，事物存在的本质就是一个过程："它如何发展，它的实际历史，也是它是什么的一部分。"①

其次，从"关系"分析来看，马克思在《资本论》中指出资本其实是一种由人与物、人与人、抽象与具体等组成的复杂关系，它"包括物质生产资料、资本家、工人、价值、商品、货币和更多的东西之间的相互作用。"② 因此，除了对"资本是一个过程"进行历史学考察，还要对"资本又是一种关系"展开系统论分析，以反映资本主义的整体性。"资本"作为一种抽象物是对其所处的社会关系的抽象，因而把握资本概念离不开对现代社会各种关系的分析，必须把与资本运行和增殖有关的一切关系都纳入其中。与此相似，怀特海有见于近代科学的物质概念是对自然生态的抽象，考察现实事物必须将周围环境也纳入其中。

总之，无论是马克思看"资本既是一个过程又是一种关系"③，还是怀特海对物质世界的"过程—关系"透视，他们都对抽象概念进行了具体性的回溯，指出"这些抽象不仅包括变化或历史，而且包括这种变化或历史产生于其中的系统的某个部分"。④ 这与现代性的独立实体观念和机械计算思维所持的那种孤立或静止的抽象观点截然不同。显见，马克思对资本的"社会—历史"分析和怀特海对自然的"过程—关系"把握，都将事物嵌入其周围环境或将周围环境纳入该事物之中。综合而言，无论是纵向的历史和过程，还是横向的社会和关系，马克思的分析和怀特海的把握其方法论意义都在于"把该事物看作一个过程就使得有必要扩展它本身的边界，以便至少包括进入这一过程的周围环境的一定部分。"⑤

---

① [美]伯特尔·奥尔曼：《辩证法的舞蹈——马克思方法的步骤》，田世锭、何霜梅译，北京：高等教育出版社2006年版，第79页。
② [美]伯特尔·奥尔曼：《辩证法的舞蹈——马克思方法的步骤》，田世锭、何霜梅译，北京：高等教育出版社2006年版，第82—83页。
③ [美]伯特尔·奥尔曼：《辩证法的舞蹈——马克思方法的步骤》，田世锭、何霜梅译，北京：高等教育出版社2006年版，第83页。
④ [美]伯特尔·奥尔曼：《辩证法的舞蹈——马克思方法的步骤》，田世锭、何霜梅译，北京：高等教育出版社2006年版，第82页。
⑤ [美]伯特尔·奥尔曼：《辩证法的舞蹈——马克思方法的步骤》，田世锭、何霜梅译，北京：高等教育出版社2006年版，第82页。

2. 从《资本论》到"过程—关系"哲学："把资本当作一种历史事件"

从哲学高度看，"资本既是一个过程又是一种关系"。因此，在"过程"与"关系"的视域下，我们不妨"把资本当作一种历史事件"。"过程—关系"哲学中的"事件"（event）概念认为，事件的关系脉络和演化过程将随着时间推移得以呈现。当马克思把资本看作关系性的存在物时，这种关系揭示了"物质生产资料与那些占有它们的人、那些使用它们的人、它们的特殊产物和价值，以及占有和使用得以进行的条件之间的内在联系"①。也就是说，资本作为物质生产资料，可展开为生产过程中资本家与工人、产品交换中使用价值和价值量、工业生产力和雇佣劳动制度等等错综复杂的关系网络。一句话，"资本"聚焦了资本主义的一切关系，成为资本主义社会的核心事件。但事件不是一成不变的，它必将展开为一个演化过程，成为一个历史事件。所以，我们"把资本当作一种历史事件，当作某种作为现实人们生活中的特殊条件的结果而出现，并将随着这些条件的消失而消失的东西来认识"②，资本主义的历史性也就得以体现。

马克思把资本当作一种历史事件来考察，意味着他看待事物的眼光已从外在关系转向内在关系。不同于现代哲学中占据主导地位的外在关系观点，从内在关系的角度来看，资本不再是独立的物质实体，而是包含了生产资料与劳动力、资产者与无产者、商品与价值、私有制与雇佣劳动等诸种关系，正是这些关系构成了资本主义的社会存在、决定了资本主义的历史发展。在怀特海那里，"事物"被理解为非实体的关系性存在，也就是说，一个"事物"是由其组成要素之间的关系和与其他不同事物之间的关系所构成的。"资本"作为一个内在关系范畴，蕴含了资本主义的所有关系，反映了现代社会的整体面貌。

从马克思的《资本论》到怀特海的"过程—关系"哲学，他们的思维具有显而易见的相似性，并且可被纳入整个西方哲学传统中的内在关系哲学系列。在欧洲哲学史上，莱布尼茨的"单子"论、斯宾诺莎的"样式"论、黑格尔的"绝对观念"论等等，都对事物之间的联系持内

---

① [美] 伯特尔·奥尔曼：《辩证法的舞蹈——马克思方法的步骤》，田世锭、何霜梅译，北京：高等教育出版社2006年版，第85页。

② [美] 伯特尔·奥尔曼：《辩证法的舞蹈——马克思方法的步骤》，田世锭、何霜梅译，北京：高等教育出版社2006年版，第85页。

在关系的观点，认为事物的本质不是"实体"而是"关系"，关系构成了事物本身，关系的变化会带来事物性质的改变。西方哲学传统中这一内在关系的观点在 20 世纪科学发展的背景下表现为系统论原理，即"部分即整体"、"结构决定功能"等。有人对此指出："马克思在这方面受到的直接的哲学影响来自莱布尼茨、斯宾诺莎，尤其是黑格尔。他们有着这样的共同信念：集中起来构成整体的那些关系表现在被认为是它的部分的东西之中，每个部分都被认为是将其本身与其他部分之间的所有关系都纳入了它是什么之中，直至包括进入整体的一切事物。"①

（二）资本主义与近代科学相一致的抽象性

资本主义与近代科学在抽象性上的一致性，可以从内容与形式、现实与可能的统一性上加以理解。如果说商品、货币和资本是资本主义抽象性的主要内容，那么知性逻辑和计算理性则是近代科学抽象性的基本形式。形式为内容提供了可能，内容则是形式的体现，两种抽象性非常适配。无论是从方法与实践看，还是从自然与社会看，甚至从文化与文明看，这些方面都显示出资本主义的抽象性和近代科学的抽象性相一致。

首先，从方法与实践看，马克思批评国民经济学家所用的"精确科学研究"方法其实就是自然科学的知性抽象法，即基于抽象和孤立的简单事实并脱离具体和过程的总体形势去研究社会经济现象。不过，这种科学抽象方法倒是适应了资本主义发展的需要，因为这种"自然科学式的知性抽象方法"与"资本主义本质"有着内在的关联性。就如卢卡奇（George Lukács）指出的，"如果这种方法乍看起来可取的话，那是因为资本主义发展本身倾向于产生出一种非常迎合这种看法的社会结构。"②这种社会结构就是从商品到货币再到资本经由不断的抽象形成的现代市场体系。

知性抽象与资本主义的内在关联表现为两者的一致性。自然科学的知性抽象通过同质化处理将事物质的差异归结为量的差异、将事物之间的关系归结为数量之间的关系；与此相同，资本主义的商品经济将各种使用价值同质化为相同的一般价值并进一步符号化为货币，采用商品价

---

① ［美］伯特尔·奥尔曼：《辩证法的舞蹈——马克思方法的步骤》，田世锭、何霜梅译，北京：高等教育出版社 2006 年版，第 87 页。

② ［匈］卢卡奇：《历史与阶级意识》，杜章智等译，北京：商务印书馆 1992 年版，第 315 页。

格形式表示其价值量。在商品社会，一切事物都可议价而定，导致社会关系被完全物化，生活世界也充满了拜物教的气息。知性抽象与资本主义的一致性也体现在资本主义的生产方式上："以资本为基础的生产，其条件是创造一个不断扩大的流通范围。"① 但这一不断扩大的商品生产和交换的流通范围必须通过一种普遍性的交换媒介才有可能，货币因此应运而生。作为对具体商品同质而量化的抽象物，货币是衡量同质的人类劳动价值量的符号表现。有了可计量的货币符号，资本增殖便可通过计算来确认。所以，在货币的符号世界中，人们只关注价格，而商品的使用价值和工人的具体劳动则被遮蔽了。

其次，从自然与社会看，在认识和改造自然界方面，自从伽利略对自然概念作了数学化处理以来，近代科学便擅长于对自然关系进行数理推演，注重对自然对象进行要素分析，并以牛顿力学为范式来探究自然规律。通过这些抽象，近代科学所认识的自然界被过滤掉大部分的信息。比如，科学关于自然"规律的形成涉及一个把纷繁复杂的现实加以抽象化的特殊规则，如此说来，凡不属于规律涵盖范围内的事件都被认为是'偶然的'，因此在科学上没有什么重要意义。"② 同样，资本主义在以资本观念改造自然时，在资本家眼里，自然界只是有待开发和利用的资源库，自然界丰富的感性存在及其对于人类的审美价值、道德价值、栖居价值等都因难于理性化或难于计算被省略掉了。对于自然的数学认知和对于自然的资本改造一旦在现代技术条件下相互结合，这种抽象性就不仅"使人类丧失了对感性世界甚至某一事件的总体理解和把握能力"，而且还"演变成日益严密的社会控制体系的基础和资本追逐利润的高额筹码"。③

基于资本对自然界的改造，势必要求人类经济活动根据计算理性来筹划和决策，势必要求社会组织根据形式理性来更新和建构。对此，吉登斯指出资本主义的经济活动根据计算理性做出周密筹划，因而活动的特点是"在精确计算基础上而得以理性化，以远见和谨慎寻求经

---

① 《马克思恩格斯全集》第 30 卷，北京：人民出版社 1995 年版，第 387 页。

② [英] 安东尼·吉登斯：《资本主义与现代社会理论：对马克思、涂尔干和韦伯著作的分析》，郭忠华、潘华凌译，上海：上海译文出版社 2013 年版，第 178 页。

③ 方锡良：《现代性批判中的马克思自然观研究》，上海：上海人民出版社 2014 年版，第 276 页。

济的成功。"① 同样，韦伯在批评资本主义社会制度的形式合理性与实质非理性相悖时也指出，"形式理性是根据理性计算原则来组织安排行为的程度。因此，根据形式理性，官僚制的理想类型可能是组织的最理性类型。"② 而这种官僚制的理想类型，其实就是模仿机器运作的具有高效率的科层组织结构。可见，无论是经济筹划，还是官僚制度，都模仿了自然科学的抽象方法，按照抽象理性思维和可计算性原则，抽去事物之间质的差异性而使其同质化，以便从数量计算来操控事物。

最后，从文化与文明看，在更广泛的意义上，由近代科学的抽象性和资本主义的抽象性共建起来的西方现代性文化，在自然观、经济活动、社会组织等各方面无不打上了抽象性的印记。"科学原则构成了现代社会生活的基础"，是因为对事物进行形式抽象和数量抽象之后，"原则上可以通过计算来掌握所有的事情。"③ 然而，现代抽象理性的普遍应用对于人类文明却产生了严重的影响。历史学家阿诺德·汤因比指出，正在衰落的西方文明无一不打上"统一和标准化趋势"以及"差异和多样性丧失"的烙印。显见，近代科学和资本主义的抽象性发展，使得这种量的"统一和标准化趋势"以及质的"差异和多样性丧失"呈现普遍化趋势，也成为了资本主义文明衰落的一种标志。④

三、批判方法指向共同的具体诉求

无论是马克思对资本主义抽象性的批判，还是怀特海对近代科学抽象性的批判，他们的批判方法都依据具体性，包括经验的具体性和理论的具体性，并从经验具体上升到理论具体，在两种具体性中间来定位和评判抽象性。但两人的侧重点有所不同，马克思"从抽象上升到具体"的方法诉求理论的具体性，怀特海批判"抽象误置为具体"的方法则回溯经验的具体性。不过，他们分别强调的两种具体性诉求作为"叙述的

① ［英］安东尼·吉登斯：《资本主义与现代社会理论：对马克思、涂尔干和韦伯著作的分析》，郭忠华、潘华凌译，上海：上海译文出版社 2013 年版，第 164 页。
② ［英］安东尼·吉登斯：《资本主义与现代社会理论：对马克思、涂尔干和韦伯著作的分析》，郭忠华、潘华凌译，上海：上海译文出版社 2013 年版，第 232 页。
③ ［英］安东尼·吉登斯：《资本主义与现代社会理论：对马克思、涂尔干和韦伯著作的分析》，郭忠华、潘华凌译，上海：上海译文出版社 2013 年版，第 232 页。
④ ［美］约翰·贝拉米·福斯特：《生态危机与资本主义》，耿建新、宋兴无译，上海：上海译文出版社 2006 年版，第 84—85 页。

方法"和"研究的方法"，都或明或暗地出现于其各自论述的语境中，可以通过跨文本来进行比较。

（一）马克思"从抽象上升到具体"的方法在怀特海文本中的表现

若将自然科学的抽象方法运用于政治经济学中，那么对个人和社会的理解就是抽象理性的。比如，经济学家所谓的"经济人"概念是按照成本核算决定自己行为的经济理性人；社会学家讨论的"社会"概念也是根据契约缔结起来的法理性社会。毫无疑问，这些抽象观点对于个人或社会的理解和把握是极其片面的。怀特海和马克思并不否认抽象思维在认识事物中的必要地位和重要作用，但他们总是将抽象与具体结合起来把握对象。在抽象与具体的关系中，相对于抽象的具体有两种含义，即感性具体和理性具体、经验具体和理论具体。而人类的认识过程正是从感性具体到知性抽象再到理性具体不断反复的过程。这一认识过程在马克思和怀特海的文本中均有清晰论述。

先看马克思的有关论述。在《1857—1858年经济学手稿》中，马克思对这一认识过程在方法论上做了比较典型的概述："从实在和具体开始，从现实的前提开始，因而，例如在经济学上从作为全部社会生产行为的基础和主体的人口开始，似乎是正确的。但是，更仔细地考察起来，这是错误的。如果我，例如，抛开构成人口的阶级，人口就是一个抽象。如果我不知道这些阶级所依据的因素，如雇佣劳动、资本等等，阶级又是一句空话。而这些因素是以交换、分工、价格等等为前提的。比如资本，如果没有雇佣劳动、价值、货币、价格等等，它就什么也不是。因此，如果我从人口着手，那么，这就是关于整体的一个混沌的表象，并且通过更贴近的规定我就会在分析中达到越来越简单的概念；从表象中的具体达到越来越稀薄的抽象，直到我达到一些最简单的规定。于是行程又得从那里回过头来，直到我最后又回到人口，但是这回人口已不是关于整体的一个混沌的表象，而是一个具有许多规定和关系的丰富的总体了。"①

在这段引文中，马克思显然不赞同国民经济学家惯常只用一些抽象概念来简单化思考社会和经济的现实问题。比如，像"人口"这样一个概念，若无视其阶级构成，抽掉其雇佣劳动、资本等因素，遮蔽其交换、

---

① 《马克思恩格斯全集》第30卷，北京：人民出版社1995年版，第41页。

分工、价格等前提，那么就只是一个极其空泛的抽象概念。实际上，要想把握现代社会的"人口"概念就得从资本主义社会的本质及其结构去考察。因此，马克思指出与"人口"相关的其他概念是阶级、雇佣劳动、资本等；与"资本"相关的概念又是雇佣劳动、价值、货币、价格等。由于关联到这些相关概念，我们最终把握到的"人口"概念便是一个理论体系，属于一个具体概念。因此，马克思采用的从现实到理论、从抽象到具体的研究方法可概括为一个公式：具体表象→抽象概念→具体理论，或用上面引文中一些词语来描述："混沌表象中的具体"→"越来越稀薄的抽象"即"一些最简单的规定"→"具有许多规定和关系的丰富的总体"。

再看怀特海的哲学文本。在《过程与实在》中，怀特海关于科学和哲学的方法论说明与马克思的上述方法极其相似。譬如，怀特海以"飞机的航行"作为一个意象来比喻上述过程。他指出，"真正的发现方法就像飞机的航行。首先它从特殊观察（particular observation）的地面起飞；然后在想象概括（imaginative generalization）的稀薄的空气中巡航；接着又降落地面以求更新观察（renewed observation），而后者通过理性解释（rational interpretation）变得更为精确了。"①

在此，"特殊观察"作为思想的起点，相当于马克思所说的"混沌表象中的具体"，指感性的对象；而"想象概括"在思想的天空中巡航，越来越远离现实的地面并上升到"越来越稀薄的抽象"，则指抽象的概念；之后，将抽象概念应用于现实会带来双重效果，既修订了现有概念的内涵和外延，又通过将概念现实化而更新了现实，如此循环往复，最后获得的"理性解释"成为"具有许多规定和关系的丰富的总体"的理论体系，达到了理论具体的阶段。这一过程可概括为"特殊观察"→"想象概括"→"理性解释"，与马克思的研究方法即"具体表象→抽象概念→具体理论"的公式十分契合。

把两个研究方法的公式相关联进行比较，除了其相同和共通的"具体→抽象→具体"以外，还得注意到二者对抽象思维的具体性目标有不同的表述：马克思强调"从抽象上升到具体"的"具体"指理论具体而非表象具体，是研究目标而非研究起点，马克思称之为"具有许多规定

① Alfred North Whitehead, *Process and Reality*, corrected ed. by David Ray Griffin and Donald W. Sherburne, New York: The Free Press, 1978, p. 5.

和关系的丰富的总体"；怀特海则谓之为"理性解释"，即一个概念及其所属的理论体系。此外，他们在论述抽象与具体时还有以下一些方面的差异或不同：

其一，马克思擅长社会透视，怀特海善于科学观察。在关于上述"人口"概念的分析中，马克思从人口问题透视到资本主义社会的阶级构成、雇佣劳动、资本、货币、商品等因素和环节，通过揭示这些基本因素和主要环节，在概念上勾勒了一幅描绘资本主义社会的本质图像。怀特海"鸟瞰式"的观察方法与马克思在思路上相似，但是以科学为对象。当从某一特殊观察的地面起飞时，所鸟瞰到的知识疆域还是初步的、模糊的、有限的，但在这种宏观式的"鸟瞰"中，通过纵观全局、大致浏览和评估其中的"关键之点"，能够不断调整观察视角或重新选择从新的地面起飞再行观察，"视觉"便会变得更敏锐，从而对知识边界的观察更深入、更清晰、更扩展，并且有些部分将有所改变。如此循环往复，逐步深入，最终能详尽而又全面地描绘出关于实在的真实图景。①

其二，马克思也做逻辑分析，怀特海也做历史分析。"从抽象上升到具体"既是逻辑的演绎，也是历史的发展，体现了逻辑与历史相统一的方法论。这统一的方法论包含了历史分析方法与逻辑分析方法。显然，马克思以历史分析方法为主，但也不排斥逻辑分析方法。他强调要对研究对象进行社会和历史的考察，并善于对之进行概念的逻辑分析。整部《资本论》便是从"商品"这一抽象概念开始，结合历史发展揭示了资本的逻辑演绎和资本主义社会的历史本质。与国民经济学家不同的是，马克思能自觉地用逻辑与历史相统一的方法来把握研究对象。与马克思不同，怀特海无疑强调逻辑分析方法对于科学研究的极其重要性，但并非像逻辑实证主义那样对经验进行概念抽象的过滤，他提倡的"鸟瞰式"科学观察法，兼具逻辑分析和历史分析的环节：从某一特殊观察的地面起飞经由想象概括达到一般概念，这是在进行逻辑归纳分析；而不断地调整观察视角更新起飞的地点，则是在进行一种历史比较分析，即比较先后不同观察基地的差异。② 然而，近代科学及其后学奉行的逻辑实证主义从抽象概念出发以后，局限于事物的某个部分和单一方面，无

---

① 陈奎德：《怀特海哲学演化概论》，上海：上海人民出版社1988年版，第226—227页。
② 陈奎德：《怀特海哲学演化概论》，上海：上海人民出版社1988年版，第226—227页。

视对象的整体关联和演化过程，其方法只强调经验的可重复、可检验的逻辑维度，却遮蔽了经验的不可重复、难于检验的历史维度。

其三，马克思追求理论具体，怀特海回归经验具体。马克思在政治经济学批判研究中提出"研究的方法"与"叙述的方法"之分。前者用于从表象到概念的抽象，即从具体事例出发，通过分析抽绎出一些概念以把握对象各方面，这是分析哲学的逻辑方法，适用于大部分自然科学和一部分社会科学的研究。后者则从"抽象上升到具体"，这是马克思写《资本论》时采用的方法，即以"商品"这一抽象概念作为叙述的起点，由此揭示整个资本主义生产方式的内在矛盾和运动规律。不过，马克思在用这一"叙述的方法"的同时，不断地从概念天空下降到现实大地，以免概念或理论陷入黑格尔式的抽象思辨。所以，如果说读《资本论》时"叙述的方法"作为前景呈现为一条明线，那么在这之前作为叙述前提的"研究的方法"则作为背景被隐藏起来了。但无论如何，前景与背景、一明一暗反映出来的人类思维图景是完整的，它们一起形成了"具体表象→抽象概念→具体理论"的研究逻辑。显然，怀特海也按照这一逻辑来把握实在，他将这一逻辑的展开比喻为人类思维的航行过程：从现实的大地上起飞，在概念的稀薄的空气中巡航，降落在现实的大地上，如此循环往复。不过，怀特海强调科学研究要不断地降落于不同的观察地面以更新概念和理论。他关注"具体表象→抽象概念"这一环节的反复，视之为思维的明线；而"抽象概念→具体理论"或"从抽象上升到理论"却作为思维的暗线被退隐到思想背景之中了。

（二）怀特海对"抽象误置为具体"的批判在马克思文本中的表现

关于抽象与具体的关系，或者说，一般与个别的关系、共性与个性的关系，古往今来一直是哲学家们最具争议性的话题。无论是柏拉图的理念实在论，还是亚里士多德的具体个体论，都是关于这一话题最早的哲学启示，而这些古典理论在现代哲学文本中也不断以新的概念得以重现。在我们的常识观念中，抽象与具体是不可分离的，尽管两者的地位并不相同。大多数人也都赞同这一见解，认为抽象寓于具体之中。由于抽象不能脱离具体而独立存在，我们便不能离开现实事物来普遍泛化抽象概念。同样，在语言表述中，我们须将词语嵌入语境中才能获得明确词义。然而，近代以来的科学过于强调抽象概念在认识世界中的地位和作用，加上资本主义将之实体化为一种抽象物来支配现代社会的生产和生活，以致人们在认识和改造世界中竟本末倒置地视抽象高于具体，甚至以概念代替现实，从思想到行动都产生了怀特海批评的"具体性误置之谬"（Fallacy of Misplaced Concreteness）[1]。

早在《神圣家族》中，马克思以"果品"为例，写下了一段有关上述问题的分析："如果我从现实的苹果、梨、草莓、扁桃中得出'果品'这个一般的观念，如果我再进一步想象，我从各种现实的果实中得到的'果品'这个抽象观念就是存在于我之外的一种本质，而且是梨、苹果等等的真正的本质，那么我就宣布（用思辨的语言来表达）'果品'是梨、苹果、扁桃等等的'实体'。因此，我说，对梨说来，梨之成为梨，是非本质的；对苹果说来，苹果之成为苹果，也是非本质的。这些物的本质的东西并不是它们的可以用感官感触得到的现实的定在，而是我从它们中抽象出来并强加于它们的本质，即我的观念的本质——'果品'。于是，我就宣布，苹果、梨、扁桃等等是'果品'的单纯的存在形式，是它的样态。诚然，我的有限的、有感觉支持的理智能把苹果、梨和扁桃区别开来，但是我的思辨的理性却宣称这些感性的差别是非本质的、无关紧要的。思辨的理性在苹果和梨中看出了共同的东西，在梨和扁桃中看出了共同的东西，这就是'果品'。各种特殊的现实的果实从此就只是虚幻的果实，而它们的真正的本质则是'果品'这个'实体'。"[2]

"果品"这一抽象概念之所以被误认为高于苹果、梨、草莓、扁桃等诸种现实的果实，原因在于我们的思辨理性一旦将它从现实的果实中作为共性抽绎出来，将它加以实体化地看待，即视"果品"为外在于现实的果实和我们的理智而能够独立存在的"实体"，那么苹果、梨、草莓、扁桃等诸种现实的果实便反而成为隶属于"果品"这一实体的偶然样态或有限形式。在此，马克思对"果品"抽象概念的分析批评和怀特海对"具体性误置之谬"的批评是非常一致的。

为了避免将抽象概念误置为现实存在、使抽象脱离具体而实体化，马克思建议将抽象纳入整体中来关照。在他看来，虽然"果品"作为"抽象物"似乎是一个"实体"，但这个"抽象物"其实属于诸种现实果实的共性观念，它作为"具体事物的一部分，与其余部分之间的联系是

---

[1] John B. Cobb Jr. , *Whitehead word book* , Claremont, CA：P&F Press, 2008, p. 15.
[2] 《马克思恩格斯文集》第 1 卷，北京：人民出版社 2009 年版，第 276—277 页。

在事物整体中才表现出来的"。① 换言之,"抽象物"作为各种事物的共性观念,唯有在其所处的特定情景中才能为我们的感觉所把握,不然就只是一种无定性和不可捉摸的抽象观念而已。比如,"劳动"作为一个"抽象物"、一个抽象概念,只有嵌入历史上特定的社会制度中,通过"奴隶劳动""行会劳动""雇佣劳动"等各种具体形态才呈现出其普遍的意义。② 如果以为世界本质上是由这样一些"抽象物"或抽象概念所构成的,那么无疑陷入了柏拉图式的颠倒世界幻象中。

马克思所谓的"抽象物"对应于怀特海所谓的"永恒客体"(eternal objects),相当于柏拉图的一般共相。在怀特海那里,全部"永恒客体"相互关联,并从特殊性上升到普遍性分为不同层级,且都与"现实实有"(现实存在的本体论概念)存有这样或那样的关联。"永恒客体"作为纯粹可能性,来源于和受制于"现实实有"。与这一观点相同,马克思也从未忘记那些抽象物是关联在一起的,它们构成了一幅完整的观念图画,至于这幅图画是否与现实相一致需要在实践中加以检验。③ 关于这幅观念图画是如何产生的,马克思和怀特海都认为,我们要像科学家那样,获取相关信息并将这些信息汇聚在一起,然后在头脑中重构现实存在的复杂关系,尽管这些重构绝大多数不能通过直接观察被看到。④ 这些重构源于主体的思维能动性和创造性,首先让"抽象物"超越其所在具体事物的时空限制并在观念上普遍关联起来,然后将其中一些关联付诸实践,创造出新的现实。显然,由"抽象物"建构出来或经抽象观念创造的世界,无论是理想世界还是异化世界,原本在现实世界中都不曾出现过,属于人类创造的产物,而这些人工物便是人类文明的体现。

抽象不等于具体,无论是怀特海对抽象"误置"的批判,还是马克思对"果品"抽象的分析,他们的"异曲同工"皆说明了这一观点。但抽象同时也超越了具体,实现了具体之间的普遍关联,强调这一观点对

---

① 《马克思恩格斯选集》第 2 卷,北京:人民出版社 1995 年版,第 18—19 页。

② [美] 奥尔曼:《异化:马克思论资本主义社会中人的概念》,王贵贤译,北京:北京师范大学出版社 2011 年版,第 76 页。

③ [美] 奥尔曼:《异化:马克思论资本主义社会中人的概念》,王贵贤译,北京:北京师范大学出版社 2011 年版,第 77 页。

④ [美] 奥尔曼:《异化:马克思论资本主义社会中人的概念》,王贵贤译,北京:北京师范大学出版社 2011 年版,第 79—80 页。

于科学认知和人类理性发展的重要性毋庸置疑。抽象与具体的关系乃普遍与特殊的关系或共性与个性的关系，它们以不同概念表达了一种共通关系即抽象内在于具体又超越具体。了解这种内在超越的关系模式有助于把握理论与现实的关系，尤其在创新的把握上至关重要。所谓"创新"，是"新"对"旧"的扬弃，以理论为指导对现实进行改造和重构。在思维层面上，如何理解抽象、普遍、共性与具体、特殊、个性这两组关系是创新的关键。一般说来，前组概念揭示了事物的共同性且可复制，后组的概念表达了事物的差异性并不可复制。只有将前者融入后者之中，才能产生现实事物。若用马克思上述那段话中的词语来讲，人类借助"思辨的理性"对事物抽取出"抽象物"，这一"抽象物"似乎像"实体"那样，能够超越具体事物之间"感性的差别"，并生成新的感性事物。实现这一创新过程显然也离不开人类实践活动，因为新的感性事物已由实践观念变成了新的现实存在。在实践观念指导下，人类的实践活动远胜于动物的本能活动，总是表现为有意识、有目标和有计划的活动。而形成正确的实践观念则有赖于处理好一般原理与个别案例、客观事实与价值诉求、理论假设与经验实证之间的关系。这些关系均可归入抽象与具体关系的谱系之中。

除了"果品"这一普遍性概念以外，马克思还对其他普遍性概念展开了抽象与具体的关系分析。尤其在政治经济学批判中，马克思典型的分析是：对"价值"概念进行"商品、货币和资本"的分析；对"时间"概念进行"劳动"的分析；对"生产"概念进行"社会历史发展"的分析，等等。相比之下，前者是更加抽象的概念，后者则是比较具体的概念。只有将前者嵌入后者、将一般"抽象物"嵌入具体历史现实之中，才能发现抽象与具体的真正统一。或者说，只有从逻辑与历史的关联入手，才能找到抽象与具体的统一。否则，将两者割裂开来，我们的思想不是陷入大量琐屑的历史现象而丢失关联线索，就是沉迷观念的抽象建构而脱离社会现实。①

将马克思与怀特海的批判方法进行对比之后，不难发现两者都蕴含着对具体性的诉求。但显而易见的是，他们各自用于规制抽象的"具体"却并不相同。在马克思"抽象上升到具体"的方法中，"具体"所

---

① 方锡良：《现代性批判中的马克思自然观研究》，上海：上海人民出版社 2014 年版，第 230 页。

指乃理论具体，即建构一个符合现实存在并经人类实践检验的理论体系。在怀特海批判"抽象误置为具体"时，"具体"则是经验具体和感性现实，是人类一切认知的基础。但从人类思维逻辑和认识发展规律来看，在"经验具体—抽象概念—理论具体"中，经验具体和理论具体一起对抽象思维形成了反向的限定和制约，以确保抽象概念不至于实体化，既不失去经验现实的大地，也不离开理论世界的天空，避免抽象概念的产生和运用出现"断根"和"折翼"的问题。如此产生于现实大地并飞翔于理论天空的抽象概念才是人类文明进步所必需的。

　　总之，本章所论述的马克思对资本主义抽象性批判与怀特海对近代科学抽象性批判之间具有显著的内在关联性。这不仅表现于他们的批判对象上，还体现在他们所用的批判理论和批判方法方面。首先，从批判对象来看，马克思从"商品"开始，揭示出"商品→货币→资本"这一系列抽象物的逻辑发展，并指出在这些抽象物的背后是资本主义的生产方式及其雇佣工人的生产劳动；怀特海从"自然"开始，按照近代科学思想发展推演出"自然→物质→实体"这些抽象观念的依次兴起，指出这些有着不同含义的自然观其实是对自然界有机整体不同方面的抽象观念而已。将马克思的批判对象与怀特海的批判对象并列在一起，不难发现"商品"与"自然"的内在关联性实际上源于资本主义社会的生产和生活方式。更一般地说，"商品"与"自然"作为现代人改造自然的新物品和认识自然的新观念，正是人与自然关系的现代性表现。其次，就批判理论而言，马克思的政治经济学批判与怀特海的哲学宇宙论思辨都指向现实存在。他们从现实和形而上的两方面共同揭示了人的存在的两个维度，即人与社会的维度和人与自然的维度。诚然，现实的人总是处于各种社会关系之中，也离不开自然环境的基本条件，正是社会与自然的内在关联性决定了他们的批判理论具有内在关联性。最后，在批判方法上讲，马克思采用"抽象上升到具体"和怀特海批评"具体性误置之谬"，其实都基于历史发展规律和人类认识逻辑，即"感性具体—概念抽象—理论具体"，无论是马克思追求"理论具体"还是怀特海回溯"感性具体"，他们皆依据具体性来规定和制约抽象性，以免人类抽象思维的片面演绎和趋向极化。通过对批判对象、批判理论和批判方法的分析概述，可以看到马克思对资本主义抽象性批判与怀特海对近代科学抽象性批判具有内在关联性，由这些内在关联性不难发现他们两种抽象性批判的理论相通性，从而为马克思思想与怀特海哲学在现代性批判上的比较研究开辟了一个理论空间，而这种理论拓展对于现代性的批判（辩证"扬弃"抽象性）和重构（以具体性规约抽象性）极具启示性。

第四章 马克思从人的
劳动诉求具体性

马克思批判资本主义抽象性，将其落实于生产劳动之中，从人的劳动诉求具体性和揭示人类存在的社会历史维度，这是马克思建构具体现代性的总体方案。人的劳动从哲学本体论到政治经济学、从资本主义到共产主义的发展可以揭示为：人的劳动是对象化活动→具体劳动创造使用价值→工人活劳动带来资本增殖→工业化劳动对于人的发展的局限性。马克思相应的理论回应是：实践唯物主义（通过人的劳动对象化而实现人的本质力量）→劳动价值论（具体劳动创造使用价值是商品一般价值的物质基础）→剩余价值论（工人活劳动创造剩余价值而资本家通过占有死劳动剥削工人）→历史唯物主义（工业化生产方式是人类劳动普遍进化和人性发展必经而必须扬弃的历史阶段）。

一、实践唯物主义论人的劳动的具体性

实践唯物主义作为马克思的新世界观，立足于人的生产劳动这种最基本的实践方式来理解人与世界的关系。讨论现实的人及其生存发展的必要条件是马克思实践唯物论的基本内容，这种必要条件就是通过生产劳动不断满足人们对物质生活资料的需求。不同于历史唯物主义专门讨论关于人类生活的物质条件（社会存在）与精神条件（社会意识）之间的辩证关系，实践唯物主义从人的存在的本体论高度探究人的对象性活动与其生产劳动的一般关系，但这种考察并非形而上学的抽象思辨，而是落实到具体的社会历史发展之中。即使在本体论层次，实践唯物主义讨论人类劳动基本原理，即人的本质力量通过对象化而实现人化自然，也是将主体与对象、人在自然面前的能动性与受动性、自由与必然等一系列概念置于现实世界的关系和过程之中。

（一）生产劳动与人的对象化活动

马克思对于具体性的诉求聚焦于现实的人的存在。现实的人的存在具有双重性的规定，即处于主体性与对象性、能动性与受动性、自由性与必然性的张力之中。在《1844 年经济学哲学手稿》中，马克思从本体论的高度考察了人的活动的对象化。在他的论述中，"现实的""感性的""对象的"是一组同义词，它们均表达了人的对象性存在。显然，现实的人的存在离不开其感性对象，因为从一般的主客体关系而论，主体是离不开客体的，而客体由主体获得其意义。同样，人的现实存在必须通过感性对象即被感知到的对象来确证自己存在的主体性和现实性。这种确证正是对象性的确证："只要有对象存在于我之外，只要我不是独自存在着，那么我就是和在我之外存在的对象不同的他物、另一个现实"①，这是主体通过客体来确证自我的情形。相反，人的非对象存在必定是不现实的，因为"非对象性的存在物，是一种非现实的、非感性的、只是思想上的即只是想象出来的存在物，是抽象的东西"②，这是主体通过客体实现自我的情形。而且，客体可以反作用于主体，造成反客为主的情形："只要我有一个对象，这个对象就以我作为对象。"可见，人的现实存在除了主体性、能动性这一方面，还有对象性、受动性的另一方面。后一方面在于，感性存在总是受制于外部对象的，"说一个东西是感性的，是说它是受动的。"③

现实的人的存在既是对象性存在也是主体性存在，并且主体性存在以对象性存在为基础。如果说对象性存在是受动的、片面的，那么主体性存在就是能动的、全面的。实现主体性存在离不开对象性存在，但又必须超越对象性存在的局限性。对此，马克思分析了人的"感性占有"在私有制条件下发生异化的现象，指出人对于对象的"感性占有，不应当仅仅被理解为直接的、片面的享受，不应当仅仅被理解为占有、拥有。人以一种全面的方式，就是说，作为一个总体的人，占有自己的全面的本质。"在他看来，"私有制使我们变得如此愚蠢而片面，以致一个对象，只有当它为我们拥有的时候，就是说，当它对我们来说作为资本而存在，或者它被我们直接占有，被我们吃、喝、穿、住等等的时候，简

---

① 马克思：《1844 年经济学哲学手稿》，北京：人民出版社 2000 年版，第 106 页。
② 马克思：《1844 年经济学哲学手稿》，北京：人民出版社 2000 年版，第 107 页。
③ 马克思：《1844 年经济学哲学手稿》，北京：人民出版社 2000 年版，第 106—107 页。

言之，在它被我们使用的时候，才是我们的。"人对对象（包括肉体和精神的对象）的"感性占有"，一旦被这种"直接的、片面的享受"和"占有、拥有的感觉"所代替，人就被对象所牵制，丧失了其主观能动性。相反，人只有摆脱这种牵制才能获得其应有的能动性。但是，这必须经过完全拥有对象才有可能，因为局部拥有对象难免受制于它。于是，"人这个存在物必须被归结为这种绝对的贫困，这样他才能够从自身产生出他的内在丰富性。"① 不难理解，人与物、主体与对象、财富与贫困是辩证统一的关系，只有后者充分发展后，前者才可能真正地实现。

在后来的政治经济学批判中，马克思将现实的人的对象性存在落实于生产过程的要素和条件之上，即生产者和生产资料及其相互结合之上。他区分了对象化劳动与主体性劳动的根本不同：前者是过去的、物化的劳动，作为生产的必要条件，表现为生产资料；后者是现在的、活动的劳动，作为生产的创造之源，表现为生产者。形象地说，前者是由劳动转变成为物的"死劳动"，后者则是发生在人身上的"活劳动"。"对象化劳动本身在与活劳动的关系中又表现为原料和劳动工具"，后者通过前者对象化为产品；而"产品不仅仅表现为劳动借助于工具对材料发生作用的结果，而且与它们并存而表现为劳动的最初的对象化"②，从而实现再生产过程。从本体论上说，劳动作为人的生命活动包括肉体和精神的活动，但如果这一活动没有对象化便没有自我实现。在马克思看来，作为实现人的本质力量的劳动一定是生产劳动，生产劳动一定是生产客观对象或物质生活资料的劳动。但在资本主义制度下，一切对象都被商品化并与劳动者相对立。同时，马克思强调客观对象的作用，指出一般劳动（包括精神活动）与生产劳动不同，虽然劳动者"他的劳动是生产了某种东西；但他的劳动并不因此就是经济意义上的生产劳动；就像生产幻觉的傻子的劳动不是生产劳动一样。劳动只有在它生产了它自己的对立面时才是生产劳动。"③ 因此，人的生产劳动必须以产生物质对象为基础，这是实践唯物主义关于人的劳动的物质性理解。

现实的人的基本活动就是生产劳动，而生产劳动需要一定的自然条件和社会条件才能实际发生。就人与自然关系而言，作为劳动者的人是

---

① 马克思：《1844 年经济学哲学手稿》，北京：人民出版社 2000 年版，第 85 页。
② 《马克思恩格斯全集》第 30 卷，北京：人民出版社 1995 年版，第 257 页。
③ 《马克思恩格斯全集》第 30 卷，北京：人民出版社 1995 年版，第 264 页。

自然界中最有活力的生命有机体，但这一有机体本身必须以自然界这一无机体作为其存在的必要条件。正如"劳动的主体是自然的个人，是自然存在一样，他的劳动的第一个客观条件表现为自然，土地，表现为他的无机体；他本身不但是有机体，而且还是这种作为主体的无机自然。"① 除了"自然的个人"，劳动的主体还是社会的个人。存在于社会中的个人通过相互交往进行分工与合作，共同完成生产劳动。因而，劳动作为人的本质力量实现所必需的条件，除了自然以外，还要有社会条件。只有具备了这两种条件，人的生产劳动才能实际发生。尤其是具备了社会条件，才能真正实现人的劳动。对此，马克思阐明了人的劳动具有社会性，还指出人类劳动超越动物的本能活动具有认知科学性、人的主体性和积极能动性："（1）劳动具有社会性；（2）这种劳动具有科学性，同时又是一般的劳动，这种劳动不是作为用一定方式刻板训练出来的自然力的人的紧张活动，而是作为一个主体的人的紧张活动，这个主体不是以单纯自然的，自然形成的形式出现在生产过程中，而是作为支配一切自然力的活动出现在生产过程中。"②

（二）生产劳动作为人的发展途径

生产劳动是人最基本的存在方式，劳动产品则是人的本质力量对象化的结果。通过生产劳动，人的欲求目标被实现为对象，自在自然也变成人化自然从而更适合人类生存。然而，人的劳动对象化或人的本质力量一旦凝固成物，便极有可能使人的主体性丧失，这在资本主义的生产劳动中表现得十分突出。马克思指出："劳动的这种变为现实性的过程，也是丧失现实性的过程。劳动把自己变成客观的东西，但是它把它的这种客体性变为它自己的非存在，或它的非存在——资本——的存在。劳动作为创造价值或增值价值的单纯可能性返回到自身，因为全部现实财富，现实价值世界以及劳动本身得以变为现实性的现实条件，都成了同它相对立的独立的存在。孕育在活劳动本身中的可能性，由于生产过程而作为现实性存在于劳动之外，但这种现实性对于劳动来说是他人的现实性，它构成同劳动相对立的财富。"③ 在这里，劳动的现实性表现了人的主体性，劳动产品则是其客体性的体现。由于在劳动过程中，人的主

---

① 《马克思恩格斯全集》第 30 卷，北京：人民出版社 1995 年版，第 480 页。
② 《马克思恩格斯全集》第 30 卷，北京：人民出版社 1995 年版，第 616 页。
③ 《马克思恩格斯全集》第 30 卷，北京：人民出版社 1995 年版，第 446 页。

体性因对象化而变成物的客体性，所以人的劳动能否真正实现取决于主体力量能否对象化成为劳动产品。此外，"活劳动"物化为"资本"之后，劳动的现实性又取决于其必需的社会条件能否使劳动者实际占有劳动产品。

在生产资料私有制条件下，劳动从劳动者的"自为的存在"变成实际上的"为他的存在"，这象征着人从主体沦落为客体，其劳动由存在目的降低为谋生手段。这时的"劳动不是把它本身的现实性变成自为的存在，而是把它变成单纯为他的存在，因而也是变成单纯的他在，或同自身相对立的他物的存在。"① 随着劳动者"为他的存在"不断被强化，人与人的关系通过人与物的关系表现出双重对立，即资本主义制度下雇佣工人与资本家、劳动和资本的日趋对立。由于不合理的社会制度，劳动的客体化导致劳动者主体地位下降，使人不断贬值，即"劳动本身越是客体化，作为他人的世界，——作为他人的财产——而同劳动相对立的客观的价值世界就越是增大。"②

人的劳动须经对象化来实现，这说明它不是一种单纯的主观活动，而是主观见之于客观的活动，即人的本质力量转化为对象、生命能量凝固为物质的活动。在马克思看来，衡量人的劳动的尺度与其说是内在主观的不如说是外在客观的，但最终是内在尺度和外在尺度的相互统一。他指出："诚然，劳动尺度本身在这里是由外面提供的，是由必须达到的目的和为达到这个目的而必须由劳动来克服的那些障碍所提供的。但是克服这种障碍本身，就是自由的实现，而且进一步说，外在目的失掉了单纯外在自然必然性的外观，被看作个人自己提出的目的，因而被看作自我实现，主体的对象化，也就是实在的自由，——而这种自由见之于活动恰恰就是劳动。"③ 由此可见，人的劳动是实现人的内在自由性与克服物的外在必然性相统一的过程。

一些思想家因缺乏对劳动的辩证理解而持有一种消极观念。马克思曾批评斯密对待劳动的消极态度，指出后者只是从外在尺度、障碍、自然的必然性去看劳动，将劳动视为一件苦差事，甚至认为劳动是上帝对人类的一种诅咒，就如耶和华诅咒亚当那样："你必须汗流满面地劳

---

① 《马克思恩格斯全集》第 30 卷，北京：人民出版社 1995 年版，第 445 页。
② 《马克思恩格斯全集》第 30 卷，北京：人民出版社 1995 年版，第 447 页。
③ 《马克思恩格斯全集》第 30 卷，北京：人民出版社 1995 年版，第 615 页。

动！"。不同于斯密的消极观念，马克思看到了劳动对于人的积极意义，认为劳动至少是人的一种本能满足。显然，"一个人在通常的健康、体力、精神、技能、技巧的状况下，也有从事一份正常的劳动和停止安逸的需要。"但是，斯密等大多数人都认为人处于"安逸"才是适当的状态，才是与"自由"和"幸福"等同的东西。① 实际上，人们好逸恶劳和贪图安逸只是因为劳动还远没有达到人的自我实现的那种状态，如果劳动能够成为人的自我实现，必将成为人的第一需要。此外，宗教禁欲主义对劳动的消极理解也在马克思批判视野中，因为那些禁欲主义者在实践上否定了人的劳动的创造性。马克思指出，"对安逸的否定，作为单纯的否定，作为禁欲主义的牺牲，不创造任何东西。一个人可以像僧侣之类那样整天灭绝情欲，自己折磨自己等等，但是他作出的这些牺牲不会提供任何东西。"②

在思考方式上，马克思既不同于斯密从心理方面来考察劳动，也不同于宗教禁欲主义者从否定方面来看待劳动，而是从人际关系和人与对象的关系来揭示劳动现状对于人的影响："劳动毕竟还是某种别的东西，首先，对他人来说是这样，因为 A 的单纯牺牲，对 B 没有什么好处；其次，是个人本身对他所加工的物和对他自己的劳动才能的一定关系。劳动是积极的、创造性的活动。"③ 可见，人的劳动的异己感不仅与社会关系有关，还与主客关系有关。只有两者都处于良好的关系中，人的劳动才能真正成为创造性的活动，对人的自我实现产生积极意义。

人的本质力量实现于人的劳动中，人的全面发展也实现于其中。因为人的劳动作为人的存在的基本方式，内含人与自然、人与社会、人与自身的关系。只有构成人类生产方式的两个基本方面即生产力水平和社会交往普遍化都得到发展，才能为人的全面发展提供物质基础。马克思说："生产力——财富一般——从趋势和可能性来看的普遍发展成了基础，同样，交往的普遍性，从而世界市场成了基础。这种基础是个人全面发展的可能性"。④ 然而，人的实际发展总是处于一定历史时期和具体社会形态之下，难免受到各种各样的限制或具有这样那样的局限，人只

---

① 《马克思恩格斯全集》第 30 卷，北京：人民出版社 1995 年版，第 615 页。
② 《马克思恩格斯全集》第 30 卷，北京：人民出版社 1995 年版，第 618 页。
③ 《马克思恩格斯全集》第 30 卷，北京：人民出版社 1995 年版，第 618 页。
④ 《马克思恩格斯全集》第 30 卷，北京：人民出版社 1995 年版，第 541 页。

有不断克服这些限制或局限，才有望逐步实现自身的全面发展。马克思因此指出，"人从这个基础出发的实际发展是对这一发展的限制的不断扬弃，这种限制被意识到是限制，而不是被当作神圣的界限。个人的全面性不是想象的或设想的全面性，而是他的现实联系和观念联系的全面性。由此而来的是把他自己的历史作为过程来理解，把对自然界的认识（这也作为支配自然界的实践力量而存在着）当作对他自己的现实躯体的认识。"① 可见，无论是从现实联系和观念联系相一致而论，还是从认识自我与认识自然相统一来看，人的全面发展均表现为一个历史过程。

促使人的历史性发展的根本动力和物质基础是人类生产劳动的不断再发生。通过生产劳动过程，人不仅改变了环境也改变了自己。而在再生产中，人自身的更新与其生存环境的改变也达成了内在统一。这是因为"在再生产的行为本身中，不但客观条件改变着，例如乡村变为城市，荒野变为开垦地等等，而且生产者也改变着，他炼出新的品质，通过生产而发展和改造着自身，造就新的力量和新的观念，造成新的交往方式，新的需要和新的语言。"②

令人遗憾的是，在本当促使人和社会不断更新的现代性社会，由于资本主义制度的限制，生产劳动不仅无法使人趋向全面发展的前景，还让人陷入了片面固化的境地。马克思认为，人的发展"不是在某一种规定性上再生产自己，而是生产出他的全面性；不是力求停留在某种已经变成的东西上，而是处在变易的绝对运动之中。"然而，"在资产阶级经济以及与之相适应的生产时代中，人的内在本质的这种充分发挥，表现为完全的空虚化；这种普遍性的对象化过程，表现为全面的异化，而一切既定的片面目的的废弃，则表现为为了某种纯粹外在的目的而牺牲自己的目的本身。"③

二、劳动价值论的具体性范畴：具体劳动与使用价值

劳动价值论的具体性诉求不仅反映在其使用的一些主要概念上，如相对于抽象劳动的具体劳动、相对于一般价值的使用价值等，还体现为这些概念都与人的生存发展直接相关，好比劳动作为人的生存活动总是

---

① 《马克思恩格斯全集》第30卷，北京：人民出版社1995年版，第541页。
② 《马克思恩格斯全集》第30卷，北京：人民出版社1995年版，第487页。
③ 《马克思恩格斯全集》第30卷，北京：人民出版社1995年版，第480页。

表现为各种具体劳动，劳动产品具有不同的使用价值满足了人的各种基本需要，这些概念皆因与人的生活世界直接关联而属于原初的具体性范畴。在应然层面，人的现实存在既是具体的也是超越的，但商品社会将人的超越性导向抽象性维度，使人凭借货币的普遍性交往功能获得抽象自由的同时，却陷入了背离人的本真存在的拜金主义悖论。如果深入阐发劳动价值论中那些与抽象概念相对的具体概念，不难发现马克思关于人的自由而全面发展的理念"扬弃"了诸种抽象性的具体性范畴，譬如，人在对财富的占有上表现为普遍而具体的占有，人在对财富享受上表现为突破"量的限制"之后又突破"质的限制"，等等。

（一）具体劳动创造使用价值并满足人的实际需要

从人的劳动及其产品去追根溯源，劳动价值论预设的基本原理是，商品作为劳动产品是由人类劳动创造的，因而商品的价值便由人类劳动来决定。从本体论上说，商品作为劳动产品其实是人类劳动的活动凝固或人的本质力量对象化的结果。马克思指出："各种产品能够用劳动的尺度来计量，只是因为它们按性质来说都是劳动。它们是客体化的劳动。"换言之，"产品作为创造产品的力量的效果或这种力量的静态存在，它只能由这种力量本身的尺度来计量。"① 这一关于人与物、劳动与价值的转化原理，从商品作为劳动产品、劳动尺度成为价值尺度的角度来看是符合实际的。因为在抽象的概念上，商品价值量由凝结于商品中无差别的一般人类劳动量决定，在统计学上可以用社会必要劳动时间来衡量。并且，商品是用来交换的劳动产品，生产目的是实现其交换价值，所以必须在市场交易中遵循共同的普遍标准。但从实际上看，商品交换的原初目的是基于不同商品差异化的使用价值，通过互通有无来满足使用者的不同需要。显然，商品不同的使用价值是由不同的具体劳动创造的。所以，与一般价值、抽象劳动相对，使用价值、具体劳动才是商品的具体性范畴，由此理解劳动价值论正是对之做出的一种具体性的概念诉求。

首先，具体劳动赋予物质材料以有用的形式才能创造使用价值。例如，木工的劳动赋予木头以桌子的形式，钳工的劳动赋予钢铁以轴承的形式，等等。就木头、钢铁等材料本身来说，桌子、轴承等形式是人赋予它们的，是按照人的一定目的加以塑造的，因此商品作为产品所具有

---

① 《马克思恩格斯全集》第30卷，北京：人民出版社1995年版，第617—618页。

的使用价值是工人劳动创造出来的，并且这种创造主要是形式的创造而非质料的创造。马克思看到具体劳动的这种创造性："活劳动通过把自己实现在材料中而改变材料本身，这种改变是由劳动的目的和劳动的有目的的活动决定的"。①

其次，具体劳动能够转变为不同形式的使用价值以满足人的不同需要。具体劳动是工人的活劳动，它仿佛是"活的、造形的火"，通过将各种材料塑造成型从而创造出使用价值，如纺织工人的劳动使棉花变成纱、纱变成布，制衣工人的劳动则使布再变成衣服，等等。通过这些具体劳动，"物质取得使它能够直接成为消费对象的形式，这时物质的消耗和它的形式的扬弃成了人的享受，物质的变化就是物质的使用价值。棉花的物质在所有这些过程中都得到了保存，它在使用价值的一种形式上消失，是为了让位给更高级的形式，直到对象成为直接的消费对象。"②

最后，具体劳动通过使用价值的形式转换重新获得劳动对象。马克思看到："就使用价值来说，劳动具有下面这样的属性：它保存现有使用价值，则由于它提高现有使用价值，而它提高现有使用价值，是由于它把现有使用价值变成一种由最终目的所决定的新的劳动的对象；即从无所谓的存在形式重新变成劳动的对象材料形式，变成劳动的躯体形式。"③

由上述关于形式与质料、人与物的关系分析可知，具体劳动创造使用价值主要通过人类赋予、转换和提升物质的形式来实现，其实质是人类以满足自身需要为目的、采取有用的形式对自然加以塑造或更新，使之成为人类生产和消费的对象，这是人的本质力量对象化的过程。尽管具体劳动的形式多样，但都包含了人的需要、情感、个性、创新等主体性的因素和力量，由此赋予了商品使用价值在质上的丰富多样性。就人的存在论而言，正是人的劳动及其产品的多样性，才使人的对象化存在变得丰富多彩。

（二）使用价值充实有限个性而货币实现抽象共性

通过具体劳动，人类赋予质料以各种形式并使它们发生相互转换，创造出各种使用价值来满足人对生活资料和生产资料的多样需求。这种

① 《马克思恩格斯全集》第30卷，北京：人民出版社1995年版，第328页。
② 《马克思恩格斯全集》第30卷，北京：人民出版社1995年版，第329页。
③ 《马克思恩格斯全集》第30卷，北京：人民出版社1995年版，第330页。

满足固然是实际的、具体的，但只能充实人类有限个性。从个性自由来看，人会对普遍之物产生追求，在商品世界中这种追求的目标便是货币。因为货币是所有商品的等价物，并以符号形式抽象地代表了一切财富。并且，货币作为财富普遍性的载体是可见的，所以人对货币的占有就是对普遍财富占有的确证，尽管这种占有是抽象的、外在的。相形之下，传统社会中人对作为劳动产品的自然财富的占有是一种具体的占有，劳动产品塑造了劳动者的个性，但也极其有限而缺乏普遍性。因此，就历史与现实来看，从自然经济中人对财富的具体而有限的占有状态到商品经济中人对财富的普遍却抽象的占有状态，内含了人的抽象发展：从个别到一般。

传统社会中人对财富具体而有限的占有方式与现代社会中人对财富普遍而抽象的占有方式，代表了人的需要发展的不同阶段性状态，对二者加以扬弃有望在未来实现人对财富既具体又普遍的占有。这背后依据的原理是抽象基于具体、普遍源于有限、一般寓于个别。其实，抽象与具体、普遍与有限、一般与个别原本是辩证统一的，它们被分离开来是由商品经济的抽象发展所致，而这种分离带来的结果极有可能产生人的异化。

在从商品到货币的发展中，马克思看到："货币代表商品的天上的存在，而商品代表货币的人间的存在。每种形式的自然财富，在它被交换价值取代以前，都以个人对于对象的本质关系为前提，因此，个人在自己的某个方面把自身对象化在物品中，他对物品的占有同时就表现为他的个性的一定的发展；拥有羊群这种财富使个人发展为牧人，拥有谷物这种财富使个人发展为农民，等等。与此相反，货币是一般财富的个体，它本身是从流通中来的，它只代表一般，仅仅是社会的结果，它完全不以对自己占有者的任何个性关系为前提；占有货币不是占有者个性的某个本质方面的发展，倒不如说，这是占有没有个性的东西，因为这种社会关系同时作为一种可感觉的外在的对象而存在着，它可以机械地被占有，也可以同样丧失掉。"① 可见，人拥有货币只是拥有抽象的财富，这种抽象的财富与人的个性只是一种外在的关系，而没有真正融入人的个性之中。所以，人很容易沦为"经济人""数字人"等抽象人格。

① 《马克思恩格斯全集》第 30 卷，北京：人民出版社 1995 年版，第 173—174 页。

　　然而，货币这种抽象财富的具体实现又取决于市场交易："我只有把货币当作纯粹为他的存在而付出去，才能实现货币的为我的存在。如果我把货币保留下来，它就会在我的手里蒸发为实际财富的纯粹的幻影。"① 也许，正是货币打开了另一种可能性空间，通过货币这种普遍性的交换媒介，并基于世界市场的发展，现代人对财富的占有转向对财富的共享，财富也从"为我的存在"转向"为他的存在"。这其中体现的便是我们通常所谓的"我为人人，人人为我"的至简道理。在"共享"理念中，人对财富的"占有"才是真正的占有，即具体而普遍的占有。换言之，符合个人自由而全面发展的财富占有一定是"占有"即"共享"，反之亦然。

　　（三）资本作为抽象劳动剥削工人具体劳动的创造

　　商品的抽象性发展并没有中止于从商品到货币，而是进一步由货币转化为资本。若从人的劳动审视这一抽象性发展，商品作为劳动产品是劳动对象化的结果，即劳动力被凝固为具体物。在商品社会，随着商品的使用价值被抽象为一般价值，人的各种对象化劳动也被抽象为一般意义上的、无差别的抽象劳动。同时，商品含有的抽象劳动数量被定义为价值量，通过货币值表现为市场价格。一般说来，当我们用货币来表达价值量时，会发现生产前的货币投资与销售后的货币回笼之间有价值量的明显增加。不过，带来价值增量的不是货币流通，而是生产过程，因为实际创造价值的不是抽象劳动而是具体劳动。在生产与流通过程中，货币成为生产资本，用于购买生产资料和招募雇佣工人，工人则在雇佣制度下暂时与资本家占有的生产资料相结合，使具体劳动发生以创造价值并带来价值增值。

　　实现资本增殖必须具备一定的生产资料，并且生产资料在雇佣劳动制度下须与工人劳动相结合。但资本家占有工人劳动创造的价值及其增量的社会条件却是劳动者与生产资料的先在分离。在资本主义生产资料私有制条件下，作为劳动者的雇佣工人没有生产资本或缺乏生产资料，这使得劳动者与劳动条件在劳动前后均处于分离状态，只在生产中暂时结合在了一起。于是，资本的抽象状态即资本家拥有货币便造成一种资本独立存在的假象。对此，马克思指出："货币转化为资本，是以劳动

────────────

① 《马克思恩格斯全集》第30卷，北京：人民出版社1995年版，第188页。

的客观条件与劳动者相分离、相独立的那个历史过程为前提的"，而且"资本一旦产生出来并发展下去，其结果就是使全部生产服从自己，并到处发展和实现劳动与财产之间，劳动与劳动的客观条件之间的分离。"① 可见，资本主义的生产基于这种分离，使劳资关系发生了本末倒置。

对于雇佣工人来说，生产条件与生产者的分离使他们无所依凭，很难实现其主体性。相反，为了生存下去，他们只好让自己降为与生产条件相同的客体地位，在劳务市场上把自己的劳动力当作商品卖出去，以换回维持其生存条件的工资。如此不断地出卖劳动力，造成工人的主体性日益丧失，活劳动越来越被资本所榨干。这是具体劳动被抽象劳动所支配在劳资关系上的表现。马克思指出："活劳动的客观条件对于作为主体存在的活劳动能力来说，表现为分离的、独立的价值，因而活劳动能力对于客观条件来说，也只是表现为另一种价值（它不是作为价值，而是作为使用价值来同客观条件相区别）。这种分离一旦成为前提，生产过程就只能新生产，再生产这种分离，而且是在更大规模上再生产这种分离。"② 显然，这种分离基于劳动力商品化，是劳动力作为一种使用价值被资本购买而造成的。

如果说工人被降为与生产资料相同的地位、其活劳动的价值只是物的价值，那么拥有生产资料的资本家便成为生产过程的主人，操控了所有的生产要素，包括生产资料和活劳动。从资本看到其背后的资本家，从生产过程看到其背后的社会权力，马克思认为，资本主义生产是资本这种死劳动对工人活劳动的掠夺，是资本家对工人的剥削。在马克思看来，这既是物升格为人又是人降格为物的双重异化。他指出："劳动的客观条件取得了与活劳动能力相对立的主体的存在——从资本变成资本家；另一方面，劳动能力与它自己的条件相对立的单纯主体的存在，使劳动能力具有对于这些条件来说只是无所谓的客观形式——劳动能力只是具有特殊使用价值的价值，而与实现它自身的条件，即与具有别种使用价值的各价值相并列。"③

然而，国民经济学家看到的只是生产过程中的物而遗忘了人，只见

① 《马克思恩格斯全集》第 30 卷，北京：人民出版社 1995 年版，第 507 页。
② 《马克思恩格斯全集》第 30 卷，北京：人民出版社 1995 年版，第 454 页。
③ 《马克思恩格斯全集》第 30 卷，北京：人民出版社 1995 年版，第 454 页。

资本和产品却无视其后的资本家和雇佣工人。实际上，资本主义的生产过程除了生产产品和资本这些物，同时还生产了资本家和雇佣工人，他们也是"资本价值增值过程的主要产物"。所以，"在资本的概念中包含着这样一点：劳动的客观条件（而这种客观条件是劳动本身的产物）对劳动来说人格化了，或者同样可以说，客观条件表现为对工人来说是异己的人格的财产。资本的概念中包含着资本家。"① 正因如此，马克思提醒我们注意："有些社会主义者认为，我们需要资本，但不需要资本家，——这是完全错误的。"② 从物看到其背后的人，将现实的物置于人际关系之中，这是一种具体性思维的体现。

　　资本主义制度下的雇佣工人相比于奴隶制和封建制下的劳动者无疑是一种前所未有的自由解放，通过商品、货币和劳动力市场，劳动者摆脱了人身依附关系而获得个人的相对独立和自由。但是，由于丧失了生产资料，劳动者无法通过自行生产而生活下去，只能出卖自己的劳动力来维持生存。而且，工人劳动力被当作一般商品使用，使其在市场交易中失去了质的丰富性，而换来的只是量的贫乏性，这是作为抽象劳动的资本对工人活劳动的一种抽象异化。

　　这种抽象异化是资本剥削劳动所需的必要条件。在原理上，依据的是抽象对劳动力这种特殊商品实施同质化、数量化的处理。"由于工人把他的使用价值换成财富的一般形式，他就在他得到的等价物的界限内——这是量的界限，它当然会像在所有的交换中一样转变为质的界限——成为一般财富的分享者。但工人既不受特殊对象的束缚，也不受满足需要的特殊方式的束缚。工人的享受范围并不是在质上受到限制，而只是在量上受到限制。这就把工人同奴隶、农奴等等区别开了。"③ 无疑，从质的限制到量的限制是一次根本性的解放，因为量变相较质变更为简单。但这种单纯落在数量上的解放是抽象的，人的发展也会因此陷入单向度的状态。真正的解放应该是在质的限制和量的限制上取得双重突破，表现于社会历史发展中，便是对前资本主义社会的人身依附关系和资本主义社会的金钱支配关系的双重超越。

---

① 《马克思恩格斯全集》第30卷，北京：人民出版社1995年版，第508页。
② 《马克思恩格斯全集》第30卷，北京：人民出版社1995年版，第508页。
③ 《马克思恩格斯全集》第30卷，北京：人民出版社1995年版，第242—243页。

三、剩余价值论的具体性诉求：对象化劳动至活劳动

剩余价值论的具体性诉求在于透过资本增殖的现象，揭示出雇佣工人的活劳动创造价值的本质。马克思分析了资本主义生产过程中资本与劳动的关系。从人的主体性看，劳资关系的实质是资本作为对象化了的死劳动与生产过程中工人活劳动之间的不对等关系，即物与人、客体与主体、继承性与创新性之间的不对等关系。故意忽视这种本质上的区别而根据物、客体和继承性诸方面作同质化和数量化的处理，然后进行抽象的等价交换，这是资本主义的生产原理，也是国民经济学家关于资本的抽象认知。马克思则与此相反，认为唯有人、主体和创新性这些方面才是价值和剩余价值的根本来源。此外，资本主义生产劳动的抽象性也塑造了资本家和雇佣工人两类抽象人格。但从整个人类历史发展的角度审视，资本主义仍有其历史地位和进步意义，即它为人类解放奠定了物质性的基础。

（一）资本增殖来源于活劳动在生产中创造价值

剩余价值因资本增殖而产生，资本增殖来源于生产过程，是工人活劳动创造的结果。从人的本质力量之对象化看，工人的活劳动在生产过程中被转化成为了劳动产品，劳动产品则作为生产资料成为再生产的物质条件。在商品生产中，资本家拥有资本即生产资料，但资本家只有进行投资也就是把生产资料用于生产和再生产之中，才能使资本增殖。然而，实际上作为生产资料的资本已是对象化了的死劳动，它只能被转移价值，即将生产中消耗的原料价值和磨损的工具价值转移到产品中，改变使用价值的物质形态，而无法实现价值总量的增减。所以，唯有活劳动即当下作用于生产资料的劳动力才是创造价值的源头活水，才是资本增殖的真实原因。马克思对此形象地比喻说："劳动是酵母，它被投入资本，使资本发酵。"①这一"发酵"的过程就是生产劳动，其中生产资料被劳动者在生产过程中消费了，劳动者的活劳动或劳动力则被对象化为劳动产品，于是"发酵"后的资本便由于追加了新的对象化劳动而带来了其价值增值。

在通常情况下，活劳动作为工人自身拥有的劳动力是依存于工人身

---

① 《马克思恩格斯全集》第 30 卷，北京：人民出版社 1995 年版，第 256 页。

上的，是其生命力的直接体现。所以，活劳动经常被视为主体具有的一种属性，无需客观对象便能存在。但在马克思关于人的本质力量对象化的理论中，活劳动必须经由对象化才能得以物质实现。况且，原料和工具也不是自在自为的存在对象，它们同样是活劳动对象化的结果。马克思采用的比喻是："在生产过程本身中，活劳动把工具和材料变成自己灵魂的躯体，从而使它们起死回生。"从资本增殖的角度分析，由于价值不过是对象化的人类劳动，所以活劳动在生产中起到两方面的作用：一方面，通过自身的对象化追加新的劳动量，使劳动产品的价值量增加；另一方面，"使物化在资本的各个组成部分中的过去劳动得到保存，从而使原有的资本的价值得到保存"①。换言之，由于活劳动在生产中成为对象化劳动，使得"活劳动不仅追加新价值，而且正是通过在旧价值上追加新价值的行为，也保存了旧价值，使其永久化。"②这是说，活劳动本身通过对象化不仅追加了产品的劳动量或价值量，同时也激活了原料和工具中早已对象化了的劳动，并使其所含的价值量因发生转移而得以保存。

在资本主义条件下，已经对象化的活劳动变成资本而为资本家所占据，雇佣工人拥有的却只是无所依凭的活劳动或自身的劳动力。从劳动交换看，资本与活劳动之间的交换是，"作为自身保持的价值的对象化劳动同作为这种对象化劳动的使用价值的活劳动之间的交换。"但这种交换在根本上是不对等的，因为资本代表客观普遍的一般价值，雇佣工人的活劳动则是一种具体的使用价值。并且，活劳动这种使用价值"不是供某种特定的享用或消费的使用价值，而是用来创造价值的使用价值。"③可见，资本家剥削工人反映在哲学上是抽象对具体的控制，是物对人的支配。

尽管资本为资本家所有，但资本与工人在生产过程中必须结合在一起。因为资本作为对象化劳动在生产过程中须得成为生产资料，作为必不可少的原料和工具让活劳动起作用，否则的话，工人便像"巧妇难为无米之炊"那样不能进行生产活动了。"从最广泛的意义来说，任何东西，甚至纯粹由自然提供的对象，例如石头，也必须先通过某种活动被占有，然后才能用作工具，用作生产资料。"并且，"任何一种劳动，甚

---

① 《马克思恩格斯全集》第 30 卷，北京：人民出版社 1995 年版，第 333—334 页。
② 《马克思恩格斯全集》第 30 卷，北京：人民出版社 1995 年版，第 333—334 页。
③ 《马克思恩格斯全集》第 30 卷，北京：人民出版社 1995 年版，第 462 页。

至是最不发达的劳动，如狩猎、捕鱼等等，都要有一个前提，就是把过去劳动的产品用作直接的活劳动的手段。"①

活劳动作为雇佣工人的劳动力本是其创造价值的一种主体力量，具有最大的现实性，而原料和工具只是从属于这种现实性的可能性，必须通过活劳动转化才能成为一种新的现实性，即对象化的物质产品。但在资本主义制度下，劳动与资本的关系却本末倒置，活劳动与作为原料和工具的资本发生了现实性与可能性的颠倒，"劳动这种一般财富同资本相反，在资本上，财富是作为对象即作为现实性而存在，劳动则表现为财富的一般可能性，这种可能性在活动中得到实现。"② 显然，造成这种倒置的社会原因是资本主义的私有制。资本家占有生产资料成为生产的支配者，而雇佣工人却不得不靠出卖劳动力来维持其生活，成为生产的受控者。资本通过资本家由客体上升为主体，成为资本主义生产体系中最大的现实性力量，发挥资本逻辑的支配性作用。

从发生学视角看，资本其实来源于劳动。现阶段的生产资本是由上阶段的劳动通过对象化产生的。而在再生产中，活劳动的添加使资本增殖，并持续展开为一个资本积累的过程，所以马克思指出，"资本是积蓄的劳动"③。这种"积蓄的劳动"成为新的活劳动创造价值的生产条件，使活劳动源源不断地被资本化，从而资本这种"积蓄的劳动"发生了增殖。可见，资本家获利在根本上来源于工人劳动创造的结果，而生产中"人加进商品的份额越大，死资本的利润就越大。"④ 显而易见的是，资本的利润或剩余价值就是工人在生产中消耗的劳动力所创造的一部分价值。

（二）活劳动与劳动条件的分离产生两类人格

活劳动与劳动条件的相互分离在资本主义生产中产生了两类人格，即雇佣工人和资本家。尽管在劳务市场中，资本家和工人似乎处于劳资双方自由买卖的交换状态，但这两类人格归根结底还是基于生产过程的要素分离而产生，即活劳动与劳动条件的分离。因而，资本主义劳资关系的前提是"劳动的客观条件在工人方面作为跟他相分离的东西、作为

---

① 《马克思恩格斯全集》第 30 卷，北京：人民出版社 1995 年版，第 213 页。
② 《马克思恩格斯全集》第 30 卷，北京：人民出版社 1995 年版，第 253—254 页。
③ 马克思：《1844 年经济学哲学手稿》，北京：人民出版社 2000 年版，第 22 页。
④ 马克思：《1844 年经济学哲学手稿》，北京：人民出版社 2000 年版，第 24 页。

资本出现，和工人在资本家方面作为无财产者、作为抽象工人出现。"①
不难发现，雇佣工人和资本家表面上来源于市场自由交换，即雇佣工人
出卖劳动力，雇主资本家以工资（劳动力的价格）作为条件与工人进行
交换。但实际上，资本家与雇佣工人均产生于生产过程之中。马克思看
到这一点，指出使资本"成为资本家的，不是交换，而是这样一个过程：
他在这个过程中不经过交换就得到了对象化的劳动时间，即价值。"② 所
以，从"生产→分配→交换→消费"的几大环节看，正是生产决定了分
配、交换和消费。进而，从生产到生活、从经济到社会，工人和资本家
的对立被泛化为社会身份和人格类型的对立："以致劳动条件作为他人的
财产，作为另一个法人的实在，作为这个法人的意志的绝对领域，同活
劳动能力相对立"。③ 无疑，雇佣工人与资本家的身份和人格的对立反过
来又巩固了劳动者与生产资料不正义的分离，即巩固了生产过程中资本
与劳动的对立。

随着资本主义再生产的发展，资本和劳动的对立关系不断再生产出
资本家和工人的对立关系。这种对立的生产关系和对立的社会关系不断
再产生出资本主义社会对立的两类人格："在这个过程中工人把他本身作
为劳动能力生产出来，也生产出同他相对立的资本，同样另一方面，资
本家把他本身作为资本生产出来，也生产出同他相对立的活劳动能力。
每一方都由于再生产对方，再生产自己的否定而再生产自己本身。资本
家生产的劳动是他人的劳动；劳动生产的产品是他人的产品。资本家生
产工人，而工人生产资本家，等等。"④ 而无论是资本家还是工人，他们
都是源于活劳动与劳动条件相分离的抽象人格。

（三）资本主义为人的解放奠定了物质性基础

人的解放很大程度上是指摆脱了自然限制和社会束缚，使人的自由
个性充分发展，并处于对自然财富和社会联系普遍占有的状态。因而，
考察任何一种基于生产劳动而带来的人的解放及自由个性发展的人类社
会形态时，都必须考察其人与自然、人与社会两大方面的现实处境。资
本主义社会在这两大方面发挥过积极的历史作用。首先，在人与自然关

① 《马克思恩格斯全集》第30卷，北京：人民出版社1995年版，第480—481页。
② 《马克思恩格斯全集》第30卷，北京：人民出版社1995年版，第285页。
③ 《马克思恩格斯全集》第30卷，北京：人民出版社1995年版，第443页。
④ 《马克思恩格斯全集》第30卷，北京：人民出版社1995年版，第450—451页。

系方面，资本主义消除了前现代社会人们对于自然盲目崇拜的心态，通过科学技术和工业革命解放了新的生产力，让自然界按人的需要发生转化，使人工物极其广泛地取代了自然物。这是因为，资本主义的商品生产"需要探索整个自然界，以便发现物的新的有用属性；普遍地交换各种不同气候条件下的产品和各种不同国家的产品；采用新的方式（人工的）加工自然物，以便赋予它们以新的使用价值"。

其次，在人与社会关系方面，资本主义社会"同样要发现、创造和满足由社会本身产生的新的需要。培养社会的人的一切属性，并且把他作为具有尽可能丰富的属性和联系的人，因而具有尽可能广泛需要的人生产出来"。可见，资本主义社会无论是开发自然的生产力，还是组织社会的生产关系，都出于商品生产和流通的需要。而在其中，发现自然界的新属性与培养文明人的新需要是相互促进的，因为各种使用价值的生产最终必须通过人的消费来完成，促使人发展出多方面的享受能力，"这同样是以资本为基础的生产的一个条件。"① 因此，资本主义的商品经济促进了人与自然关系、人与社会关系的现代发展。

在人类发展史上，资本主义对人的自由个性发展起到了前所未有的解放作用。这是因为资本"创造出社会成员对自然界和社会联系本身的普遍占有。由此产生了资本的伟大的文明作用；它创造了这样一个社会阶段，与这个社会阶段相比，一切以前的社会阶段都只表现为人类的地方性发展和对自然的崇拜。只有在资本主义制度下自然界才真正是人的对象，真正是有用物；它不再被认为是自为的力量；而对自然界的独立规律的理论认识本身不过表现为狡猾，其目的使自然界（不管是作为消费品，还是作为生产资料）服从于人的需要。"②

资本主义所起的历史作用为共产主义社会的人类解放创造了必要的物质条件。就时间占有而言，人的解放必须拥有足够可以自由支配的时间才谈得上自由发展。现代人拥有越来越多可以自由支配的时间，这为他们自由地从事科学、艺术等精神文化创造提供了必要条件，现代社会巨量的剩余劳动或剩余财富也为个人自由创造奠定了物质基础。若将上述必要条件与物质基础相结合，现代人便有了解放的可能性。但资本主义生产并占有这种物质条件则是基于阶级分化或对立之上，"因为一个人

---

① 《马克思恩格斯全集》第30卷，北京：人民出版社1995年版，第389页。
② 《马克思恩格斯全集》第30卷，北京：人民出版社1995年版，第390页。

或由许多个人形成的阶级被迫去从事满足自己的迫切需要以外的更多的劳动，也就是因为在一方面创造出剩余劳动，所以在另一方面才创造出非劳动和剩余财富。"不过，在资本主义社会中，资产阶级占有财富的现实性也预示了无产阶级共享财富的可能性："从现实性来看，财富的发展只存在于这种对立之中；从可能性来看，财富的发展正是扬弃这种对立的可能性。换句话说，因为一个人只有当他同时满足了另一个人的迫切需要，并且为后者创造了超过这种需要的余额时，才能满足他本人的迫切需要。"① 这种观点正如民谚所谓"我为人人"和"人人为我"，也是《共产党宣言》中"每个人的自由发展是一切人的自由发展的条件"的体现。

四、历史唯物主义论人的发展的具体性

在历史唯物主义看来，人的发展是一个历史过程，并处于一定社会形态之中。历史唯物主义从社会历史观这一宏观视域诉求人的发展的具体性，现实地考察人的发展情况。按照马克思关于人类解放三大阶段的划分，即传统社会的人身依附阶段、现代社会的人的相对独立阶段，以及未来社会的人的自由全面发展阶段，不难发现在资本主义社会中，人虽然基于商品和市场摆脱了直接的人身依附关系，却因受物的支配而处于异化状态，所以必须扬弃这一阶段异化后才有可能进入更高的独立发展阶段。这种扬弃既要超越现代人基于物的抽象生存状态，尤其要消灭资产阶级对工人阶级的残酷剥削，同时又要充分利用工业化的伟大成就，丰富人的感性能力并掌握现代科学知识，促进人趋向自由而全面发展的理想境界，不断将社会各种力量转化成为人的自觉自为发展的本质力量。

（一）人的发展的三个历史阶段与资本主义

从人类解放和自由发展去看，马克思将人的发展分为三个历史阶段：古代封建社会的人身依附阶段、现代商业社会的独立个体阶段、未来理想社会的自由个性阶段。这三个发展阶段的区分基于当时不同的社会历史条件和物质生产水平。古代封建社会相对闭塞，其生产和交往局限于比较狭小的范围内，人身依附关系是社会的主要关系。现代商业社会是开放的社会，其生产和交往的范围因分工出现而日益扩大，人凭借商品

---

① 《马克思恩格斯全集》第 30 卷，北京：人民出版社 1995 年版，第 379—380 页。

和货币获得了相对的人身独立性，市场和契约是社会的主要关系。未来理想社会被设想为自由人的联合体，那时"建立在个人全面发展和他们共同的、社会的生产能力成为从属于他们的社会财富这一基础上的自由个性"是人的发展的理想阶段。①

在上述三个阶段中，资本主义开启的现代商业社会处于承前启后的重要位置。一方面，现代商业社会使人的发展进入第二个阶段，获得了很大程度的解放和自由，虽然这远未达到理想状态，甚至可能沦落到一种商品拜物教的异化地步。不过，这一阶段的历史意义是不可否认的，在马克思看来，"以物的依赖性为基础的人的独立性，是第二大形式，在这种形式下，才形成普遍的社会物质变换、全面的关系、多方面的需要以及全面的能力的体系。"纵观人的历史发展的全过程，"第二个阶段为第三个阶段创造条件。"②

另一方面，现代商业社会不同于传统封建社会，生产分工和市场交换都发展至空前的规模水平。对于分工和交换之间的关系，古典经济学家认为分工基于交换。他们看到，"古代的（以及封建的）状态随着商业、奢侈、货币、交换价值的发展而没落下去，现代社会则随着这些东西同步发展起来。"③ 在斯密等人看来，"因为分工是从交换的倾向产生的，所以分工依交换的大小、市场的大小而发展或受到限制。在进步的状态下，每个人都是商人，社会则是商业社会。"④ 但从根本上说，交换则来源于分工。历史唯物主义就此而论，生产力发展最终决定生产关系，即生产分工的发展最终决定了市场交换的产生，而非相反。同样对于人的发展而言，人的生产劳动最终决定了人的发展水平，而非拥有商品或货币的多少。

资本主义社会作为现代商业社会的一个典型，马克思认为，它是一种历史的形态，而非永恒的形态。一些资产阶级经济学家却把这一社会形态看作是永恒的，并认为其中的自私自利的利己主义者、只按经济理性规划和行动的"经济人"便是符合人的本性的"最后的人"。对此，马克思对斯密、李嘉图等18世纪的经济学家进行了批判，指出"按照他

---

① 《马克思恩格斯全集》第30卷，北京：人民出版社1995年版，第107—108页。
② 《马克思恩格斯全集》第30卷，北京：人民出版社1995年版，第107—108页。
③ 《马克思恩格斯全集》第30卷，北京：人民出版社1995年版，第107—108页。
④ 马克思：《1844年经济学哲学手稿》，北京：人民出版社2000年版，第137页。

们关于人性的观念，这种合乎自然的个人并不是从历史中产生的，而是由自然造成的。这样的错觉是到现在为止的每个新时代所具有的。"① 其实，"自然的个人"不过是人在历史发展中的一个阶段性特征而已，若将其视为最终的人性，则仅仅是关于人的发展的具体性的一种抽象观念。

抽象的"自然的个人"在现代商品社会中的表现又是"孤立的个人"，即通过一种手段，"人作为孤立的个人只和自己发生关系"。但实际上，人的存在从最早的原始生存开始就是群居式的部落生活，尽管那不是现代意义上的社会组织。现代人作为"孤立的个人"，"只是在历史过程中才孤立化的"，市场交换带来了现代人的这种孤立化，因为货币作为市场普遍交换的一种主要手段，它使基于直接物品生产的传统群居生活变得非必要，以致部落社会解体了。然而，正是这种"使自己确立为一个孤立的个人所需要的手段，就又变成使自己普遍化和共同化的东西"②，为人的自由个性发展提供了一种抽象的可能性。无疑，货币这种交换手段在使人性普遍化和共同化的同时，也抽空了人性的丰富内涵。因为在货币社会的人际交往中，人们用普遍和共同的交换媒介货币来认定财富，甚至"把从你的生命和人性中夺去的一切，全用货币和财富补偿给你。"③

无论是非历史性的"自然的个人"，还是脱离社会的"孤立的个人"，其实都是将人的发展从社会和历史中抽绎出来的抽象观念。让观念重归现实有两个视角：从人与社会的关联看，抽象人性论派生抽象的社会学，但无法解释人的利他行为和道德情感，并远离了人们生活中的实际交往；从抽象与具体的关联看，这些抽象观念及其物化既超越了原始具体状态又蕴含了抽象异化的可能性，只有扬弃原始具体和抽象异化后才能进入理想状态。这是人的发展与社会历史的辩证法。

（二）资本主义社会中工人阶级的抽象异化

上述人的发展第二个阶段的抽象异化，对于无产阶级而言，表现为他们在生产劳动中遭受资产阶级的残酷剥削。然而，国民经济学家认为，雇佣工人的活劳动必须按商品化处理，按商品价格在市场上自由买卖，以满足生产过程中对劳动力的需求。但是，一旦劳动力作为商品被售卖，

---

① 《马克思恩格斯全集》第 30 卷，北京：人民出版社 1995 年版，第 25 页。
② 《马克思恩格斯全集》第 30 卷，北京：人民出版社 1995 年版，第 489 页。
③ 马克思：《1844 年经济学哲学手稿》，北京：人民出版社 2000 年版，第 123 页。

在劳动力剩余的劳务市场上其价格势必日益降低。马克思认为，"这种情况之所以必然发生，一部分是由于资本家和工人之间的竞争，一部分是由于工人之间的竞争。"① 况且，工人的劳动力也不像物质商品那样可以直接储蓄或积累，它是一种生命活动，离开食物等生存来源便会停止新陈代谢而死亡。就此而看，工人的生存条件甚至还不如农奴，在摆脱了人身依附关系的同时也丧失了依附性的生存条件。显然，这种基于商品而获得的人身独立性，对于无产阶级而言不仅是片面抽象的而且是极其残酷的。

劳动力商品化表现于资本主义生产中，就是工人的"活劳动"被视为"死劳动"，即简单等同于一种生产资料来对待，就像资本家对待其拥有的物质资本那样。通常情况下，"在劳动中，个人活动的全部自然的、精神的和社会的差别会表现出来，因而所得的报酬也各不相同，但死的资本总是迈着同样的步子，并且对现实的个人活动漠不关心。"② 这种漠不关心无疑是资本对于劳动、物质对于生命、抽象对于具体的掠夺或扼杀。当工人被资本家贬低至物的地位时，他们从事的仅仅是"一定的、极其片面的、机器般的劳动。随着工人在精神上和肉体上被贬低为机器，随着人变成抽象的活动和胃，工人也越来越依赖于市场价格的一切波动，依赖于资本的使用和富人的兴致。"③ 不难看出，在劳动力商品化和工人劳动机械化的背后隐藏着资本主义的剥削关系，工人阶级的抽象生存反映了资产阶级兴致勃勃的求利动机。

随着资本主义生产和交往的商品化，整个社会也对工人进行各种抽象的统治。"国民经济学把无产者即既无资本又无地租，全靠劳动而且是靠片面的、抽象的劳动为生的人，仅仅当作工人来考察。……不考察不劳动时的工人，不把工人作为人来考察，却把这种考察交给刑事司法、医生、宗教、统计表、政治和乞丐管理人去做。"④ 由此可见，资本主义社会对无产阶级的各种抽象治理，导致他们的生活丧失了多方面的价值和意义。

人的社会生活主要体现于消费领域。由于消费基于生产，生产内容

---

① 马克思：《1844 年经济学哲学手稿》，北京：人民出版社 2000 年版，第 18 页。
② 马克思：《1844 年经济学哲学手稿》，北京：人民出版社 2000 年版，第 9 页。
③ 马克思：《1844 年经济学哲学手稿》，北京：人民出版社 2000 年版，第 10 页。
④ 马克思：《1844 年经济学哲学手稿》，北京：人民出版社 2000 年版，第 14 页。

的同质化便会导致消费品质的简单化。资本主义的商品生产决定了工人阶级的消费生活丧失文化品位，甚至沦落到动物的水平。无疑，人不同于动物，人以文化的形式满足其基本的生理欲望，所以人作为消费者是有文化品位的。并且，人欲望的对象及其满足方式又都源自生产劳动。马克思指出，"饥饿总是饥饿，但是用刀叉吃熟肉来解除的饥饿不同于用手、指甲和牙齿啃生肉来解除的饥饿。因此，不仅消费的对象，而且消费的方式，不仅在客体方面，而且在主体方面，都是生产所生产的。所以，生产创造消费者。"①

之所以说"生产创造消费者"，是因为生产创造了消费对象，而消费对象又是人的劳动对象化的结果，即人的本质力量被实现。所以，生产不同的消费对象就创造出不同的生产者和消费者，就如艺术家生产"艺术对象创造出懂得艺术和具有审美能力的大众，——任何其他产品也都是这样。因此，生产不仅为主体生产对象，而且也为对象生产主体。"② 一般地说，人同时作为生产者和消费者基于生产和消费的相互统一，表现为两个方面：一方面，"生产为消费提供外在的对象，消费为生产提供想象的对象"；另一方面，"生产为消费创造作为外在对象的材料；消费为生产创造作为内在对象，作为目的的需要。"③

此外，人的生产和消费与自然的资源和环境直接相关，因而人与自然的关系也直接影响到人的生存发展。在资本主义制度的剥削下，人的生存发展所必需的阳光、空气、居室等基本的自然条件对工人阶级也不再具备了。常见的情形是，"完全违反自然的荒芜，日益腐败的自然界，成了他的生活要素。他的任何一种感觉不仅不再以人的方式存在，而且不再以非人的方式因而甚至不再以动物的方式存在。"④ 在马克思看来，除了分配和交换的极其不正义，资本主义更从生产和消费乃至自然环境，全面地剥削无产阶级，导致现代性社会"单向度的人"日益变成绝大多数贫困化的人。

（三）工业化生产促使人的解放和科学整合

资本主义生产方式的技术基础是工业化。从人的发展来看，工业化

---

① 《马克思恩格斯全集》第 30 卷，北京：人民出版社 1995 年版，第 33 页。
② 《马克思恩格斯全集》第 30 卷，北京：人民出版社 1995 年版，第 33 页。
③ 《马克思恩格斯全集》第 30 卷，北京：人民出版社 1995 年版，第 34 页。
④ 马克思：《1844 年经济学哲学手稿》，北京：人民出版社 2000 年版，第 121—122 页。

生产是现代人实现其本质力量的基本形式。可以说，工业史在某种意义上就是一部现代人的发展史，尽管它是一部劳动的异化史。根据人的存在的本体论，人作为一种对象化活动的存在，人的本质力量的实现是其对象化的实现，人的发展便是拥有和扬弃这种对象化。工业化生产使现代人空前地拥有了大量物品，即人的本质力量对象化的成果，同时也为扬弃这种异化的对象化存在准备了充分的物质条件。马克思指出："工业的历史和工业的已经生成的对象性的存在，是一本打开了的关于人的本质力量的书，是感性地摆在我们面前的人的心理学……因为全部人的活动迄今为止都是劳动，也就是工业，就是同自身相异化的活动，人的对象化的本质力量以感性的、异己的、有用的对象的形式，以异化的形式呈现在我们面前。如果心理学还没有打开这本书即历史的这个恰恰最容易感知的、最容易理解的部分，那么这种心理学就不能成为内容确实丰富的和真正的科学。"①

马克思所谓关于人的本质力量的"心理学"是对人的感性与其对象的关系研究。在他看来，人的感性或身体感官感觉能力是全部世界历史发展的产物。一方面，从对象而论，"不仅五官感觉，而且连所谓的精神感觉、实践感觉（意志、爱等等），一句话，人的感觉、感觉的人性，都是由于它的对象的存在，由于人化的自然界，才产生出来的。五官感觉的形成是迄今为止全部世界历史的产物。"另一方面，就主体来讲，"对于一个挨饿的人来说并不存在人的食物形式，而只有作为食物的抽象存在；食物同样也可能具有最粗糙的形式，而且不能说，这种进食活动与动物的进食活动有什么不同。忧心忡忡的、贫穷的人对最美丽的景色都没有什么感觉；经营矿物的商人只看到矿物的商业价值，而看不到矿物的美和独特性；他没有矿物学的感觉。"②无论从哪一方面看，人的感性发展与其对象发展都是一致的。所以，"为了创造同人的本质和自然界的本质的全部丰富性相适应的人的感觉，无论从理论方面还是从实践方面来说，人的本质的对象化都是必要的。"③

人的本质力量的对象化以人的感觉进化为标志。其中，对象作为人化的自然，人的本质作为社会历史的产物，都会从抽象回归具体、由简

---

① 马克思：《1844 年经济学哲学手稿》，北京：人民出版社 2000 年版，第 88—89 页。

② 马克思：《1844 年经济学哲学手稿》，北京：人民出版社 2000 年版，第 87 页。

③ 马克思：《1844 年经济学哲学手稿》，北京：人民出版社 2000 年版，第 88 页。

单变为丰富。这是人的发展从第二个阶段到第三个阶段的特征，表现为自然科学和工业生产两大方面的进步。在现代社会，自然科学通过工业生产日益进入人的生活，改造人的本质。这里面不可避免发生了脱离具体的抽象化发展，但那是实现人的解放的必经阶段。人与自然的主客关系，人对自然的科学理解，只有在工业化生产中才能获得发展，只有在工业史中才能揭示其关系的本质。故而，"如果把工业看成是人的本质力量的公开的展示，那么自然界的人的本质，或者人的自然的本质，也就可以理解了"，也就是说"在人类历史中即在人类社会的形成过程中生成的自然界，是人的现实的自然界；因此，通过工业——尽管以异化的形式——形成的自然界，是真正的、人本学的自然界。"①

鉴于人与自然的关系在历史中发展并最终从对立回归统一，我们需要转变现代观念，对人与自然关系的理解从外在转为内在，并形成人文科学与自然科学相统一的整个历史科学。因为"历史本身是自然史的即自然界生成为人这一过程的一个现实部分。自然科学往后将包括关于人的科学，正像关于人的科学包括自然科学一样：这将是一门科学。"②这种统一的历史科学将超越人与自然的二元论，克服现代科学的局限性和片面性，即社会科学只见"社会"不见"自然"，以及自然科学只见"自然"不见"社会"的分离格局。最终，自然界或人类社会或精神世界将被纳入关于人的发展这"一门科学"的视域中。

总之，工业化生产作为现代社会的物质基础和资本主义所达到的生产力水平，对于人的解放具有空前的历史意义。这是传统手工业劳动向现代工厂劳动转型的必要条件，正如马克思看到的那样，"凡是工业劳动高度发展的地方，也就是几乎所有手工劳动都变成工厂劳动的地方"。③诚然，工业化生产用工厂劳动取代手工劳动，用机器代替人手，用工业力量代替人畜力量，这一切使人在自然界的地位和作用发生了根本转变，为人从自然界中解放出来提供了基本条件。但是，在资本主义制度下，工业化生产也让人陷入资本求利必然性的支配之中。所以，人的解放和发展还需要具备社会方面的重要条件，即打破私有制对社会生产的垄断和消除资本家对工人阶级的剥削。

---

① 马克思：《1844 年经济学哲学手稿》，北京：人民出版社 2000 年版，第 89 页。
② 马克思：《1844 年经济学哲学手稿》，北京：人民出版社 2000 年版，第 90 页。
③ 马克思：《1844 年经济学哲学手稿》，北京：人民出版社 2000 年版，第 29 页。

第五章 怀特海从人类
经验诉求具体性

怀特海认为，科学和哲学均用范畴来理解现实，视现实为范畴的具体性例示，故抽象性在所难免，但避免将抽象范畴误认为现实或具体却是必须的。在他看来，"衡量一种哲学是否成功在于其思想被限制于范畴时，是否能够相对地避免这种谬误。"① 而近代科学和哲学关于宇宙实在的各种抽象观念其实已远离了现实的真相。为了获得宇宙实在的现实真相，怀特海对人类经验的一般结构展开了探究。本章就将在自然演化维度，说明怀特海从人类经验诉求具体性的哲学建构。与马克思聚焦人的劳动有别，怀特海关注的是人类经验。首先，他从本体论的高度出发，考察作为现实世界基本单元的"现实事态"，揭示其"过程"和"机体"的两个面相。其次，他基于人与自然的连续性提出"泛经验论"的观点，并揭示人类经验的一般结构是知觉象征，从而为知识和价值相结合奠定了经验基础。最后，他根据终极范畴"创造性"，描述了包括自然界、人类社会和我们经验在内的整个宇宙演化是一个天人合一的大化衍生过程，即从微观"现实事态"之不断生成上升到宏观"事件世界"之创造进展的总体过程。

一、过程哲学：具体性的形而上学建构

不同于各门科学对具体经验的实证研究，怀特海在最普遍的意义上处理抽象与具体的关系，从形而上学的高度建构了过程哲学或有机哲学的经验本体论。经验本体论建基于对"经验事件"（events of experience）的本体分析，以经验事件的基本单元"现实事态"（actual occasions）为核

---

① Alfred North Whitehead, *Process and Reality*, corrected ed. by David Ray Griffin and Donald W. Sherburne, New York: The Free Press, 1978, pp. 7–8.

心概念。"现实事态"是构成现实世界的"细胞"或产生经验事件的"瞬间"，此概念基于从微观量子事件到人类经验事件的一切事件概括而来。怀特海用这一概念作为"现实性细胞理论"（the cell theory of actuality）来"解释我们经验的所有要素"①，从而使形而上学与宇宙论相结合，在本体论上实现了抽象与具体的统一。

（一）形而上学与宇宙论：抽象与具体的关联

怀特海的过程哲学或有机哲学作为 20 世纪新兴的一种形而上学，旨在建构一个普遍观念的体系，把传统的审美、道德和宗教的直觉与现代的自然科学理论结合起来，以达到对人类经验范围最为广阔的哲学概括。在这种意图上，怀特海的过程哲学或有机哲学被称为"思辨哲学"（Speculative Philosophy）。对此，怀特海在其代表作《过程与实在》中有明确的概述。② 在该书怀特海给儿子的一封信中谈道："我正在尝试发展一种陈述方式，它适合物理学、生理学，同样也适合我们的审美经验。通常的哲学抽象不会做这种工作。"③ 可见，怀特海要对宇宙实在最一般的特征作一种思辨性观念构想。无疑，他的过程哲学或有机哲学就范畴形式而言是极其抽象的，但这种抽象基于人类经验之上并涉及人类经验的所有领域。因此，这种哲学图式并没有脱离具体性，反而保证了其解释现实的有效性。

《过程与实在》是一本形而上学的著作，其副标题却是"宇宙论"（an essay in cosmology）。这是因为形而上学与宇宙论在怀特海的过程哲学或有机哲学中被结合在了一起。如果说形而上学的功能在于提供一个一般框架，在最普遍意义上解释经验事实的本质，那么怀特海的形而上学目标则在于勾勒出最一般意义上现实经验可能性的必要条件，即一切可能世界存在的必要条件。相比于形而上学，怀特海认为宇宙论探讨的是关于现实世界的生成条件，而非可能世界的必要条件。所以，形而上学与宇宙论在过程哲学或有机哲学中是可能与现实、抽象与具体的关系。

① ［日］田中裕：《怀特海：有机哲学》，包国光译，石家庄：河北教育出版社 2001 年版，第 13 页。

② Alfred North Whitehead, *Process and Reality*, corrected ed. by David Ray Griffin and Donald W. Sherburne, New York: The Free Press, 1978, p. 3.

③ Victor Lowe, *Alfred North Whitehead: The Man and His Work* Vol. II: 1910 – 1947, Baltimore and London: The Johns Hopkins University Press, 1990, p. 223.

然而，对于各门科学而言，宇宙论关于现实世界一般特征的论述又成为它们的类概念。概括之，科学→宇宙论→形而上学，是一个从特殊到一般、从具体到抽象的普遍性提升次序，后者作为前者的假设被思辨地构想，而前者则是后者的现实表现。由此，科学和哲学、经验和理论被内在地统一起来。

在西方古典哲学传统中，形而上学（metaphysics）包括本体论（ontology）和宇宙论（cosmology），前者思考"存在"（being）的问题，后者探究"生成"（becoming）的问题。巴门尼德（Parmenides）、柏拉图及其哲学继承者将"存在"理解为一种抽象物，即处于"变动不居且虚幻不实的感官经验世界"之外的真实本体；不同于这一本体论思维，赫拉克利特（Heraclitus）、亚里士多德等后学者则倾向于揭示"生成"原理，提出"现实经验世界如何产生、发展和变迁"的宇宙论。然而，到了现代西方哲学传统那里，宇宙论却成为了形而上学"不可或缺的组成部分"，当今英语世界出版的有关形而上学"各种研究著作和手册、指南一类的书籍，几乎莫不如此。"①

从哲学和科学的关系看，怀特海的地位可比喻为 20 世纪的亚里士多德。在古希腊时代，亚里士多德将柏拉图纯粹理念的形而上学与当时的物理学结合起来，并作了知识上的排序。在亚里士多德看来，物理学之后是形而上学，前者是经验性研究，后者则提供经验性研究的理论基础。同样的排序在怀特海哲学中表现为基于 20 世纪自然科学最新成就的宇宙论及其形而上学的建构。受量子论和相对论新物理学的启发，怀特海将现实世界的本质理解为事件性的，以"过程"（process）和"机体"（organism）两大范畴建构了事件世界的生成性和包容性。现实世界在根本上是由事件构成的，各种事件可被分解到基本的、不可再分的原子式事件，怀特海称之为"现实事态"，它们是构成现实世界有机体的"细胞"。因此，过程哲学的宇宙论是关于"现实的细胞理论"（the cell theory of actuality），其形而上学宏图将是"构造能解释我们经验的所有要素，具有普遍性、逻辑性和必然性的观念体系"。② 再有，事件不是像实体那

---

① 彭国翔：《重思"形而上学"：中国哲学的视角》，载《中国社会科学》，2015 年第 11 期，第 62—63 页，脚注④。

② ［日］田中裕：《怀特海：有机哲学》，包国光译，石家庄：河北教育出版社 2001 年版，第 13 页。

样的独立存在，而是相互交织和彼此关联在一起的。所以，现实世界的一切事物都是"相互包容地生成"的各种机体。①

怀特海哲学的形而上学不是抽象超验的，也并非人类中心主义的，而是在自然宇宙的高度上重新审视人类的存在与发展。在《科学与近代世界》中，针对十七、十八世纪科学概念的抽象化以及理性主义的极度发展，他借华兹华斯（William Wordsworth）等浪漫主义诗人的自然诗来印证自己的有机自然观，批评"始于伽利略的近代科学的自然观建立在对生活世界遗忘的基础上"，强调科学和哲学的观念不能离开生活现实。② 怀特海的有机自然观超越了人类中心主义的立场，试图"在自然界诸种生命活动整体中为人类定位"，从宇宙论的高度揭示了"现代世界最深刻的问题——地球环境危机"，表现为"一种意义深远的生态学"。③

在怀特海哲学中，通过将宇宙论与形而上学相结合，经验事实与思辨理性获得了统一。如果说宇宙论讨论现实世界的生成和关联，那么形而上学则解释现实世界何以可能，即以理论上存在的无限可能世界作为假设，来说明现实世界是如何生成的。从可能到现实、从理论到经验，哲学追问的"存在"与"生成"被统一起来。一方面，"存在"的问题属于形而上学，怀特海将之视为可能世界的范畴，作为解释现实世界何以可能的先验条件；另一方面，"生存"的问题属于宇宙论，作为例示可能世界的具体事实。通过限定和决断，可能世界与现实世界的相互贯通便得到了说明。由于思辨哲学是关于宇宙论的形而上学条件的一般阐释，所以不妨称之为宇宙论的形而上学。

人类存在及其社会历史发展是大自然演化的最高级阶段和最具复杂特征的组成部分，于是分析人类经验便成为了宇宙论的主题。因此，《过程与实在》的副标题为"一篇宇宙论的论文"（an essay in cosmology），意味着本书包含了大量有关人类经验本质的论述。不过，这种关于人类经验的宇宙论分析并不关注具体科学层面上的特殊问题，而是对形而上

---

① ［日］田中裕：《怀特海：有机哲学》，包国光译，石家庄：河北教育出版社2001年版，第16页。

② ［日］田中裕：《怀特海：有机哲学》，包国光译，石家庄：河北教育出版社2001年版，第16页。

③ ［日］田中裕：《怀特海：有机哲学》，包国光译，石家庄：河北教育出版社2001年版，第17页。

学层面上关于经验可能性条件方面做出探讨。

（二）经验事件的综合性：抽象与具体的统一

怀特海在《过程与实在》中，以经验事件的生成来解释宇宙实在的过程性质。而构成宇宙实在的经验事件又内在地相互关联，产生微观及宏观上各种有机体的形态。所以，怀特海的过程哲学亦称有机哲学。经验事件作为宇宙实在的真相，乃是具体性的存在。现实世界的构成便是从微观的"现实事态"不断聚合到宏观的经验事件，并由同一系列相续事件稳定的生成模式生成表面上恒定的物体。

怀特海的过程哲学或有机哲学把宇宙实在描绘成不断演化和相互关联的诸多事件（events），而非传统哲学认为的永恒不变的、彼此分离的实体（substances）。于是，世界不是实体的集合体而是事件的共同体，可被视为"过程—关系"的世界。组成世界的这些事件是一种创造性的活动，由许多经验瞬间（moments of experience）的活动连续构成。经验瞬间是创造性活动的时间性单元，在怀特海哲学中被称为"现实事态"（actual occasions）或"现实实有"（actual entities）。"现实事态"强调活动发生的时间性，"现实实有"则凸显活动的个体性，但它们都是具有"过程—关系"特征的原子事件。"现实事态"是微观不可见的，我们所见的宏观事件或持续之物，乃是由"现实事态"组成的一个系列或一个群体。在一个现实事态组成的系列中，每一现实事态都继承了其前件的确定特征，从而表现为一个持续个体的存在；而在一个现实事态形成的群体中，一个现实事态与其他现实事态构成了机体与环境的关系，环境以特定的方式影响着其所环绕的机体。

过程哲学研究的正是经验事件个体性的生成过程。"这种个体性的生成过程的事例之一就是某一瞬间的人类经验，它将外部对象与人体内部当下刚发生的事件整合在一起而产生。过程哲学从这一事例中作了哲学概括。"① 在怀特海看来，正是基于经验事件，主体与客体才被统一起来。从生成过程来看，一个现实事态在自我创造中，作为一个主体就是成为对自己所是的东西，它一经生成便作为一个客体或对象而成为对他者所是的东西，这一转化就是前一个现实事态经由"对象化"（objectifi-

---

① Victor Lowe, *Alfred North Whitehead: The Man and His Work* Vol. I：1861 – 1910, Baltimore and London：The Johns Hopkins University Press, 1985, pp. 4 – 5.

cation）而成为后一个现实事态的对象。① 由此可见，主体和客体是同一现实事态在生成过程中先后经历的两个阶段的状况，一个现实事态在生成之际是主体性的存在，一经生成随即丧失了主体性而变为对象性的存在，即在"获得对象性（objectivity）同时，就失去了主体的直接性。"②

主体与客体的区分不是二元论的，它们在现实事态的生成过程中是彼此转化的。通过现实事态的合生与转变，主体与客体内在同一且先后转化。因为每一经验瞬间作为主体性的存在，都是通过感受此前所有其他经验瞬间（对象性的存在）而生成的，同时它自己也成为了未来经验瞬间新的对象。

近代哲学用静止的、孤立的实体观念理解主体与客体，形成了外在相关（externally related to）的主客关系。过程哲学则采用一种动态的、关联的事件观念，将主客关系理解为内在相关的（internally related to）。除此之外，由于同时存在的各种主体性的现实事态都感受了此前共同的其他经验瞬间，所以这些主体就不只是外在相关的，同时也是内在相关的。在怀特海的概念中，这可用主体间性（inter-subjectivity）来表达。无论是历时态的主客关系，还是共时态的主体间性，从自然演化过程到人类历史发展，都可以发现人与自然、人与历史的内在关联。有鉴于此，传统与现代、自然与社会共同形成了一个命运共同体，彼此之间的区别只是层次、规模和尺度不同而已。

在某种意义上，怀特海哲学是对西方近代哲学运动的一个总结。他认真研究了从笛卡尔、牛顿、洛克、休谟到康德有关人类经验基础的论述之后，提出了"有机哲学基本上是对前康德主义的思想方式的重新发现"。③ 这主要表现为对主体性原则（Subjectivist Principle）进行客观主义的改造。怀特海认为，近代哲学最先在笛卡儿和洛克论述中表达出来的主体性转向所依据的基本原理是："整个宇宙是由在主体的经验分析中

---

① Alfred North Whitehead, *Process and Reality: An Essay in Cosmology*, New York: The Free Press, 1978, p. 25.

② Alfred North Whitehead, *Process and Reality: An Essay in Cosmology*, New York: The Free Press, 1978, p. 29.

③ Alfred North Whitehead, *Process and Reality: An Essay in Cosmology*, New York: The Free Press, 1978, p. xi.

所揭示的元素构成的。"① 他认同主体性的转向，但不赞同表现在笛卡儿和洛克继而是休谟和康德哲学中的那种局限于人类精神意识的主体性观点。为此，他提出了"修改后的主体性原则"（Reformed Subjectivist Principle），即将主体性从人类推及自然，作出更加广泛的理解。这包括两方面的含义：一方面，参照康德把自我意识作为一个基本要素包括在认知主体自身的本质规定之中，怀特海也把有机体的自我组织功能（相当于人的自我意识活动）作为现实事态的基本特征包括在其个体性的生成之中，将人类的自我意识推广至自然界的自指特性，为人类主体性的自然起源提供了一种宇宙论的说明。另一方面，不同于康德，怀特海不是将自我意识视为主体性转向的一个必要条件，而是从自我意识中概括出其更一般的自指特性，那就是包括人类自我意识在内的一切现实事态都具有的普遍特性，即现实事态的自我组织的创造性过程。至于人类认知主体的自我意识，不过是一切现实事态自指特性的一个高级的、复杂的特例而已。显而易见，怀特海"修改后的主体性原则"既容纳了近代哲学主体性转向的基本原则，又坚持了客观实在论的立场，整合了主观主义和客观主义的合理之见。

传统唯物论对主客关系做了客观主义的解释，诉求独立于主体的客体。康德则对主客关系作了主观主义的理解，认为经验对象的统一性源于认知主体的自我建构活动。相对于传统唯物论，怀特海的观点也是主观主义的，他认为"除了主体的经验以外，只有纯粹的无"②。但相对于康德，怀特海的观点又是客观主义的，他把主客统一性置于经验对象本身的自我组织及其因果效应之中。于是，"在怀特海的形而上学中，主—客关系获得了一种比近代主观主义哲学传统所归于它的更为宽泛的意义。对于怀特海来说，主体性（subjectivity）的本质在于活动，思想或有意识的心理活动仅仅是它的一个特例。"③

怀特海"修改后的主体性原则"即综合了主观主义的客观主义信念可归结为一句话：我们所感知的实际要素本身就是主体和客体共同世界

---

① Alfred North Whitehead, *Process and Reality: An Essay in Cosmology*, New York: The Free Press, 1978, p. 166.

② ［英］怀特海：《过程与实在》，李步楼译，北京：商务印书馆2012年版，第261页。

③ ［美］唐力权：《脉络与实在——怀特海机体哲学之批判的诠释》，宋继杰译，北京：中国社会科学出版社1998年版，第17页。

中的要素。因此，被经验的实际事物"进入一个超越于认识之上但又包括着认识的共同世界之中"，或者说，"被经验到的事物和认识的主体在平等地位上进入共同世界。"① 如果说康德的哥白尼式革命是对传统客观主义的一次颠倒，那么怀特海的"修改后的主体性原则"则是对康德哲学的再次颠倒。但其实，无论是康德还是怀特海，他们的哲学创造都起因于对心灵与世界的那种和谐一致的惊异。"和康德一样，怀特海的图式可以因此被读作有关心灵与世界间高度相关性的可能性条件的一个纲要。"② 由此可见，自然宇宙与社会历史、客观实在与主观心理本来就是统一的和连续的。

二、泛经验论：人与自然的经验连续统

过程哲学或有机哲学不仅通过环境的开显在整体上视人与自然为相互统一的有机整体，而且经由进化论的揭示从根本上认为人与自然是一个经验连续统。人与自然的整体性和连续性的本体论根据不是惰性的物质，而是生命活动或经验事件。因此，经验不限于人类活动，还广泛地存在于自然界的一切演化中。这样的泛经验论为人与自然的关系提供了一个解释框架。在泛经验论的视域里，不仅人类活动而且整个自然界的一切生命现象都具有主体性或类似于主体性的经验，而人类具有自我意识的主体性经验只是自然界经验进化的高级阶段。对比之下，现代哲学则对人与自然的关系持一种二元论的观点：一方面认为，自然完全是物质性的，没有主体性、经验性和价值意义；另一方面又认为，所谓经验只是感觉经验，限于人类意识之内。这种二元论必然导致人类中心主义的立场，无法为保护生态环境提供本体论依据。

（一）人与自然在根本上是一个经验连续统

怀特海的有机哲学相对于现代哲学的二元论是一种后现代的形而上学。在人与自然关系的问题上，怀特海批评了现代机械论的自然观，建构了一种经验的形而上学。在他看来，人与自然在根本上是连续的，所以人类必须将自身的活动定位于自然界的生命活动整体之中，形成人与自然统一的有机整体。而且，这一有机整体不是一成不变的，而是不断

① ［英］怀特海：《科学与近代世界》，何钦译，北京：商务印书馆2012年版，第101页。
② ［美］菲利浦·罗斯：《怀特海》，李超杰译，北京：中华书局2002年版，第20页。

生成变化的。从起源上说，人类诞生于自然界的各种生命现象并由此进化而来，所以人与自然在根本上是连续统一的。这种连续统一基于自然生命活动的连续性和统一性，而非人类文化价值的独立性和特殊性。

现代哲学关于人与自然的二元论观点在认识论上典型地表现为康德的"自然两岔说"，即将自然界划分为"知觉的自然"（现象界）与"原因的自然"（本体界）。康德认为，"知觉的自然"为人类心灵所构造，时空秩序、因果规律等是心灵的先天结构所赋予自然的，或者说"心灵为自然界立法"。怀特海的观点则相反，认为"对于自然界出现的事件，心灵并没有提供任何决定事件特征的、形式化的东西，而仅仅是认识它们。"① 所以，应该说自然界为自身立法。虽然"知觉的自然"与"原因的自然"相对于人类心灵而分，有内外之别，但原则上两者属于同类。因为根据进化论的事实，人类的心灵和身体与自然界物质之间并没有不可逾越的鸿沟或存在着原则上的不同。人类心灵活动只是其身体和环境的一种高级功能，其自我反思的特性起源于自然界物质普遍具有的反应特性。不过，康德却提出"心理附加"的观念，指心灵将"异类的"性质附加到作为自然本身的"原因的自然"上面。如此说来，康德是在异类地思考人与自然，而怀特海是在同类地思考人与自然。两种不同思考的背后其实是二元论与一元论的分歧。

康德的"自然两岔说"对自然科学产生的影响是，抽象地将知识界定于"知觉的自然"范畴，从主观方面限定了人类的理性。为了完全理智地把握自然对象，科学研究的前提不仅要将人与自然二元化，而且必须让自然作为建构之物，以便"纯粹理性"能够设计或计算。于是，自然图景便如同一幅工匠制造机械的图景。并且，"纯粹理性"仅适用于"知觉的自然"，"原因的自然"因无法由纯粹理性所把握，只好被搁置一旁或干脆被过滤掉了。不同于康德设想的二元论自然观，怀特海在《科学与近代世界》中引用浪漫派自然诗人华兹华斯等人的诗句来解释自己的有机论自然观。在怀特海看来，"知觉的自然"与"原因的自然"其实同属于自然界有机整体的两个方面，两者只是在人类意识的层面被区分开的。二元论的自然观基于人类中心主义立场，误认为它们之间存在本体论上的不同，这属于一种"抽象被误置为具体"的错误。怀特海

① 陈奎德：《怀特海哲学演化概论》，上海：上海人民出版社1988年版，第46页。

批判这种与现实相脱离的抽象观念，要求"我们直接把握具体事实，即把握被科学分析所歪曲的事实"。他在书中专门用"浪漫主义的反作用"一章，试图从抽象回归于具体事实。①

在本体论上，二元论自然观与有机论自然观设定自然本体的根据不同。从康德的"自然两岔说"追溯到笛卡尔的心物二元论，自然界一直被认为是不具有经验和价值的。因为无论是康德作为"原因的自然"的"物自体"，还是笛卡尔刻画自然广延性的"物体"，自然界在他们眼里压根儿就是无经验的、无价值的。所以，他们不是将自然视为人类意识的建构，就是将之简单定义为广延性的物体。显然，康德过于高端的意识范畴和笛卡尔过于简单的物质定义，都偏离了适合探寻自然本体的视域。而怀特海将自然本体落实在生命活动或经验事件上，既超越了上述二元论的局限性，也暗合了现代物理学的质能转化原理（$E = MC^2$）、分子生物学的基因说等最新的科学事实。

由此，不难看出有机论自然观的综合性，自然的本体不是物质也非心灵，而是兼具两方面特征的生命活动或经验事件。在笛卡尔眼里，"组成世界的基本单位与其说是像松鼠那样的小东西，还不如说是像石头那样的小东西。怀特海……作了相反的假设：与其说分子类似石头，还不如说它更类似松鼠和人。"② 怀特海假设自然的本体"更类似松鼠和人"，意味着自然界在根本上是有经验的、有价值的。因此，自然界与人在本体上属于同类，均由生命活动或经验事件组成，"我们只要把人生过程中到处可以发现的价值经验编织到整个自然过程的经纬中去就可以了"。③在此，怀特海建构了一种有助于当代生态环境保护的经验形而上学，于是"很多人把他的著作视为传统机械论世界观的颇具前景的替代，为一个由相互依赖的关系网络构成的世界提供了一幅详细的形而上学图画。"④

---

① ［日］田中裕：《怀特海：有机哲学》，包国光译，石家庄：河北教育出版社2001年版，第16页。

② ［美］大卫·雷·格里芬：《怀特海的另类后现代哲学》，周邦宪译，北京：北京大学出版社2013年版，第96页。

③ Alfred North Whitehead, *Science and the Modern World*, New York：The Fress Press, 1967, p.93.

④ ［美］菲利浦·罗斯：《怀特海》，李超杰译，北京：中华书局2002年版，序言第5页。

（二）从特殊的人类经验到普遍的泛经验论

为了在生命活动或经验事件这一自然本体上广泛地论证人与自然的连续统一性，怀特海提出了自然界普遍具有经验的泛经验论观点，认为自然经验与人类经验相连续并形成统一体。他指出，一切有机体作为生命活动的存在都具有一定程度的主体性经验。主体性经验是从有机体生命活动的自为性来看的极其广泛的一般经验，可以包括但并非必然指向人类意识。或者说，"主体经验可以以一种渐次减弱的形式，属于人、动物、低级有机体，以及细胞（甚至原则上可以属于原子，虽然在此层次上，主体经验实际上可以忽略不计），但不属于石头、植物，以及其他非整合的堆积物。"① 怀特海哲学研究者格里芬（David Ray Griffin）等人将这种观点称为泛经验论，但它不同于泛心论或泛意识论。因为心灵或意识仅存于自然经验进化的极高层次，只是在具有中枢神经系统的高级生命形态中才出现。从本体上看，组成自然界的一般经验事态（occasion of experience）其生成过程的绝大多数都低于意识水平，处于无意识经验状态。而人类意识则出现在复杂的经验事态中，或有意识的经验只是在生物进化至很高阶段的机体组织上才有的现象，特别是反思性的自我意识往往只在人类经验特殊时刻才会产生。所以，具有自我意识的人类经验产生于自然界广泛存在的有机体生命经验。泛经验论为人与自然关系提供了一个经验连续统的解释框架。

泛经验论使主体经验获得了相比近代哲学传统所赋予它的更为广泛的意义。这基于对自然本体的不同理解，怀特海哲学视经验的本质为一种活动，意识固然是一种活动，但绝非一种本源性的活动，相比自然界广泛存在的其他生命活动，人类的思想或有意识的心理活动只是一个特例而已。不过，泛经验论在不少人看来，更像是将人类经验推及自然万物。这不太符合现代哲学将主体定位于人类的常识概念。因此，这种由人及物的推论需要进一步加以证明。对此，怀特海认为自然界一切有机体的自为生命活动已拥有主体经验的萌芽或端倪，这种观点源自他对人类经验的现成分析。正如有学者指出的那样："过程思想以人类经验为起点，经过概括和外推，发展出一套典型地体现于所有机体之中的哲

---

① ［美］伊安·巴伯：《当科学遇到宗教》，苏贤贵译，北京：生活·读书·新知三联书店 2004 年版，第 163 页。

学范畴。"① 但问题是，以人类经验为特例做出的哲学概括，何以保证这种概括具有普遍必然性？对这一问题的回答可分两个方面：第一，所谓"个别包含一般"。人类经验的特殊性中必定蕴涵着自然界的普遍性。所以，主体性经验可以从一般生命活动的自为性中找到其起源。第二，所谓"人体解剖是猴体解剖的一把钥匙"。人类具有自我意识的主体性经验，是把所有自然界中较低层次经验整合起来的最高层次经验。借由语言、理性、想象和社会交往，人类活动远远超出了自然进化史上任何一种生命活动的可能性，使得人类能达到更强烈、更丰富的经验水平。而这种最高层次经验无疑包含了所有较低层次经验的基本形式。

其实，人类经验在泛经验论视域中是一种抽象观点。因为人类对自然的观察和描述是从人类观点出发的一种透视，其中呈现的所有其他存在物都按照人类的立场有序地排列起来。然而，人类的观察和描述是有选择性的，观察者总是强调或突出对于自己具有特殊意义或重要性的经验要素。因此，人类形成的概念系统是一个抽象的框架，只界定了现实世界的某些特征，以便它们能在整体背景中清晰地得以呈现，成为被意识到的前景。但是，这种抽象离不开具体。按照机体与其环境的内在关系，人类存在只是自然脉络中的一个环节。因而，在人类直接经验（immediate experience）中已不可避免地包括了自然本身。

于是，"对直接经验的阐明是对任何思想的唯一辩护；思想的出发点在于对这种经验的组成成分做描述性的分析。"② 一个概念系统或一个哲学图式的普遍必然性是从直接经验中获得的："只有对于每一种经验而非碰巧被考察的那种经验都有适合性的哲学图式，才揭示了被观察到的经验结构。正如该图式所揭示的一般类型一样，一切相关的经验一定会在其中显示出同样的结构。因此，一个哲学图式具有'必然性'（necessary），指的是它具有担保自己遍及一切经验的普遍性的根据，只要我们把自身限定在可与直接经验进行交流之中。"③ 我们的直接经验乃是我们自身存在的基本事实，也因此成为形而上学的最终根据。主体性经验作为人类

① ［美］伊安·巴伯：《当科学遇到宗教》，苏贤贵译，北京：生活·读书·新知三联书店 2004 年版，第 200 页。

② Alfred North Whitehead, *Process and Reality: An Essay in Cosmology*, New York: The Free Press, 1978, p. 4.

③ Alfred North Whitehead, *Process and Reality: An Essay in Cosmology*, New York: The Free Press, 1978, pp. 3 – 4.

直接经验中的一种成分，其概念据于对直接经验的分析而确定，必定能够普遍地被应用于一切经验中。而我们通过主体性经验对一般经验结构做出普遍性的说明时，也会在自身中发现"遍及一切经验的普遍性的根据"。

三、人类经验：感觉资料及其象征结构

怀特海认为，我们对外部世界的经验实际上是由两种不同的直接知觉发生象征指涉构成的。一种称作"直接表象"（presentational immediacy），即通常所说的感觉。另一种称作"因果效应"（causal efficacy），凭借此我们能感受到周围环境的作用制约着我们当下的经验。不同于休谟将"感觉资料"（sense-datum）即"简单印象"（simple impression）直接认定为知觉经验的基础，怀特海分析了感觉资料跟外部对象与人的身体的双重相关性，认为因果效应才是知觉经验的基础，由此揭示了人类知觉象征的一般结构，并指出经过实践活动的检验才能纠正感觉资料可能产生的认知错误。

（一）感觉资料与身体相关

人对外部世界的感觉，包括视觉、听觉、嗅觉、味觉、触觉。这五种感觉分别通过眼、耳、鼻、舌、身五大感觉器官产生，使我们能够获得关于外部世界的感觉资料，如颜色、声音、气味、滋味、硬度等。这些感觉资料具有双重相关性，即"外部相关性和身体相关性"①，前者指向对象，后者关乎身体，因为感觉资料除了外部对象还得通过感觉器官才能产生。一般情况下，我们通过感觉资料能使外部对象的呈现处于比较清晰的有意识前景中，而感觉资料与我们身体的关系则处于比较模糊的下意识背景里，经过反思才能被揭示出来。

近代哲学的主流观点省略了感觉资料与身体的相关性。并且，在对五种感觉的关注中，十分强调视觉。然而，视觉所提供的信息是非常抽象的，只揭示了颜色不断变化的外部区域，视觉产生的概念也只能凸显有关物质实体的空间属性。怀特海对此作出批评："十八、十九世纪的认识论的弱点就是它纯粹地把自身奠定在感官知觉的狭隘公式上面，并且在各种感觉模式中，又把视觉经验挑选出来作为典型的范例。结果便是

---

① Alfred North Whitehead, *Modes of Thought*, New York: The Free Press, 1968, p. 153.

排除了所有构造我们经验的真正基本的因素。"① 而被排除的"真正基本的因素"正是身体与外部世界的基本关系。

我们对外部世界的直接表象以感觉资料为内容。颜色、声音、滋味等感觉资料，既描述了被感觉到的事物性质，同时也揭示了身体感官的真实情形。于是，这些感觉资料成为主体与对象之间的媒介。如果脱离了与身体的具体关系，把感觉资料仅当作对象的客观属性，那是一种抽象的观点。其实，感觉资料所反映的是对象与对象之间、对象与主体之间的关联方式。在这种关联中，主体和对象具有同等的本体地位，共同组成人和事物的世界。所以，外部事物先作为对象进入经验世界，成为我们经验的组成部分，然后通过我们的身体器官产生了感觉资料。

形成直接表象的"感觉资料"（sense-datum）即休谟所谓的"简单印象"（simple impression）。② 休谟认为一切"印象"及其"观念"，最终都从"简单印象"或"感觉资料"派生而来，这是精神科学或人性论的全部事实根据。其中，简单观念是简单印象的摹本；反省印象可追溯至感觉印象即感觉资料。不过，感觉资料则"由我们所不知的原因开始产生于心中"③。在怀特海看来，感觉印象或感觉资料产生的原因并非未知的。比如，视觉产生的原因是一束某一频率和波长的光粒子，刺激眼球后通过视觉神经抵达大脑，在大脑的视觉皮层区域发生高度复杂的反应，并整合了大脑其他部位的信息，产生了视觉印象。其中，身体的作用是必要条件。常识也告诉我们，视力减弱、酒精中毒等身体因素会影响人们的视觉印象。眼科医师、禁酒法令的存在也证明了人们知道视觉印象产生的原因。④

怀特海还引证了休谟质疑实体（substance）观念的一段原文："如果它是被眼睛所知觉的，那么这个观念必然是一种颜色；如果是被耳朵所知觉，那么它必然是一种声音；如果是被味觉所知觉，那么它必然是一

---

① Alfred North Whitehead, *Modes of Thought*, New York: The Free Press, 1968, p. 162.

② Alfred North Whitehead, *Symbolism: Its Meaning and Effect*, New York: Fordham University Press, 1958, p. 14.

③ ［英］休谟：《人性论》（上册），关文运译，北京：商务印书馆1980年版，第19页。

④ See Alfred North Whitehead, *Process and Reality: An Essay in Cosmology*, New York: The Free Press, 1978, pp. 170 – 172.

种滋味；……"① 原文中，"被眼睛"（by the eyes）、"被耳朵"（by the ears）、"被味觉"（by the palates）等知觉到的颜色、声音、滋味等感觉资料，它们通过身体器官被感知的方式恰好说明了它们所产生的原因。怀特海认为，产生感觉印象或感觉资料的原因在于外部环境作用于我们的身体及感觉器官，而这正是休谟在论说时不自觉地流露出来的人们不可能摆脱的常识信念（everybody's real conviction）②。

休谟坚持经验主义原则，完全用我们能够直接意识到的印象及其观念来解释外部世界，但又说感觉印象产生于未知的原因。这对后人的经验研究提出了一种不是开放性而是限制性的要求。怀特海认为，由于休谟预设了一切知识都基于感觉资料或源于对感觉经验的意识，这种限制性的要求阻碍了最近两个世纪的哲学发展。③ 事实上，休谟在质疑实体观念时也发现了纯粹感觉资料不能提供对自身的解释。怀特海赞同休谟的这一发现，并进一步指出："我与近代认识论的分歧在于它只强调感觉作为提供关于自然资料的唯一来源，而我认为仅感觉不能提供我们用以解释其本身的资料。"④ 怀特海对休谟的超越是在感觉之外，以另一种知觉方式解释了感觉印象或感觉资料产生的原因，即通过身体和环境而来的因果效应知觉。

（二）感觉资料的双重指涉

怀特海从感觉资料产生的原因中，揭示了其双重指涉（double reference）：一方面指涉"直接表象"，另一方面指涉"因果效应"。在直接表象中，感觉资料（颜色、声音等）揭示了当下世界（the contemporary world）中的事物性状以及彼此之间的空间关系；在因果效应中，感觉资料则传达了通过身体和感觉器官而来的外部环境作用信息，因为当下感觉资料的产生正是前一瞬间受外部环境影响的身体器官将其特性加于当前知觉之上的结果。因此，不同于机械唯物论或观念唯心论，也不同于物体与心灵的二元论，过程哲学对感觉资料的分析是："现实世界中感觉

---

① ［英］休谟：《人性论》（上册），关文运译，北京：商务印书馆1980年版，第27—28页。

② Alfred North Whitehead, *Process and Reality: An Essay in Cosmology*, Corrected Edition, New York: The Free Press, 1978, p. 171.

③ Alfred North Whitehead, *Modes of Thought*, New York: The Free Press, 1968, p. 74.

④ Alfred North Whitehead, *Modes of Thought*, New York: The Free Press, 1968, p. 133.

资料的介入不能以简单方式来表达，比如纯粹空间区域的限定或纯粹心灵状态的限定。作为知觉基础的感觉资料是由于外部环境作用及其身体器官效应才进入知觉的。"①

从感觉资料的双重指涉揭示出直接表象和因果效应后，怀特海对两者的可控性作出区分："我们经验的一部分（直接表象）是便于控制的，在意识中是明确的，而且亦能随意地再生。经验的另一种类型（因果效应）却是模糊的，不确定的，难于驾驭的，然而却是强烈的。"② 可见，感知主体承受因果效应的制约和支配，但对直接表象却有一定程度的调节自由。就内容而言，直接表象和因果效应对于世界的反映也有所不同。由直接表象知觉到的世界是具有清晰表象并能精确划分的空间世界，反映了宇宙实在的一个共时性的截面；而由因果效应知觉到的世界则是一个历时性的世界，它传达了宇宙实在的功能性活动，即过去对现在、现在对将来的制约性力量，迫使后者必须与前者保持一致。

其实，直接表象和因果效应作为知觉的两种基本模式也是相互关联的。这种关联可从"投射"和"客体化"加以说明。"投射"指直接表象的产生是由于生命机体将其承受的因果效应提升到生动而明确的前景之中，"以便很难区分的刚刚过去的外部世界的因果效应被沉淀在当下世界的代表性区域。这就是通常所说的感觉投射。"③ "投射"的前提是事先存在"被呈现的持续"（the presented duration），这是经由因果效应被把握到的"一条历史轨迹"（a historic route）。"客体化"则指过去的经验事态怎样构成当前的主体经验。一般而言，"知觉经验中的属性、品质和关系，这些抽象因素表达了环境中的现实事物成为经验对象的方式。"④ 或者说，所谓客体化就是环境成为经验对象的方式。可见，直接表象只是在环境的因果效应背景中凸现出来的前景而已。

---

① Alfred North Whitehead, *Symbolism: Its Meaning and Effect*, New York: Fordham University Press, 1958, p. 52.

② Alfred North Whitehead, *Symbolism: Its Meaning and Effect*, New York: Fordham University Press, 1958, p. 43.

③ Alfred North Whitehead, *Process and Reality: An Essay in Cosmology*, New York: The Free Press, 1978, p. 172.

④ Alfred North Whitehead, *Symbolism: Its Meaning and Effect*, New York: Fordham University Press, 1958, p. 17.

怀特海从感觉资料的双重指涉揭示了我们经验具有的两种知觉模式，尤其是发现了因果效应的知觉模式。休谟曾对实体观念作了批判，但没有深入去揭示感觉资料或感觉印象产生的原因，因而错失了发现因果效应的知觉模式。在休谟看来，我们虽然感知到坚固而持久的实体（如房屋、树木、桌子、石头等等），却找不到其存在的经验证据。于是他得出结论：对纯粹感知的分析，我们能发现的只是带有几何学特征（形状和空间关系）的感觉印象（颜色、声响、温暖、光滑等），但没有这些感觉性质所依附的实体。

怀特海同意休谟这一结论，并把休谟的纯粹感觉批判所得到的具有几何学特征的感觉资料视为直接表象的结果。他肯定休谟迈出了通向澄清人类知觉的重要一步，即把复杂的知觉经验还原到比较单纯的印象，或者说发现了直接表象的知觉模式。但休谟对人类知觉的分析就此止步，没有进一步探索比直接表象更为根本的因果效应的知觉模式，最终陷入了怀疑主义和不可知论。这一结局起因于他没有发现感觉资料的双重指涉，简单地认定直接表象是知觉的唯一模式，并以感觉印象作为最终的经验证据。显然，直接表象是对因果效应的一种抽象，休谟在此犯的正是一种"将抽象误置为具体"的错误。

（三）知觉的象征指涉及符号与意义

除了宗教仪式、语言习语、文化符号等一般象征形式，怀特海还将象征原理应用于知觉分析，揭示了知觉的象征结构。他在文化范畴之外，从人类经验的自然本性探究象征原理，提出知觉象征是所有象征中最基本的类型。何为知觉象征？比如，当我们面前放着一把椅子时，尽管我们所见的只是一个形体及其颜色，但我们仍能判断出那是一把椅子。我们对这把椅子的知觉可分析为两个方面，其一是知觉到其形状及颜色，其二是以某种用途、情感和思想享受那把椅子。对于这两个方面，我们会很自然地按照经验习惯从前者过渡到后者。从象征结构分析，眼睛所见的视觉印象是知觉象征的符号（symbol），随之而来的身体享用则是知觉象征的意义（meaning）。由此，怀特海更一般地给出了知觉象征的定义："当人类经验中的一些成分引出了关于其他一些成分的意识、情绪、信仰和习惯时，人类的心灵在发挥象征的作用。前一组成分是符号，后一组成分则是符号的意义。机体的这种作用，即从符号到意义的转变，可称为知觉的象征指涉（symbolic reference）。"①

　　也许，我们会从逻辑推理去解释知觉象征，认为知觉者是根据其以往对各种形状及颜色的经验，来推断面前那个有颜色的形体是一把椅子。但是，怀特海并不同意这种解释，他认为知觉象征不需要这种高级的推理活动。通常情况下，人类和动物都能自发地从视觉印象过渡到一把椅子的观念，可见这种知觉象征是人类和动物的生活本能。反之，只有艺术家才会集中注意力停留在对颜色或形状的审美思考之上。当然，对于训练有素的动物来说，想使它的活动停留在颜色或形状的知觉阶段也是有可能的，但抑制其复杂的逻辑推理却不必加以专门训练。因而，怀特海指出："这种从一种颜色及其形状向一个可被用于某种目的之对象的转变是一种非常自然的活动；反而知觉者（人和动物）要想抑制这种转变倒是需要仔细训练的。"②

　　怀特海进一步分析了产生知觉象征的两方面条件：一方面，感觉资料除了作为符号，还联结起"我们对外部世界的两类知觉内容"③，即直接表象和因果效应。因此，"感觉资料在知觉象征中起了双重作用"④，即符号和中介的作用。另一方面，知觉象征在这基础上必须依赖知觉者："知觉者的总体构造必然实现从一组成分即符号到另一组成分即意义的象征指涉"⑤，因而知觉象征也具有知觉主体的属性。正如陶匠而非陶器对造型负有责任一样，知觉主体对象征指涉及其结果也负有责任。只有当知觉主体设定了符号与意义并形成正确的象征指涉时，才能避免错误和由此而来的灾害。所以，"象征指涉中总的活动必须参照知觉者"。⑥

　　在知觉象征中，符号与意义可以是不固定的："经验中不存在一些成

　　① Alfred North Whitehead, *Symbolism: Its Meaning and Effect*, New York: Fordham University Press, 1958, p. 8.

　　② Alfred North Whitehead, *Symbolism: Its Meaning and Effect*, New York: Fordham University Press, 1958, p. 4.

　　③ Alfred North Whitehead, *Symbolism: Its Meaning and Effect*, New York: Fordham University Press, 1958, p. 13.

　　④ Alfred North Whitehead, *Symbolism: Its Meaning and Effect*, New York: Fordham University Press, 1958, p. 50.

　　⑤ Alfred North Whitehead, *Symbolism: Its Meaning and Effect*, New York: Fordham University Press, 1958, p. 13.

　　⑥ Alfred North Whitehead, *Symbolism: Its Meaning and Effect*, New York: Fordham University Press, 1958, p. 10.

分只能用作符号或者只能用作意义。然而，通常的象征指涉是由不太原始的成分作为符号，而较为原始的成分作为意义。"① 从生物进化史看，直接表象只是高等动物和人类才有的高级知觉模式，而因果效应却是一切机体都具有的原始知觉模式。所以，就人类知觉象征而言，直接表象一般被视作符号，因果效应一般被感受为意义。怀特海同样指出因果效应是最基本的知觉模式："感官知觉主要是高等机体的特征；但一切机体都有因果效应的知觉，由此周围环境对任何机体的活动功能赋予了条件。"②

知觉象征中的意义部分以因果效应的形式对我们产生作用，向我们宣告其不可抗拒的原始性存在。然而，我们通常只能通过符号来发现这种意义。"如果不是因为如此模糊不清和难于界定，那么这种控制力量、这种权能来源、这种具有内在生命和自身丰富内容的事物、这种在其天性中隐藏着世界命运的存在物，正是我们直接想要知道的东西。"③ 我们借助直接表象来把握因果效应，是因为直接表象产生于我们自身，根据我们接受或拒斥它们而得到加强、抑制和分化。但因果效应的源头却独立于我们之外，揭示的是外部世界的一般特征或塑造我们自身的一种无法躲避的物质力量。

（四）象征指涉的可错性与实践检验

分别而论，直接表象与因果效应作为人类的两种直接知觉本身是无所谓对错的，它们均是我们的"直接认识"（Direct Recognition）的基础。但是，人类的知觉实际上总是以"象征指涉"（Symbolic Reference）的方式将两种直接知觉结合起来，这种结合则可能有对错之分。从具体性出发，怀特海认为知觉中的象征指涉是我们一切现实经验的基础。他说："一切人类象征，无论深浅如何，最终都可以还原到这种基本的象征指涉，象征指涉将人类知觉以不同于其直接认识的抽象模式连结起来。"④

---

① Alfred North Whitehead, *Symbolism：Its Meaning and Effect*, New York：Fordham University Press, 1958, p. 10.

② Alfred North Whitehead, *Symbolism：Its Meaning and Effect*, New York：Fordham University Press, 1958, p. 5.

③ Alfred North Whitehead, *Symbolism：Its Meaning and Effect*, New York：Fordham University Press, 1958, p. 57.

④ Alfred North Whitehead, *Symbolism：Its Meaning and Effect*, New York：Fordham University Press, 1958, p. 7.

无疑，象征指涉这种人类经验的基本模式是在人类适应环境的实践中被有效地建构起来的。

把象征指涉视为人类知觉经验的基本结构，反映了我们在外部世界中的实际活动不可避免地会受到这种结构的支配。象征指涉存在于我们的知觉中，也存在于我们的行动、情感和目的中。然而，它很容易发生错误，因为它可以引起我们对于观念的感受、情绪、信仰和行动等，而某些观念也许在我们预设的世界中还没有得到例证。所以，象征指涉作为像人类这样的高等动物的一种经验结构，只有其象征功能经常得到经验证明，才有可能在事关重大的活动中取得成功。对于人类实践而言，认知和活动的错误便有可能始于其知觉的象征功能，"所以理性的任务在于正确理解和适当清理人类所依赖的符号。"① 正如象征指涉在一切高等动物的生命活动中都发挥着主导作用，人类也因象征指涉而获得了一种预测未来的能力："在当下的世界中能够相当准确地确定那些决定未来生活的遥远特征。但是，这种能力不是绝对不错的。显然，风险与价值成正比。"②

在实践中，象征指涉将两种直接知觉（直接表象和因果效应）原始地联结起来，使外部世界中的事物成为对我们所是的东西，如一个灰色的形状是一把椅子等。在人类认识上，知觉象征产生了作为我们经验中的感受、情绪、满足和行动的那类知觉材料，而当我们的理智以"概念分析"（conceptual analysis）③ 的方式插入其中的时候，知觉象征又作为概念分析的原始材料存在。相比之下，象征指涉对于人类实践的作用要比它对于人类认识的作用更为根本，因为即使当概念分析处于衰落时，知觉象征仍然在我们经验中占据支配地位。

知觉的象征指涉引起我们的情绪、目的和信仰的传递，所有这些内容正确与否并不是在当下对来自两种直接知觉的信息作比较就能验证的，而是必须诉诸将来的实践效果。正如实用主义认为的那样，现在感官知觉的正确性是由那些后来的感官知觉来检验的，而后来的感官知觉发生

---

① Alfred North Whitehead, *Symbolism：Its Meaning and Effect*, New York：Fordham University Press, 1958, pp. 6 – 7.

② Alfred North Whitehead, *Symbolism：Its Meaning and Effect*, New York：Fordham University Press, 1958, p. 59.

③ Alfred North Whitehead, *Symbolism：Its Meaning and Effect*, New York：Fordham University Press, 1958, p. 18.

于我们现在的行动之中，所以现在采取的行动实际上根据于那种等待检验的感官知觉是正确的假定。由此可见，基于后来经验的理智批评能扩大且清理原始经验的象征传递过程。在怀特海看来，理智之所以能够有效地辨别我们知觉正确与否，是基于从直接知觉到知觉象征的实践检验。

四、宇宙演化：创造性、过程·机体、事件世界

过程哲学或有机哲学的终极范畴是"创造性"，它通过作为创造性本体的现实事态之合生转化和宏观事件世界的创造性进展，揭示了宇宙实在的"过程"与"机体"两个面相。"过程"成为宇宙演化的基本模式，"机体"呈现事件世界的整体脉络。"过程·机体"的宇宙论和事件世界观超越了现代哲学的实体观和机械论的局限性，对于具体性或现实性有了更为全面的理解，重新确立了人在自然宇宙中的地位和人与世界万物的关系，为当代生态伦理和环保实践提供了宇宙论和世界观的根据。

（一）终极范畴创造性

怀特海把"过程哲学"（process philosophy）同称为"有机哲学"（philosophy of organism），以表示他将宇宙演化过程等同于世界有机整体的理解。① 在他看来，宇宙是一个有机体，其构成细胞是"现实事态"（actual occasion）。现实事态的概念来自对从量子事件（events of quantum）到人类经验瞬间（moments of human experience）无数类型事件的哲学概括②，可视为具体性或现实性的本体论根据。不同于近代科学的原子概念或现代哲学的物质概念，现实事态的本质是一种源于宇宙"创造性"（creativity）的活动。这种创造性作为"有机哲学的终极范畴"③，可相当于亚里士多德的"质料"范畴，但指的却是"纯粹活动的概念"④，实现于每一现实事态的生成过程和整个宇宙的创造性进展之中。

在《过程与实在》中，怀特海设计了一套普遍概念体系用于解释宇宙实在，揭示了一种终极性的力量。有人指出，"隐藏在这个体系背后的

---

① John B. Cobb Jr. and David R. Grifin, *Process Theology: a Introductory Exposition*, Philadelphia: Westminster Press, 1976, p. 7.

② John B. Cobb Jr. , *Whitehead word book*, Claremont, CA: P&F Press, 2008, p. 18, pp. 43 – 44.

③ Alfred North Whitehead, *Process and Reality*, New York: The Free Press, 1978, p. 7.

④ Alfred North Whitehead, *Process and Reality*, New York: The Free Press, 1978, p. 31.

是对永远处于过程之中的宇宙的洞察。这并非简单地意味着事件一个接着一个地无休止地发生。事件发生，连续地发生，是因为潜在于每一事件中和不同事件前后接替之间的一种宇宙力量，怀特海将这种力量命名为'创造性'。"① 现实世界被看作是一个创造性进展的过程，它是流变性与永恒性、多样性与统一性、具体事实与抽象形式的辩证统一，正是创造性才实现了这种统一。

创造性作为"终极范畴"（Category of the Ultimate）是抽象的，它必须通过"存在范畴"（Categories of Existence）获得对现实世界根本性质的解释。关于存在的范畴，怀特海指出两个极端：完全现实性的"现实实有"（actual entity）与纯粹可能性的"永恒客体"（eternal object），处于中间的则有"命题""对比""社群"等。"现实实有"是从世界多样性的合生中出现的现实统一体，"永恒客体"是使这种统一体成为可能的性质和样式。如果上述存在范畴解释了"实在的静态方面"（the static aspects of reality），即实现了的事实和永恒的形式，那么"创造性"范畴便解释了"实在的动力学特征"（the dynamic character of the real），即"为何实现了的事实以永恒的形式为媒介能够合生并形成一个新型样式的现在"。② 过程哲学认为，宇宙实在的动态方面要比其静态方面更为根本。所以，创造性原理是阐明各种存在的终极原理。质言之，过程哲学视世界的根本为活动过程而非静态物质。

在《科学与近代世界》中，怀特海用"潜在的活动"（underlying activity）、"实体性活动"（substantial activity）等来描述创造性。其中，"实体性活动"让我们想起亚里士多德的"第一实体"（primary substance）③ 及其引申含义，这种活动被理解为促使现实事态生成的"原初的活动"（the primordial activity）。它不是一种具体活动，而是一切活动的本源，所有的现实活动都是这种原初活动的具体体现。因此，创造性作为"潜在的活动"，不能被归结为各种现实事态及其永恒客体，而是一切现实性和可能性的最终根据。

---

① Victor Lowe, *Alfred North Whitehead: The Man and His Work* Vol. I: 1861–1910, Baltimore and London: The Johns Hopkins University Press, 1985, p. 4.

② Elizabeth M. Kraus, *The Metaphysics of Experience*, New York: Fordham University Press, 1998, p. 36.

③ Alfred North Whitehead, *Process and Reality*, New York: The Free Press, 1978, p. 21.

对于创造性与现实事态，怀特海将其视为一般与个别的关系。在他看来，过程哲学或有机哲学就像其他哲学一样，必须处理一和多、必然和偶然、可能和现实的关系，即"在所有哲学理论中都有一种终极的东西，它因为其偶然事件而得到表现。只有在通过其偶然事件表现出来时，它才能被赋予某些特征，若没有这些偶然事件，它就缺乏现实性。"① 所以，我们对创造性可从一般和个别两个层次去把握：最一般层次的创造性作为"共相之共相"（the universal of universals）② 被赋予终极性，即"创造性是一切活动中的活动、所有生成中的生成，它不被创造，因为它不是事物，却从动力的无定形中创造了一切事物"；而个别层次的创造性是指"无休止地把自身折射成个别的创造活动、形式的可能性和确定的创造物"。③

类似于亚里士多德将形而上学的终极实在归结为现实个体，怀特海也将创造性归属于其创造物。怀特海哲学指向具体性与柏拉图理念论指向抽象性刚好相反，根据一切活动基于现实事态的本体论原理，创造性只能实现于现实事态的生成过程之中，所以现实事态的生成原理就是对创造性范畴的基本说明。我们只有通过概括现实事态生成过程的一般特征才能把握创造性范畴，或者说，我们只有通过具体的创造物才能把握一般的创造性。在宏观层次上，怀特海用宇宙的"创造性进展"来揭示由不断生成和转化的现实事态构成的活动领域。也就是说，我们解释创造性进展是将创造性这一终极原理应用于其产生的每一个新的处境之中。

（二）过程·机体的宇宙论

赫拉克利特的名言"人不能两次踏入同一条河流"，意味着宇宙在根本上是变化和流逝的。巴门尼德与赫拉克利特相反，认为隐藏在一切流动和变化背后的是某种更为基本的永恒实在。巴门尼德作为西方最早的形而上学之父，奠定了古希腊哲学的基础。自那以后，"大多数西方思想源于'存在'（being）、'实体'（substance）和'本质'（essence）这些静态概念，而不是'生成'（becoming）、'过程'（process）和'进

---

① Alfred North Whitehead, *Process and Reality*, New York：The Free Press, 1978, p. 7.
② Alfred North Whitehead, *Process and Reality*, New York：The Free Press, 1978, p. 21.
③ Elizabeth M. Kraus, *The Metaphysics of Experience*, New York：Fordham University Press, 1998, p. 37.

化'（evolution）的动态概念"①。但在人类完整的经验中，宇宙实在既有"永恒性"也有"流动性"，这两个方面是辩证统一的。因此，大多数哲学家选择在这两者之间寻求一种平衡。比如，柏拉图的永恒理念与变化形式之间的平衡、亚里士多德的不变实体与可变属性之间的平衡，等等。②

过程哲学或有机哲学接近于赫拉克利特的传统，侧重于世界的"万物流变"这一面，试图对"这一终极性概括"给予说明③。它固然强调实在的"生成"和"流变"的一面，但同时也不否认实在的"存在"和"永恒"的一面，认为这两方面的解释必须互为根据。事实上，这两方面同属于我们经验中引人注目的真相："在不可逃避的流变中，有某种东西保持着；在压倒性的永恒中，有一种成分遁入流变。永恒只能在流变之中被攫取；流逝的时刻只能通过其对永恒的从属才能发现其适当的强度。想要分离这两种成分的人就不能够找到对公然事实的解释。"④ 然而，根据事物如何生成造就了事物是什么的过程原理，过程哲学以"生成"来说明"存在"。在怀特海的哲学体系中，关于宇宙的流变性概念与永恒性概念是统一的，但不是统一于传统意义上的实体概念，而是统一于由已生成的东西组成的现实世界。现实世界其实是由一系列相互关联的生成物构成的，因而世界的生成过程也呈现了世界的有机脉络，不妨将之概括为"过程·机体"（process-organism）的宇宙论，以表达统一宇宙的流变性与永恒性这两方面的事实。

怀特海进而用"过程·机体"的宇宙论来解释经验世界的多样性统一。在从"现实世界"到"经验世界"的措辞改变中，怀特海分析现实性的术语从"现实实有"（actual entity）转向"现实事态"（actual occasion）。但就"现实""经验""事件"等同义词的用法而言，它们都指向具体性或现实性。从微观分析看，组成经验世界的"现实事态"是通过摄入其他事态生成的，其结果是形成了与其他事态内在关联的有机脉络。这显然不同于实体哲学看待事物静止和孤立的观点。并且，"现实事

---

① Robert B. Mellert, *What Is Process Theology*? New York：Paulist Press, 1975, p. 12.

② Alfred North Whitehead, *Process and Reality*, New York：The Free Press, 1978, p. 209.

③ Alfred North Whitehead, *Process and Reality*, New York：The Free Press, 1978, p. 208.

④ Elizabeth M. Kraus, *The Metaphysics of Experience*, New York：Fordham University Press, 1998, p. 1.

态"的实质是"经验点滴"（drops of experience）而非"物质质点"（bits of matter）。"经验点滴"是活动的能量子，表现为一个又一个的经验脉冲，不像"物质质点"那样能被无限分割或者独立自存。这又不同于机械唯物论的观点。再到宏观层次，现实世界由各种不同层次的机体相互关联组成，较大的机体经由较小的机体生长起来。因此，无论是微观层次还是宏观水平，经验世界的基本结构都呈现了一幅由生成过程形成有机脉络的图景，所以解释经验世界的"经验形而上学（the metaphysics of experience）是一种有机哲学：一种有关一切事物按一定的模式相互编织起来的形而上学。"①

怀特海"过程·机体"的宇宙论是对 19 世纪的生物进化论和 20 世纪的量子物理学的哲学概括。与进化论思想家一样，怀特海将现实世界视为一个不断生成、变化和发展的过程集合体，总是有待进化和完成，"是一个仍在生成之中的不完满的宇宙。进化是一个创造性过程，其结果是不可预料的。实在是多层次的，比较复杂的层次建立在简单层次之上。"② 怀特海对于这种生成过程也持一种有机关联的观点，因为任何由生成过程产生的机体都是内在关联的。任何机体都具有其特定的整合模式，任何机体都处于特定的环境之中，并受环境的影响。怀特海更深谙于量子物理学，他在《科学与近代世界》中有一章内容专门讨论量子论的问题。有学者指出："怀特海本人受量子物理学的影响，把实在描述为一系列瞬间的事件，以及一些相互渗透的场，而非孤立的、持续存在的物质颗粒。表现于量子世界中的时间性和整体性被当作所有实体的特性。"③ 可见在量子世界中，量子这种微观实在的"过程·机体"的基本事实通过时间性和整体性也能得以发现，于是微观量子世界跟宏观生物世界一样，都表达了宇宙实在的"过程·机体"的全面真相。无疑，将"过程·机体"的宇宙论应用于自然界和人类社会，同样可以揭示其中的过程特征和机体结构。因此，"过程·机体"的宇宙论也是一种世界观，基于创造性的实现来解释现实事态的生成及其现实世界的创造性

---

① Elizabeth M. Kraus, *The Metaphysics of Experience*, New York：Fordham University Press, 1998, p. 2.

② ［美］伊安·巴伯：《当科学遇到宗教》，苏贤贵译，北京：生活·读书·新知三联书店 2004 年版，第 197 页。

③ ［美］伊安·巴伯：《当科学遇到宗教》，苏贤贵译，北京：生活·读书·新知三联书店 2004 年版，第 127 页。

进展。

　　当今世界，人类从思想文化到物质生产都强调创新性，并将创新性等同于创造性。但创新离不开继承，故创造性除了创新性还有继承性。把握现实世界的创造性进展必须深入理解其连续性和新颖性的关系。从本体论看，现实世界的创造性进展其实是基于无数现实事态的个体性生成，并以结合体的方式不断扩大形成整个有机脉络的过程。每一现实事态都利用其过去的事实，把自己同各种可能性相联系，产生一种无法完全从其过去的事实中推导出来的新颖性，诞生了一个新的现实事态。随着这一过程的不断进展，宇宙演化在连续性和新颖性之间保持了平衡。对于人类社会而言，其创造性进展根据"'创造性'原理可以保证一个合理的知识承诺，这种承诺植根于内在决定的条件之中。与此同时，它又保证一个强烈的自由承诺，这种承诺植根于自然的创造性进展，而这种进展的目标则是对先前决定的新的超越。"①

　　（三）事件世界观与生态伦理根据

　　怀特海哲学从终极范畴创造性提出的"过程·机体"宇宙论认为，世界的最终存在是"事件"而非"实体"，"事件"是多样性汇聚成统一性的过程。这一过程使得事物相互依存和内在关联，形成有机整体的世界。这是事件世界观描绘的世界图像，其中的事物总是以"过程·机体"的面貌出现。从构成事件世界的"元素"来看，任何一个现实事态的合生与转变总是包含其他现实事态的因素，世界的亲密性由此得到解释。② 从微观的现实事态到宏观的事件，其创造性过程的生成和转化机制可以概括为"多生成一，由一而长"（the many become one, and are increased by one）③。"多生成一"描述了一切事物都相互关联，而"由一而长"描述了所有事物都处于过程之中。因此，辩证法从联系到发展的世界观与过程哲学或有机哲学的事件世界观是非常一致的。

　　事件世界中的联系是一种"内在关系"（internal relations），这与实体世界中的"外在关系"（external relations）存在根本上的不同。外在关系根据"唯物机械论"的宇宙论，从"简单定位"（simple location）即孤立的观点来看事物："物质在表达自身的时空关系时，只需指出其位于

① ［美］菲利浦·罗斯：《怀特海》，李超杰译，北京：中华书局2002年版，第32页。

② Alfred North Whitehead, *Process and Reality*, New York：The Free Press, 1978, p. 7.

③ Alfred North Whitehead, *Process and Reality*, New York：The Free Press, 1978, p. 21.

一个确定有限空间区域和一个确定有限的时间阶段即可，而与其他空间区域和其他时间阶段本质上无涉。"① 处于"简单定位"中的事物，相互之间只有一种外在关系，也就是说，事物不会因为这种关系而改变自身。然而，这只是事物定位的一个方面而已。实际上，事物除了"简单定位"之外，"在某种意义上，它在所有时间存在于所有地方"或"每一时空点都反映了整个世界"。② 这是一种有机的时空观点，即宇宙中的一切事物都内在关联。它不仅意味着每一事物都是宇宙整体的一部分，还指出宇宙整体也参与每一事物的生成："每一现实事态是整个宇宙的合生。"③

对于近代科学"唯物机械论"的宇宙论，怀特海并没有全然否认，而是以"有机机械论"（organic mechanism）将其包容在内。④ 在"有机的"（organic）观念中，事物被加以环境的、整体的理解。例如，水分子不仅按照自身的规律运行，而且随其所在的整个机体（植物、动物、人体等）的不同而具有不同的性能。显然，"唯物机械论"缺乏对水分子处于不同机体具有不同性能的见解，即没有环境和整体的观点，抽象地认为水分子的性能在不同情况下是完全相同的。从"唯物机械论"到"有机机械论"，科学思想获得了"从抽象上升到具体"的发展，后者以环境和整体的观念包容且超越了前者。

"有机的"观念蕴含了活动的、进化的观念。宇宙基于现实事态之间的内在关系是一个有机整体，每一现实事态与其他现实事态的内在关系取决于这一事态对其他现实事态的"感受"（feeling）或对其资料的"摄入"（prehending）。这种"感受"或"摄入"反映出一切事物在根底上是活动的、进化的，新生的现实事态超越了原有的现实事态，成为一个包容性的、新颖性的现实事态，整个宇宙因此而不断进化。

宇宙作为一个有机整体处于生生不息的变化衍生过程中。如此看宇

---

① Alfred North Whitehead, *Science and the Modern World*, New York：The Fress Press, 1967, p. 58.

② Alfred North Whitehead, *Science and the Modern World*, New York：The Fress Press, 1967, p. 91.

③ Jay McDaniel, *What Is Process Thought? Seven Answers to Seven Questions*, Claremont, CA：P&F Press, 2008, p. 89.

④ Alfred North Whitehead, *Science and the Modern World*, New York：The Fress Press, 1967, p. 80.

宙，它在根本上被视为一个生命有机体，因而价值和意义也就普遍地存在于天地之间。怀特海将宇宙比喻为一个"感受的海洋"（the ocean of feeling）①，而感受是生命的基本功能，人与万物因感受而成同类。由于宇宙机体中"民胞物与"，人类的同情心也应扩展到天地万物，这就为生态伦理和环保实践提供了一种宇宙论的根据。然而，近代以来在科学和哲学中占据主导地位的"唯物机械论"却没有提供这种根据。在现代人眼里，所谓自然就是科学研究的客体，或是经济社会活动中有待开发利用的资源。这些观点和实践所基于的自然观念是：宇宙是充满质料的空间，这些质料是完全惰性的、毫无生机的，而空间不过是质料的一系列"简单定位"，处于某一位置的质料无须参照其他位置便能确定自身存在。但从怀特海的宇宙论去看，包括自然界和人类社会在内的整个宇宙由现实事态而生成，一切现实事态都处于整体关联、多样个性和不断创新的演化过程中。宇宙被看作具有内在活力的有机整体并展现为不断创新的演化过程，而人类在其中的地位和作用绝非无限，只有保护自然环境和参与宇宙大化才是人类应有的作为。

---

① Alfred North Whitehead, *Process and Reality*, New York: The Free Press, 1978, p. 166.

第六章 两种具体性诉求
具有互补性

前面第四章论述了马克思从"人的劳动"诉求具体性的理论建构:首先,实践唯物主义认为自然存在作为客观对象是主体活动的先决条件,历史唯物主义则将自然存在视为人类社会发展的基本前提,强调经济活动处于自然环境之中,不能将人类劳动从自然中抽取出来孤立看待;其次,劳动价值论将商品价值定义为劳动价值,指出具体劳动是商品价值的来源,剩余价值论则揭示出资本增殖在于资本家拥有的资本("死劳动")对工人消耗的劳动力("活劳动")的抽象汲取和剥削压榨。第五章论述了怀特海从"人类经验"诉求具体性的哲学建构,即基于经验事件本体的自然界泛经验论和人类知觉象征论。无疑,人的劳动和人类经验是构成人的存在的两个层次。值得注意的是,人作为一种观念性的存在,无论表现于人的劳动还是人类经验,其观念创新都显得极其重要,而观念创新需要主体在活动中不断摄入新概念以整合新经验来建构新观念。为了克服现代社会的抽象性和恢复人的存在的具体性,将马克思和怀特海的具体性诉求相结合至少有三种理由:在存在视域中"人的劳动"必须嵌入"人类经验"之中;在自然观念中"人化自然"必须植根"有机自然";在实践创造中"主体能动"必须包含"概念摄入"。而视域、观念和实践的审视正是把握人的存在的三个维度。

一、存在视域:人的劳动和人类经验共构

人的存在本来就是一个具体性的论题。有鉴于此,存在主义的第一原则设定"存在先于本质",即人如何存在决定了人将是什么,而非先有人的本质才有人的存在。同理,马克思反对抽象人性论,指出"人的本质不是单个人所固有的抽象物,在其现实性上,它是一切社会关系的

总和"①。"社会关系的总和"是现实的人的存在网络，人们由此展开广泛且深入的社会交往，其中最基本的交往实践就是生产劳动。个体的生产劳动需要参照以往的人类经验，也在当下劳动中增添和丰富了人类经验。无数个体的生产劳动融入整个人类经验，便成功地将自在自然改造成为人化自然，造就了人类文明世界。所以，人的劳动和人类经验可以作为人的存在的两大方面，由此形成的社会前景和自然背景，共同构成了人的存在的全部视域。

（一）人的存在包含人的劳动和人类经验两方面

从广义上讲，"劳动"与"经验"本是同一的。人的劳动本身就是一种特殊的经历和体验即一种人类经验，而人类经验尽管表现为千差万别的各种活动，但最根本且最主要的活动便是生产劳动。将特殊意义的"人的劳动"与普遍意义的"人类经验"作为人的存在的两大方面，其内涵在于：

首先，"人的劳动"成为人的存在的中心。

马克思具体性诉求的落点是人的劳动，而人的劳动具有不同层次的意义开显。从人的存在看，人的劳动是人的本质力量的对象化。但对象一旦疏离了人、被他人褫夺或反制于人，便会使人的劳动变成异化劳动，造成人的存在的异化。在《1844年经济学哲学手稿》中，马克思对异化劳动专门作了分析批判，将造成异化劳动的主要原因归为生产资料的私有制。在《资本论》及其手稿中，马克思将关于人的劳动分析置于政治经济学批判语境中，超越亚当·斯密、大卫·李嘉图（David Ricardo）等人的古典政治经济学，将商品价值归为劳动价值，从各种具体劳动抽象出无差别的一般人类劳动，指出劳动量决定商品的交换价值及其价值量。进而，根据劳动量计算出资本家获取的剩余价值是资本"死劳动"对工人"活劳动"的剥削。历史唯物主义从宏观上展开论述人的劳动和人类解放的现代关系，资本主义生产方式使现代人摆脱了传统的人身依附关系，但基于商品和货币获得的相对独立性远未达到人类解放的境界，资本家雇佣劳工的剥削制度和货币社会盛行的拜金主义真实反映了现代人的存在困境。

在世界各民族的文化传统中，关于人的劳动有不少令人印象深刻的

① 《马克思恩格斯文集》第1卷，北京：人民出版社2009年版，第505页。

意象描绘。譬如，西方文化中西西弗斯的神话故事，讲述西西弗斯周而复始地将滚落下山的巨石一次次推上山顶，象征尘世人们的辛苦劳作。德国诗人荷尔德林则为这种日常劳动写出"人充满劳绩，但诗意地栖居在这片大地上"的不朽诗句，其中"诗意地栖居"揭示出人的劳动超凡脱俗的一面。同样在中国传统文化中，庄子"庖丁解牛"的寓言、陶渊明"采菊东篱下"的诗句等也传达出平凡劳动者在日复一日的辛苦劳作中所怀有的"诗和远方"的憧憬。可见，人的劳动作为人的存在方式在现实性中蕴含着超越性。今天，媒介化社会和数字化技术给人的劳动又带来了新的境遇和新的想象。但毋庸置疑，人的劳动在不同时代只有消除其异化性后，才会开辟出人的存在的理想境界。

其次，"人类经验"形成人的存在的背景。

怀特海具体性诉求的基础是人类经验，但超越了狭义的人类感官经验和意识状态，而是将人类经验的范围拓宽到非感官的因果效验和无意识的心理活动，进而泛化为自然和宇宙的普遍经验。他将整个宇宙描述成"感受的海洋"（the ocean of feeling）[1]，此谓"感受"相通但大于"人类经验"范畴，超出人类感官知觉界限，揭示了宇宙本体不是通常所认为的物质实体，而是某种程度的经验主体。这一泛经验论的自然观和宇宙论得到了 20 世纪量子物理学的证明。同时，这种从人类经验扩展到自然界的泛经验论也不同于近代哲学的经验主义观点，因为怀特海理解的广义"经验"远非休谟所谓的狭义"经验"即感官印象和反省观念。广义理解的人类经验将揭示出人的存在的现实性和丰富性，从经验维度开启人的存在。而笛卡尔"我思故我在"中关于人的存在的概念是极其狭义的，"思"的背后只有理性和逻辑，对人的存在的理解也表现为"人是理性的动物"的抽象观点。这种抽象观点在现代社会中以"经济人""精致的利己主义者"等人格出现。然而，人的存在除了"思"，还有"心"，"心"的丰富性是其交织着的人的经验、情感和价值。事实上，人的存在之"心"力远大于"思"力，因为"心"力是由生命活动的丰富性和现实性直接表现出来的力。如此看来，怀特海广义的经验范畴为人类经验的丰富性和现实性提供了一种宇宙论根据。

怀特海在人类经验的广泛谱系中尤为重视审美经验。他在《自然的

---

① Alfred North Whitehead, *Process and Reality*, New York: Free Press, 1978, p. 166.

概念》中指出，审美经验是关于"存在之形而上学综合的钥匙"①，而在
《思想方式》中又指出，"美是宇宙中的一个重大事实"②。怀特海认为，
宇宙的创造性进展将趋于最大的审美经验，每一现实事态的生成过程都
是为了获得美并达到诸美之和谐。因此，自然经验是审美的，人类经验
也是审美的，必须重新定位审美经验在包括人类及自然经验的广泛谱系
中的地位和作用。不同于康德将审美经验的来源诉诸主体的认知结构，
怀特海理解的审美经验带有客观主义倾向，认为审美经验是源于客体的
一种主客和谐关系，甚至于"一切现实的关系都是审美关系。"③ 怀特海
还将审美经验视为人类道德经验的基础，认为"只有当现实的世界是美
的时候，它才是善的。"④ 对此，有研究指出：怀特海将所有的秩序都归
结为美学秩序，视审美秩序为一切生命的目标，而人间的道德秩序和自
然的物理秩序不过是宇宙美学秩序的一些确定方面而已，都是根据美来
获得合法性的。⑤

再有，"人的劳动"和"人类经验"共构人的存在。

马克思和怀特海的具体性诉求分别是"人的劳动"和"人类经验"，
这两者共同构成了人的存在的全部视域。如果说"人的劳动"聚焦于人
的存在的社会前景，那么"人类经验"便广延至人的存在的自然背景。
社会前景固然要比自然背景更加凸显，但自然背景要比社会前景更为广
阔。显然，采用怀特海的"人类经验"范畴作为"人的存在"的外延更
加广泛宏阔，可以从个人生活延伸至社会历史并隐入自然宇宙。不过，
考察马克思的"人的劳动"范畴作为"人的存在"的内涵更为深刻丰
富，能够从具体劳动深入至抽象劳动、包括体力劳动和脑力劳动以及人
的劳动带给人类解放的现实可能性。两个范畴对于"人的存在"之内涵
深入和外延拓展能够互补，促成人的存在的视界融合，共同构成人的存
在的全视域。从历时态去看，"人的劳动"和"人类经验"共同构成的
人的存在全视域展开为全过程，因为当下人的劳动总是基于其过去经验并

---

① Alfred North Whitehead, *The Concept of Nature*, Ann Arbor: University of Michigan Press, 1957, p. 5.

② Alfred North Whitehead, *Modes of Thought*, New York: The Free Press, 1981, p. 120.

③ Philip Rose, *On Whitehead*, Wadsworth Press, 2002, p. 5.

④ Alfred North Whitehead, *Adventures of Ideas*, New York: The Free Press, [1933] 1967, p. 345.

⑤ 樊美筠：《怀特海美学初探》，载《江苏社会科学》，2015 年第 3 期，第 61 页。

受未来理想引导，所以"人类经验"为"人的劳动"提供了历史经验和一般认知。反之，新的劳动又拓展了旧的经验，故而"人的劳动"将成为"人类经验"的来源。无论是共时态的全视域，还是历时态的全过程，"人的劳动"和"人类经验"都将成为理解"人的存在"的两个基本范畴。

"人的存在"即人如何生活于世是贯穿古今中外哲学的永恒主题。古希腊哲学告诫世人"认识你自己"，苏格拉底警示不经审视的生活是不值得过的，要求人们按照理性展开自己的人生。中国传统哲学则将做人与做事合为一体，儒家提出"修身齐家治国平天下"为读书人确立人生理想，因而"为天地立心、为生民立命、为往圣继绝学、为万世开太平"成为古往今来读书人的抱负和使命。现代哲学将人生的价值和意义概括为对"真善美"的追求，落实到当代教育上便是培养"德智体美劳"全面发展的时代新人。在"德智体美劳"全面发展的要求中，"劳"被定于最后，含有"人的劳动"作为人的存在的最终实现之意义。换言之，人的存在之精神层面的"德智美"和身体层面的"体"都为实践层面的"劳"预备了必要而充分的条件。诚然，"人的劳动"不仅是人的存在的实践开显，而且成为满足人的生活需要的基本条件。所以，生产方式变革是"为了不断满足人民对美好生活的需要"。无疑，人类社会若要存在，组成社会的人就必须存活，而满足其生存需要的物质生活资料必须通过生产劳动来解决。故而，人的存在、人的劳动和人的生活是内在关联的，共同揭示了人生意义。这些环节都离不开实践与认识中积累起来的人类经验和不断创新的劳动过程。

（二）人的存在呈现社会前景和自然背景全视域

人的存在的具体性表现为"现实的人"，即处于社会关系和历史发展中的一个个"活动着的人"，并以人与自然和谐共生的环境为其生存发展的必要条件。但在现代性制度下，人的具体性存在被异化为抽象性存在，成为"经济人""法人"或以"数字化"等形式生存的人。造成现代人抽象性存在的原因在于，现代性导致人与社会、人与自然的依存关系不断解构，其主导观念是个人主义价值观和人类中心主义世界观。而要回归人的具体性存在，就必须重建人与社会、人与自然的统一关系，形成社会前景与自然背景相融合的存在视域。

马克思和怀特海诉求具体性的路径有所不同：怀特海从人类经验呈现了整个自然环境的视域，有见于人的存在具体性的广泛背景；马克思从人的劳动揭示了资本主义雇佣劳动是一种异化劳动，聚焦于无产阶级和人类解放的社会历史前景。不论是社会前景，还是自然背景，马克思和怀特海的理论都可以结合起来。这种结合不仅从"人的劳动"和"人类经验"作为人的存在两个范畴具有理论可能性，而且由于过程哲学或机体哲学普遍地揭示了人类经验的一般特征，也可以为异化劳动的政治经济学批判提供宇宙论的根据。因此，将马克思凸显的社会视域与怀特海开拓的自然视域作为人的存在的前景与背景相互融合，能够获得关于人的存在具体性的全部视域。

马克思对"人的劳动"的考察属于社会历史范畴，人道主义和人类解放是其理想。但这一理想只能实现于社会历史之中。西方 19 世纪的科学文化思想盛行历史思维，马克思的思想也打上了这一时代的烙印。他的社会理想是人道主义的，但不是抽象的人道主义，而是历史的人道主义。历史的人道主义不同于抽象的人道主义，它反对绝对本质主义但有别于否认本质的相对主义。前者对人的存在的理解过于抽象化、简单化，无法说明不同社会和不同时代的人的存在；后者由于否认人的社会历史存在具有内在本质，从而流于现象化、肤浅化。马克思的历史人道主义则将人类解放视为贯穿不同社会形态和不同历史时期的人的自由全面发展的基本趋向，并以物质生活资料的生产方式作为基础。

现实的人总是处于一定的社会关系中和处于一定的历史条件下，所谓普遍永恒的人性只是从社会历史条件中抽象出来的一般概念。如果脱离了社会历史条件这种具体性，便不可能找得到任何确定的人性根据。历史唯物主义从根本上揭示了这种具体性源于生产劳动中人们形成的相互关系。也就是说，生活于任何时代的人们，无论他们处于什么特殊的社会历史条件下，都必须首先从事满足其物质生活资料需求的生产劳动。因此，他们必定处于一个时代的生产关系之中。显然，这种生产关系具有社会属性并随历史发展，是决定人的存在的基本关系。

维系人的存在的基本活动是生产劳动。人通过生产劳动改造自然，在使自然人化的同时也使人自然化，最终在生产劳动基础上达成人与自然相统一。这必须通过不同时代人类拥有生产力的不断发展来实现。生产力发展代表人类在社会历史中满足自身物质生活资料和生存发展需求的劳动能力的发展，但这种劳动能力在资本主义制度下却使人丧失了自主性和能动性，以致劳动者不能自主进行生产和充分发挥才能，马克思称之为异化劳动。他预期在未来的共产主义社会中，劳动将成为人的存在的第一需要，因为在那个社会中人类劳动能力和生产力水平的极大提高将使每个人都能自由自觉地从各方面充分发挥自己的才能，从而真正拥有自我实现的力量。

生产力与生产关系组成的生产方式是人的存在的物质基础也是其现实条件。因此，马克思从人作为"生产的承担者对自然的关系以及他们相互之间的关系，他们借以进行生产的各种关系的总和"① 来考察人的存在。这说明考察人的存在不仅包括人与人的生产关系，也包括人与自然的生产力，展开为人的存在的社会维度和自然维度。马克思立足于人的存在的社会维度，不仅从人所处的社会关系及其历史发展来理解"现实的人"，而且将"现实的自然界"也理解为属于人类及其社会历史的，指出"在人类历史中即在人类社会的形成过程中生成的自然界，是人的现实的自然界"②。在马克思看来，"现实的自然界"因人类劳动而生成，不能脱离人的劳动对自然界作抽象、孤立的理解。因而，"被抽象地孤立地理解的、被固定为与人分离的自然界，对人说来也是无。"③

不同于马克思从社会维度论说人的具体性存在，怀特海选择从自然维度揭示人的具体性存在。而且，怀特海注重人与自然的连续性，强调个人内在于社会、社会内在于自然的有机整体世界观。在此，将社会与自然、个人与社会的关系理解为内在关系非常重要。社会与自然的内在关系告诉我们，经济社会发展与自然生态平衡具有一种不可分离和相互依存的关系，造成当代生态环境问题的根源就在于我们忽视、破坏和割裂了这种关系。同样，个人与社会的内在关系告诉我们，缺乏团结合作的个人主义者、追求利益最大化的"经济人"、只认契约关系的"法人"很有可能解构各种人类共同体，也不利于人与自然和谐共生。有鉴于此，怀特海不仅提出机体宇宙论，说明人与自然的内在关系，还提出了"共同体中的个人"（persons-in-community），说明人与社会的内在关系。

如果说怀特海的机体宇宙论为马克思的社会历史观开拓了一种更为广泛的自然背景，那么马克思的社会历史观则能使怀特海的自然背景落到实处。相对于自然演化，人类是一种文化存在；而在社会历史中，人

---

① 《马克思恩格斯全集》第 25 卷，北京：人民出版社 1974 年版，第 925 页。
② 马克思：《1844 年经济学哲学手稿》，北京：人民出版社 2000 年版，第 89 页。
③ 《马克思恩格斯全集》第 42 卷，北京：人民出版社 1979 年版，第 178 页。

的存在更是一种经济和政治的存在。根据后者，马克思对人类解放抱有强烈的使命感，对无产阶级怀有深切的阶级关怀。他诉求人的具体性存在或主张历史的人道主义旨在解放受资产阶级压迫的无产阶级，推翻资本主义剥削人、压迫人的政治经济制度。西方不少学者则把关怀的目光投向自然和文化方面比较弱势的群体上，如黑人、妇女和同性恋等。但冷战结束后，随着资本主义全球化扩张，经济压迫重新成为社会压迫的中心，"马克思主义的分析正变得越来越符合现实"[1]。因而，马克思对无产阶级的关怀在当今世界变得更有现实意义。他的社会历史观聚焦于经济基础和政治制度，凸显了人的具体性存在的前景和焦点。

就"人·社会·自然"广泛的存在圈层看，马克思从"人的劳动"凸显的社会前景与怀特海从"人类经验"拓展的自然背景能够统一起来，并且前者嵌套于后者之中。实际上，社会前景和自然背景共同构成了人的存在的全视域，因而社会视域和自然视域中的现象具有一定的相通性。由此而观，资产阶级剥削无产阶级与人类不当掠夺自然具有一种对应性，维护社会正义与保持生态平衡在原则上是一致的。有别于马克思追求社会正义和关怀无产阶级，怀特海的哲学旨趣在于为人类保护自然提供一种宇宙论根据，但这并不妨碍他对前者的追求和关怀，"而且在原则上，它鼓励这种关怀"[2]，并将这种关怀从人类社会扩展到包括自然界的整个生命共同体。因此，怀特海哲学"不存在任何对经济的根本意义的质疑"[3]，而且从宇宙论上深化了我们对自然界是人的存在之"根"的理解。

如果将社会前景和自然背景相互融合起来，怀特海探究宇宙根源的机体宇宙论便可以拓展马克思的社会历史视域，使之成为凸显生态关怀的社会历史观。同时，马克思基于经济基础的社会历史观不仅能够落实怀特海的自然关怀，而且可以从异化劳动揭示人与自然失衡的社会根源并蕴含人道主义的关怀，指出解决自然环境问题的社会主义方向，由此尝试生态社会主义实践。显然，具有自然关怀的社会历史观既超越了人

① [美]科布：《马克思与怀特海》，曲跃厚译，载《求是学刊》，2004年第6期，第6—11页。

② [美]科布：《马克思与怀特海》，曲跃厚译，载《求是学刊》，2004年第6期，第6—11页。

③ [美]科布：《马克思与怀特海》，曲跃厚译，载《求是学刊》，2004年第6期，第6—11页。

类中心主义的局限，也扬弃了生态中心主义的失实，是将两种抽象性观点综合而成的具体性观点。

上述视域融合既有方法论上的依据，也有重大的实践意义。在方法上，马克思和怀特海遵循共同的方法原则，即从批判抽象概念上升到理论具体。其差别在于，怀特海批判近代科学抽象上升到有机哲学是一种形而上学建构，而马克思从商品、货币、资本等抽象性上升到政治经济学批判及其历史唯物主义原理属于一种社会历史建构，即把"商品""货币""资本"等范畴置于社会关系和历史发展中给予解释。在实践中，我们必须意识到自然环境的严重破坏终将毁灭人类自身的生存和发展；同时，我们又得自觉到生态危机因人类活动而起，应由人类自身来解决，而这必须诉诸政治和经济的手段，解决人的存在的社会现实问题依然是焦点所在。可见，把怀特海拓展的自然背景与马克思凸显的社会前景整合起来正是一种比较全面的、富有启发的视域，它将促进我们转变思想观念和改变实践方式。

二、自然观念：人化自然与有机自然一致

人类作为有意识的存在，观念可以反映其存在关系。自然观念反映了人与自然的关系，这是人在世存在最为根本的关系，因而自然观念在众多观念中具有原初性的地位，对人类活动起到长远的规范性作用。考察人类社会存在无疑离不开自然条件这一前提，因为人类是自然界的一部分、是自然界进化的产物。进而，考察人类历史发展也离不开自然因素和自然观念的深度介入，其中自然因素会融入过去的社会存在并参与现在的社会存在建构，未来的社会存在则有赖于新的自然观念引导现在的社会存在发生改变。可见，社会存在与自然条件、社会历史与自然观念决定了人与自然关系的发展，因而有必要对不同时代和不同文化的自然观进行考察，以揭示其当代启示。

（一）近现代科学和哲学建构了机械论自然观

不同于传统社会以自然为主的农业生产方式，现代社会以科技为主的工业生产方式使人类在自然界中的地位和作用发生了巨大改变。西方文化中的现代社会借助近现代科学和哲学的理性化发展，通过工业化从传统社会中脱颖而出，让人类在自然界中特立独行，确立了人类中心主义世界观。在人与自然关系的理解上，按照牛顿、培根、笛卡尔的外在

关系思维，西方现代社会坚持二元对立观念，设想人类可以站在自然界之外来征服自然，并把自然界设想为一架巨大机器，人类能够操控这架机器正常运转。这种机械论自然观促使人类随意地控制和支配自然。然而，时至今日不断加重的生态环境问题迫使人们反思这种机械论自然观的荒谬，重新意识到人类生存和社会发展根本不可能脱离自然界，经济发展也必须结合自然生态来综合思考。

机械论自然观是近现代科学和哲学中占主导地位的自然观，脱胎于对前现代自然观的祛巫除魅。在西方文化中，前现代的自然观是有神论的。古希腊人认为自然界充满着神性，神内在于大自然中，自然秩序表现了神的意志，自然演化蕴含着神的目的。中世纪的欧洲人认为大自然是上帝创造的，自然界作为上帝的作品具有神性，是除了《圣经》以外上帝撰写的"自然之书"。启蒙后的现代人不再坚持有神论的自然观，他们认为自然界只是科学研究的对象，人与自然可归结为主客关系，人作为主体能够支配自然，能够像操纵机器那样操纵自然。

机械论自然观产生于近现代科学和哲学关于自然界的抽象观念。一方面，在牛顿力学观念中，为了使自然摆脱上帝的直接干预，对上帝支配自然的方式作了外在性的理解。牛顿比喻说："上帝支配万物，但并非作为世界的灵魂，而是作为万物的主人；……不是上帝对他自己身体的支配，如同那些认为上帝是世界的灵魂的人所想象的，而是对仆人的支配。"[①] 在此，上帝从世界的"灵魂"变成了世界的"主人"，世界则从上帝的"身体"变成上帝的"仆人"，这意味着上帝与世界的关系由内在关系（灵魂与身体）变成外在关系（主人与仆人）。而上帝与世界的关系一旦变成了外在关系，就容易让自然摆脱上帝的直接干预。另一方面，文艺复兴和宗教改革掀起的人本主义思潮使人成为上帝退场后的自然主人，自然倒变成了人类的仆人。然而，人类成为自然的主人不是基于人类具有神的形象，而是基于人类的理性能力。人类将理性用于认识自然，能够揭示自然奥秘，把握自然规律；人类将理性用于改造自然，成为控制自然的主人，让自然界顺从并满足人类欲望。

培根表达了人类成为自然主人的强烈愿望，其"知识就是力量"的名言便指人类凭借理性获取科学知识从而拥有了征服自然的伟大力量。

---

① ［美］大卫·雷·格里芬：《怀特海的另类后现代哲学》，周邦宪译，北京：北京大学出版社2013年版，第24页。

甚至于，"他将这个愿望表达得像男人性欲一样强烈：人要去诱奸、穿透和强暴自然。"① 无疑，培根征服自然的雄心是为了造福人类，但失去上帝约束的人类对于褪去神迹和丧失神性的大自然不再抱有敬畏的姿态，而是产生了征服者心理。

人类征服自然的哲学根据是笛卡尔的身心二元论。笛卡尔认为，世界万物由两类本质不同的实体组成：物质实体组成了人类身体和外部自然，心灵实体组成了人类精神和主观世界。于是，人与自然的关系在人类身上被归结为身体与心灵的关系。身心二元论分离了身与心，而且将身归约为心。在笛卡尔看来，心灵是能动的、理智的，身体则是被动的、机械的，人的存在由此被指向心灵的活动，人"只是一个在思维的东西，也就是说，一个精神，一个理智，或者一个理性"②。与心灵相反，身体由物质实体组成，就像一台机器由零部件组成那样，自然界也如此："在石头和植物中，不存在任何超自然的力量，不存在任何惊人的、奇妙的同感和排斥。事实上，在整个自然中，任何东西都可以根据纯物质的原因完全脱离心灵和思想来解释。"③ 于是，自然界不仅被彻底除魔祛魅、剔除了一切精神因素和生命力量，而且全都由物质实体组成，可以进行理智分析和数学计算。包括人的身体在内的自然界被构想成一架结构清晰、秩序井然的庞大机器，机械论自然观由此便诞生了。

经由牛顿、培根和笛卡尔之手，机械论自然观对人与自然的关系形成了二元对立的观点。从外部自然看，人类凭借理性和知识成为自然的主人，呈现出一种征服者的姿态。从人类自身看，心灵作为人类本质与身体作为自然缩影，两者是截然不同的。无论是人与自然的外部关系，还是心灵与身体的内部关系，前者对后者均处于主导地位并起到支配作用。简言之，人脱离了自然并高居于自然之上。这是近现代科学和哲学所建构的机械论自然观，即人外在于自然并与自然相对立的一幅图景。

（二）马克思人化自然观和怀特海有机自然观

从"自然"概念（既指自然物也指自然界）来看，在对人与自然关

---

① 汪民安：《现代性》，南京：南京大学出版社2012年版，第124页。

② ［法］笛卡尔：《第一哲学沉思集》，庞景仁译，北京：商务印书馆1998年版，第33页。

③ ［美］大卫·雷·格里芬：《怀特海的另类后现代哲学》，周邦宪译，北京：北京大学出版社2013年版，第25页。

系的理解上，机械论自然观凸显了人与自然物的外在关系，却遮蔽了人与自然界的内在关系。在人与自然的关系中，更广且深的维度是二者间的内在关系，以及由此呈现出来的人与自然的有机整体图景。这幅图景描绘了人类在根本上属于自然一部分，包括人的本性和权利都是自然天赋的，人类终究不能脱离自然界。显然，这是明显不同于机械论自然观的一幅图景。在描绘这幅图景中，尽管马克思和怀特海关注人与自然的侧重点有所差别，但都批判了机械论自然观关于人类征服自然的片面观点，揭示了人与自然统一的有机整体性，并根据科学最新发现证明从自然演化到社会历史的根本连续性。不同在于，马克思通过生产劳动以人化自然扬弃了机械论自然观，怀特海则从人类经验起源走向后现代的有机论自然观。

1. 人和自然内在构成"有机整体"

机械论自然观将人视为外在于自然界的存在，这种观点促使现代人采取一种征服者的姿态对待自然。而人类之所以对自然界采取征服者的姿态，也许是因为他们在观念上假设自己可以脱离自然界而存在，将人与自然界关系视为外在关系。但实际上，人类与自然界是内在关联的："我们连同我们的肉、血和头脑都是属于自然界和存在于自然之中的"①。所以，我们对待自然界"决不像征服者统治异族人那样，决不是像站在自然界之外的人似的"②。确证人与自然的内在关系在于两方面：一方面"人是自然界的一部分"已被生物进化论等科学所证明；另一方面，使自然界变成"人的无机身体"只有通过改造自然才能实现，只有通过人的劳动才能"把整个自然界——首先作为人的直接的生活资料，其次作为人的生命活动的对象和工具——变成人的无机身体。"③ 从内在关系来看人的存在受制于自然界亦如此："自然界是人为了不致死亡而必须与之处于持续不断的交互作用过程的、人的身体。所谓人的肉体生活和精神生活同自然界相联系，不外是说自然界同自身相联系，因为人是自然界的一部分。"④ 而机械论自然观从二元论出发否认这种人与自然的内在关系。其实，人如果"认识到自身和自然界的一体性，而那种关于精神和

---

① 《马克思恩格斯选集》第 4 卷，北京：人民出版社 1995 年版，第 384 页。
② 《马克思恩格斯选集》第 4 卷，北京：人民出版社 1995 年版，第 383—384 页。
③ 马克思：《1844 年经济学哲学手稿》，北京：人民出版社 2000 年版，第 56 页。
④ 马克思：《1844 年经济学哲学手稿》，北京：人民出版社 2000 年版，第 56—57 页。

物质、人类和自然、灵魂和肉体之间的对立的荒谬的、反自然的观点，也就越不可能成立了"。①

坚持人与自然内在关系的观点具有科学方面的广泛证据。十九世纪自然科学三大发现证明了人与自然是一个有机整体：首先，细胞学说揭示了一切高等有机体都按照一个共同规律发育和生长，即通过细胞的变异能力改变自己的物种从而完成比个体发育更高的发育；其次，能量转化定律表明，自然界中的一切运动都可以归结为从一种形式向另一种形式不断转化的过程；再有，生物进化论指出，包括人类在内的有机生命体都是从少数原始单细胞胚胎的长期发育过程中产生的，这些胚胎又是从那些通过化学途径产生的原生质或蛋白质中形成的。② 上述可见，不仅细胞学说统一了纷繁复杂的有机界，而且生物进化论揭示了无机界与有机界的关联性，因为能量转化定律证明了自然界各种运动形式（机械、物理、化学、生物）可以相互转化。不难发现，从无机界到有机界、从低等生物到高等动物直至人类，整个自然界中的一切存在物都是相互关联和不断进化的。机械论自然观至多只是抽取了这幅动态图景的一个静态面相而已。

2. 自然界其实是"过程的集合体"

除了三大发现，十九世纪的自然科学在生理学、胚胎学、地质学等领域也证明了"关于过程、关于事物的发生和发展以及关于联系——把这些自然过程结合为一个大的整体——的科学"诞生，从而形成了过程世界观，即"世界不是既成事物的集合体，而是过程的集合体"。③ 过程世界观同时让人们"意识到他们所获得的一切知识必然具有的局限性，意识到他们在获得知识时所处的环境对这些知识的制约性"。④ 换言之，过程世界观要求人们反思现有知识的局限性，不能无条件地予以抽象的运用。因为实际知识总是具体的，只适用于一定时期并受一定环境的限制，将之抽象而无条件地用于一切时空极有可能产生谬误。

现代世界认识和改造自然一直基于17、18世纪牛顿力学及其机械论自然观。牛顿力学追求物体运动的一致性、重复性和恒定性，其机械论

① 《马克思恩格斯选集》第4卷，北京：人民出版社1995年版，第384页。
② 《马克思恩格斯选集》第4卷，北京：人民出版社1995年版，第245页。
③ 《马克思恩格斯选集》第4卷，北京：人民出版社1995年版，第244页。
④ 《马克思恩格斯选集》第4卷，北京：人民出版社1995年版，第244页。

自然观认为自然结构类似于机械构造、自然规律亘古不变，忽略了自然演化的不确定性和人类活动对自然影响的复杂性。事实上，在机械论自然观指导下，人类大规模的工业活动终将招致大自然的严重报复。从十九世纪到二十世纪，欧洲资本主义国家工业化遇到的生态环境破坏已成为无法忽视的重大问题。这给当代人带来的历史教训是："我们不要过分陶醉于我们人类对自然界的胜利。对于每一次这样的胜利，自然界都对我们进行报复。每一次胜利，起初确实取得了我们预期的结果，但是往后和再往后却发生完全不同的、出乎预料的影响，常常把最初的结果又消除了。"① 从认识根源上看，招致自然界报复的原因是把"起初"的自然状态假设为"往后和再往后"的自然状态，但后者往往是比前者更加复杂的状态。而造成复杂状态的原因不仅在于自然演化的诸多因素，还有人类大规模干预的介入。如果无视这种复杂性，人类改造自然界的大规模工业活动很有可能产生难以意料的重大危害，最终造成得不偿失的结果。

3. 马克思与怀特海自然观的互补性

值得指出的是，马克思（包括恩格斯）论证的人与自然是"有机整体"和自然界是"过程的集合体"的观点与怀特海的"过程—关系"的自然观十分相似，都认为人和自然同属于一个有机整体并展开为一个演化过程。因此，马克思思想与怀特海哲学可以互相交集。这不仅表现为他们的世界图像具有明显的一致性，而且在于人类社会和自然界本来就是一个连续体。从人类观点看，现实的自然属于人化自然即进入人类社会视域中的自然，而无关人类社会的自然只是一种抽象观念。从自然观点看，人类社会不过是自然界中进化出来的一部分，人类历史也是一个自然过程且有客观规律可循。因此，"人是自然的一部分"或"自然界是人的无机身体"，可理解为人类的活动与自然的韵律在根本上是统一的。

上述自然观在马克思和怀特海那里具有哲学上的契合性。怀特海的自然观基于事件哲学，他考察自然万物的生成机制，揭示自然事件是不断合生与转化的过程，而非不变和独立的实体。合生和转化的过程既出自过去事物对现在事物的因果效应，也来自未来事物对现在事物的概念

① 《马克思恩格斯选集》第 4 卷，北京：人民出版社 1995 年版，第 383 页。

引导，这是怀特海过程哲学的观点。而且，无论处于合生还是转化中的现在事物都与其他事物存在共时态关联，形成共享性网络，由此人和自然界是有机整体，这是怀特海有机哲学的观点。马克思的新唯物主义超越了以前的旧唯物主义，对事物的理解和把握从物的自然属性转向人的社会关系。譬如，一个杯子，旧唯物主义视之为一个静止和孤立的实体，缺乏对它存在的广泛背景和演化发展的观点；新唯物主义则从这一杯子看到了其背后被遮蔽了的生产过程，以及杯子作为劳动产品怎样变成了市场商品，也看到了杯子的生产者在雇佣劳动中怎样受到了资本家的剥削。与这种社会视域的深入观察不同，怀特海从自然视域出发观察这只杯子，所见则可能与矿物、森林、河流等自然演化过程及其广泛的自然整体有关。虽然马克思的人化自然观与怀特海的有机自然观侧重于人与自然关系的不同方面，但思维方式的一致性使两者在观念和实践上可以并行不悖而且互相补充。

从观念看，重建人与自然和谐共生关系必须从机械论自然观转向有机自然观，超越人类中心主义的狭隘观点，但同时也得强调人类主观能动性，充分发挥人化自然观的积极作用，而不能像生态中心主义那样否认人的主体地位和能动作用。诚然，人与自然同属于一个有机整体，不可能以二元论思维将彼此分离开来。因而，将怀特海有机自然观与马克思人化自然观相结合便有了逻辑的必然性。从实践看，机械论自然观基于人与自然的二元对立而对自然界采取征服者的姿态，有机自然观和人化自然观则认为人和自然本为一体而应保护自然。因此，马克思与怀特海都批判了机械论自然观及其对自然采取的征服者心理，并分别以人或自然为起点去追求人与自然的和谐共生。

（三）有机论的现代科学复兴和中国文化底蕴

在近现代西方思想中，17、18 世纪是机械论自然观占据主导地位的时代，但在 19、20 世纪迎来了一个有机论自然观兴盛的时代："这就是达尔文、佛莱则、巴斯德、弗洛伊德、施培曼、普朗克和爱因斯坦的时代。当这个时代到来的时候，人们发现有一系列哲人已经铺平了道路——从怀特海上溯到恩格斯和黑格尔，从黑格尔到莱布尼茨……"[1]上述代表人物中有科学家和哲学家，他们的自然观在近现代思想脉络中

---

[1] 陈奎德：《怀特海哲学演化概论》，上海：上海人民出版社 1988 年版，第 264 页。

呈现出不同于机械论自然观的有机论自然观，并在生物学、心理学、物理学等领域都获得了科学证明，从而揭示了自然观的另一幅图景。由此可见，从科学到哲学的有机论自然观在近现代西方思想中也形成了一个传统。

不过，有机论自然观在中国传统文化中则有其深厚的底蕴。在人与自然和谐共生的观念上，中国传统文化能够提供丰富的思想资源。关于这一点，英国学者李约瑟（Joseph Needham）在考察中国古代科技思想史时曾提出"莱布尼茨–朱熹设想"，认为近现代西方哲学史中从莱布尼茨开始到怀特海集大成的有机论传统，在源头上受到了中国儒家天道观和道家自然主义的深刻影响。他说，"这种灵感也许完全不是欧洲人的，而且也许这种最现代的'欧洲'自然科学的理论基础接受的'庄周'、'周敦颐'和'朱熹'这类人物的惠赐，比世界上已经在当前认识到的要多得多。"① 也有西方学者指出，怀特海和朱熹在观念上存在着一种"家族相似"，以致"他们的哲学本质都可标识为有机化、过程化且关系化的哲学"。②

此外，有机论自然观也可以表现在一个民族的文化感知上。比如，在艺术表现方面，中国画一般留有山水背景，西洋画往往强调人物特写。有实验测试："如果面前展示出一幅画作，西方人几乎毫无例外地把注意力集中在前景的物体上，而对背景或环境几乎视而不见。与之不同，东亚人会均匀地注视整个画面，仅仅将很少的额外注意力投注到前景的物体上。这就明确地证明了东亚人更关注整体，而西方人仅仅看重部分。"③ 可见，中西文化背景下的人们感知世界存在着"关注整体"与"看重部分"的差异，这在某种意义上证明了西方人较擅长于以机械论思维方式感知世界，而东方人较习惯于以有机论思维方式感知世界。

不同民族思维方式的差异性是由其文化差异性造成的。西方人凸显前景和重视部分的机械论思维方式有其文化根源。从古希腊罗马哲学到近现代欧洲文艺复兴、宗教改革和科学革命，西方文化通过启蒙、理性、

---

① 陈奎德：《怀特海哲学演化概论》，上海：上海人民出版社 1988 年版，第 264—265 页。

② ［美］白诗朗：《论创造性：朱熹、怀特海和南乐山的比较研究》，陈浩译，北京：中国社会科学出版社 2012 年版，序言第 2 页，脚注 1。

③ ［美］克利福德·柯布：《迈向生态文明的实践步骤》，王韬洋译，见李惠斌、薛晓源、王治河主编：《生态文明与马克思主义》，北京：中央编译出版社 2008 年版，第 184 页。

科学和发展的现代性理念及其实践，使人从自然界中独立出来并确立起人在自然界中的主人地位，形成了人类中心主义的立场。但与此同时，西方文化也饱受了人与自然、心灵与肉体、理性与感性等二元对立之苦，其实践方式屡遭大自然的报复。走出这种困境必须借鉴有机论思维方式。这可以汲取中国传统文化的深厚智慧，因为那里没有人与自然相分离的二元论观念。儒家认为人类参与整个宇宙的演化过程，在其中可以实现"天人合一"的境界；道家同样将人视为处于自然过程中，提倡"人法道"和"道法自然"的原则。可见，中国儒道都突出了人内在于自然并与自然和谐共生的有机论自然观。

（四）两种自然观对解决生态环境问题的启示

怀特海的有机自然观将人与自然内在关联起来，超越了近代自然观的机械论模式和二元论思维。怀特海认为，自然界不是一个无生命的纯粹物质系统，也远非抽象的数学物理模型能够充分解释，而更像是一个充满生机并不断生成的有机整体。因此，认识自然必须从抽象回归具体，按机体与环境、演化与过程、人与自然的内在关联去理解和把握自然界。而马克思的人化自然观虽然强调以人类实践改造自然界，但不缺乏对自然界的关怀和保护。在他看来，自然界是人类感性存在的先天条件，自然界对于人类生产和生活具有极其丰富的意义和价值。质言之，处理人与自然的关系、以实践改造自然，既要用物的尺度，也要用人的尺度。

怀特海的有机自然观从环境和过程看自然物。这超越了机械论自然观的抽象观点，即自然物个体是独立不移和恒定不变的观点。如果发现自然物是相互关联和不断生成的，便可看到其背后的整个自然界，从而揭示自然物的原生态。现代人因专注于自然物而遗忘了自然界，在片面追求经济社会增长中造成了生态环境破坏。这种关于自然物的抽象观念产生于近现代科学对自然的抽象化理解，盛行于资本主义经济对自然的商品化处理。在资本市场中，自然物仅被视为商品，开发自然物是为了实现其交换价值。自然物由此从其原来的环境和生成的过程中抽离出来，被处理成单一的使用价值，被抽象为一般的交换价值。例如，生长在热带雨林的一棵树，只被当作潜在的一根原木、一把椅子或一叠纸张，被视为一种可交换的商品而已。同样，崇山峻岭中的一块煤经过数千年时间才得以生成，现在仅被当作化石燃料售卖出去。前者从"其依赖的关系性存在"（its dependent relational being）中被抽离，后者从"其所属的过程性生成"（its dependent processive becoming）中被抽离。①在两种情形下，自然物都脱离了环境或过程被抽象地处理了。怀特海的有机自然观反对这种抽象化的观点，坚持自然物必须被嵌入其所在环境并参与其生成过程来看待，即坚持自然物个体必须内在于自然界整体的观点。

马克思的人化自然观则是按人的存在即生产劳动和生活需要来改造自然物。然而，现代人在对自然物似乎客观地作抽象化理解和商品化处理时，反而"忘记了自己对这些对象独特的主观性利用。忘记了置于其上的个人和文化的价值，忘记了它们的宗教意义，贬低了它们自身的美。除了将它们用作生产的手段，一般看不见任何其他的可能性。"② 于是，评价自然物就仅仅关注其单一的经济价值。并且，在资本主义制度下，资本家为了追求剩余价值最大化而竭尽所能地压低自然和人力成本，甚至不惜以破坏生态环境和摧残掠夺生命为代价。这也是因为资本主义生产方式"无视人与自然生态系统的有机关联，肆意掠夺和毁坏自然界，将自然界当成储藏库和垃圾场，严重削弱了人类对于自然物及其文化意义可能给予人类各种财富的应有想象力。"③ 显然，资本主义对自然物的抽象化理解和商品化处理使人的存在变得贫乏化。在马克思看来，人的存在主要表现为人类改造自然的生产劳动，因而人与自然的关系唯有通过生产劳动才能得以改善，唯有达到和谐共生状态才能实现双方的价值。然而，资本主义对待自然物的抽象化观念和商品化处理，以及坚持人与自然二元对立，只会使人类生存不断异化，即随着抽象的物质财富增长反而使人的生命活动日益贫乏化。这集中表现在雇佣工人身上，"工人生产的财富越多，他的产品的力量和数量越大，他就越贫穷。工人创造的商品越多，他就越变成廉价的商品。物的世界的增值同人的世界的贬值成正比。"④

尽管马克思的人化自然观与怀特海的有机自然观有所不同，但对于解决当代生态环境问题都具有重要的启示意义，无论是在认识自然的观

① Anne Fairchild Pomeroy, *Marx and Whitehead: Process, Dialectics, and the Critique of Capitalism*, Albany: State University of New York Press, 2004, pp. 157 – 158.

② Anne Fairchild Pomeroy, *Marx and Whitehead: Process, Dialectics, and the Critique of Capitalism*, Albany: State University of New York Press, 2004, p. 158.

③ Anne Fairchild Pomeroy, *Marx and Whitehead: Process, Dialectics, and the Critique of Capitalism*, Albany: State University of New York Press, 2004, p. 158.

④ 《马克思恩格斯选集》第 1 卷，北京：人民出版社 1995 年版，第 40 页。

念方面，还是在改造自然的实践方面。现代社会之所以造成日益严重的生态环境问题，其原因就在于观念上对自然作了抽象化理解和单向度评价，实践中对自然采取资本主义的狭隘占有模式和过度消费方式，而支配这种观念和实践的便是机械论自然观和人与自然的二元论思维。所以，超越近代科学的抽象观念和资本主义的生产方式，需要从机械论自然观转向有机论自然观和人化自然观，后两者有助于我们在观念和实践上"更加自觉地珍爱自然，更加积极地保护生态"。

三、实践创造：主体能动和概念摄入交互

人与自然和谐共生不仅有待于有机论自然观的复兴，而且必须落实于人类改造世界的实践活动。"人的劳动"和"人类经验"作为人类实践活动的不同层面，前者要求发挥主体的能动性，后者必须以摄入新概念为引导。马克思把"人的劳动"主要看作人类改造自然的主体活动，需要充分发挥人的能动性和创造性；而怀特海将"人类经验"视为本体论上现实事态的合生与转化过程，其中包含由概念摄入而引入的新颖性。围绕人类实践，马克思从社会历史层面凸显了"现实的人"的存在，怀特海则从自然宇宙层面揭示了"现实事态"的生成。将两者相结合，不难发现人在其存在与创造、活动与概念之间的交互作用。

（一）人的劳动和人类经验的主体能动性

马克思批判资本主义的抽象性而诉求"人的劳动"的具体性，怀特海批判近代科学的抽象性而诉求"人类经验"的具体性。其实，他们两种具体性诉求均离不开人的劳动或人类经验的主体性。否则，在"人的劳动"中将只见资本不见劳工，在"人类经验"中将只见资料不见活动。如果说，近代科学无视经验的主体性尚属于人类思维因高度抽象所犯的一种"偶然错误"（accidental error）[①]，那么当它被实际应用于资本主义时便成为一种"必然的现实"。如何规避这种"偶然错误"并克服其实际应用，不妨参照怀特海和马克思的具体性理论。从人的存在看，抽象性是对存在的片面化观点，具体性才是对存在的全面性回归，而主体性作为人的存在的本质特征，直接来源于具体性诉求。所以，从马克

---

① Alfred North Whitehead, *Science and the Modern World*, New York: The Fress Press, 1967, p. 51.

思的"人的劳动"到怀特海的"人类经验"的具体性诉求，彰显的便是其中的主体性维度。

1. 异化劳动违背了人的类本质和类本性

马克思提出"异化劳动"的概念与德国古典哲学有关。他扬弃了黑格尔的绝对精神异化论、费尔巴哈的宗教本质异化论，将异化概念从形而上学的观念落脚于现实的"人的劳动"之中。对于人的存在而言，"异化劳动"与阻碍人的本质力量实现直接相关，表现为人的劳动与生命活动相背离、劳动产品与自我实现相疏远，进而否定人的存在。无疑，人的本质力量要通过生产劳动来实现，而劳动产品作为劳动者本质力量对象化的结果，理应属于劳动者自己所有，以确证自身力量的实现。但在资本主义私有制下，"劳动的这种现实化表现为工人的非现实化，对象化表现为对象的丧失和被对象奴役，占有表现为异化、外化。"①

并且，马克思还从心理层面描述工人异化劳动的不幸感。在异化劳动中，劳动不是人的自我实现的活动而成为一种外在的、异己的作用，不再是人的生活目的而沦为一种谋生手段。于是，工人"在自己的劳动中不是肯定自己，而是否定自己，不是感到幸福，而是感到不幸，不是自由地发挥自己的体力和智力，而是使自己的肉体受折磨、精神遭摧残。因此，工人只有在劳动之外才感到自在，而在劳动中则感到不自在，他在不劳动时觉得舒畅，而在劳动时觉得不舒畅。因此，他的劳动不是自愿的劳动，而是被迫的强制劳动。"②

可见，无论是外在的私有制掠夺还是内在的心理不幸感，异化劳动都同人作为自己生命活动的劳动相异化，同人的类本质相异化。人是类存在物，劳动对人来说就是类生活。在这种类生活中，人的类本质应得到充分的实现。不同于其他物种的生命活动，人的类本质或类特性在劳动中表现为人的自由自觉活动，即马克思说的"人的类特性恰恰就是自由的有意识的活动。"③ 人正是在"自由的有意识的活动"中才彰显了其主体性，表现为他或她能够突破物质条件限制，引入理论概念思维，以可能性替换现实性、以创新性取代重复性，意识到自身是"普遍的因而

---

① 《马克思恩格斯选集》第 1 卷，北京：人民出版社 1995 年版，第 41 页。
② 《马克思恩格斯选集》第 1 卷，北京：人民出版社 1995 年版，第 43 页。
③ 《马克思恩格斯选集》第 1 卷，北京：人民出版社 1995 年版，第 46 页。

也是自由的存在物"①。但是，异化劳动使人丧失了自己的类本质和类特性，仅在吃、喝、生殖等本能活动中意识到自己的机能，人退化到了动物的水平，完全丧失了人的主体性。可见异化劳动乃是对生命活动的一种物化，在私有制下将劳动者与生产资料在所有权上分离开来，使人附属于物，让资本支配劳动。

2. 资本支配劳动褫夺了劳动者的主体性

借用怀特海的术语来说，资本主义的异化劳动是"抽象误置为具体"的劳动，这种"误置"乃资本支配劳动，是物的客观性对人的主体性的褫夺。从方法上看，抽象在于"分离和归约"（separation and reduction），即"把现实事物中具体地结合在一起的各种因素相互分离并归约到其中一个因素上面"。② 诚然，只有忽视其他因素的异质性或基于某一因素将其他因素同质化，才能对现实事物进行数量计算；而且，只有通过同质而量化的数量计算，才能精准操控对象。于是，一旦抽象被用于资本主义雇佣劳动，本该结合在一起的劳动和资本就被分离开来，工人丧失了生产资料只能出卖劳动力来维持生计，资本家则因拥有生产资料而可以不劳而获。这时，劳动主体性属于资本家而非劳动者自身，工人被迫从事劳动并受到各种控制，以服务于资本生产剩余价值最大化。

在以市场流通遮蔽生产过程上，资本主义同样呈现出"抽象误置为具体"的特点。资本与劳动在市场上通过货币似乎可以实现数量上的等价交换，但在生产过程中，资本这种"死劳动"与工人的"活劳动"是完全不等价的。根据剩余价值生产原理，在商品价值构成中，使用"活劳动"（工人劳动力）能够创造价值，带来价值增量，而消耗"死劳动"（原料和工具）只能转移价值，转移前后的价值量不变。显然，带来资本增殖的是劳动力创造的价值。但问题在于，按照商品价值构成，生产剩余价值必须充分发挥工人劳动的主体性和创造性，但资本主义以资本交换劳动来追求"剩余价值恰好依赖于被资本家所否认的工人劳动的创造性"③。这是资本主义生产方式的一种根本性悖论：在人的劳动中，

① 《马克思恩格斯选集》第1卷，北京：人民出版社1995年版，第45页。

② Anne Fairchild Pomeroy, *Marx and Whitehead: Process, Dialectics, and the Critique of Capitalism*, Albany: State University of New York Press, 2004, p. 156.

③ Anne Fairchild Pomeroy, *Marx and Whitehead: Process, Dialectics, and the Critique of Capitalism*, Albany: State University of New York Press, 2004, p. 154.

"死劳动"支配了"活劳动"，即无生命的资本支配了活生生的工人；在主体创新上，工人"活劳动"在质上的创新性被资本"死劳动"在量上的重复性所否定。因为资本家将工人的劳动抽象地视为客观的、量化的、重复的事态，而忽视了其主观的、异质的、创新的方面。所以，资本家以工资交换工人劳动的实质是，以死的东西交换活的生命，以重复性交换创新性，以社会平均劳动抹平个体自由创造。这些抽象性都脱离了人的劳动的主体性和创造性。因此马克思指出，"用劳动产品、劳动对象来偿付劳动本身的工资，不过是劳动异化的必然后果"。①

怀特海谈到近代科学的抽象方法，指出其各种抽象在于分离经验的不同方面以凸显某一方面，可见科学抽象没有揭示出人类经验的全部实在。显然，抽象"凸显"经验的某一方面不一定就是谬误，但问题在于抽象"凸显"了什么方面以及如何"凸显"这一方面。近代科学的抽象方法对经验事实的分离和凸显是分离质与量并将质归约为量，对事物作量化处理。这种抽象方法一旦被资本主义实际应用便产生了很大的谬误："在本体论上以一种最不适合于且有损于经验具体性的方式运用了这种抽象，将具体性朝适合于资本而不适合于劳动的方向作了归约"②，从而使工人的"活劳动"在市场上被资本自由买卖，在生产中被资本肆意剥削，为的是资本家财富的不断增长。

（二）人的劳动与人类经验的观念创新性

与资本主义凭借资本剥削工人和近代科学追求抽象客观性相反，马克思讨论社会"生产"（production）具体表现为"现实的人"的劳动，以及怀特海探究自然"过程"（process）具体表现为"现实事态"的生成。无论是马克思强调人的劳动中"活劳动"创造剩余价值，还是怀特海突出人类经验中"概念极"的创新可能，两人都指向主体并凸显其创新性。因此，他们的具体性诉求在以下两个方面可以形成互补。

1."人的劳动"与"人类经验"均需主体创新

在马克思的新世界观中，"人的劳动"是人在世存在的基本范畴，也是人类实践的主要内涵。只有通过人的劳动，主观世界与客观世界才

---

① 《马克思恩格斯选集》第1卷，北京：人民出版社1995年版，第50—51页。

② Anne Fairchild Pomeroy, *Marx and Whitehead: Process, Dialectics, and the Critique of Capitalism*, Albany: State University of New York Press, 2004, p. 154.

能达到统一，在认识世界和改造世界中，使现实充盈着理想。在怀特海的过程哲学中，现实世界基于经验事件而生成，构成经验事件的微观单元是"现实事态"（actual occasion），其结构既有"物质极"（physical pole）又有"概念极"（conceptual pole）。对于构成人类经验的"现实事态"而言，概念极的作用十分明显，它选择各种可能形式，生成各种新的经验事件。

但实际上，人的劳动在资本主义制度下发生异化，人类经验在近代科学抽象中变得贫乏。资本家的雇佣劳动不但没有为工人发挥主体性提供必要条件，反而通过不合人性的管理和剩余价值的榨取极大损害了劳动者的积极性和能动性。与此相应的是，近代科学的抽象方法没有为人类概念活动保留足够空间，反而将人类经验包含的异质性因素全部过滤掉以致人类经验趋向单一化。人的劳动异化与人类经验抽象化相结合，在资本主义社会中表现为：在市场上，资本家将工人劳动力价值等同于商品价值自由购买；在生产中，资本家把工人劳动力的个体差异性同质化为以工资为标识的工作日长度。

参照怀特海的"现实事态"概念，马克思论述的工人"活劳动"在人类经验中是一种概念极作用极强的创新活动，但资本这种"死劳动"控制了工人"活劳动"，使人的劳动变成了一种物质极起支配作用的重复性活动。资本家雇佣工人也是以工资这种"死劳动"购买工人"活劳动"，将人等同于物、将主体归约为客体，从而褫夺了人的劳动的主体性，扼杀了生命活动的创新性。由此而看，资本主义经济是一种"死亡的经济"（an economy of death）。① 而之所以称资本主义是一种"死亡的经济"，是因为在"现实事态"上其概念极活动已停止，新的现实事态不再出现而旧的现实事态不断重复占据了支配地位。用马克思有关人的劳动的一句话讲，这种"死亡的经济"使工人劳动的"活动是受动；力量是无力"②。

2."人的劳动"与"人类经验"可以相互结合

综合而论，"人的劳动"作为人类改造自然的活动，其中的人既是能动的也是受动的，反映了人在自然面前是能动性与受动性的统一。马

---

① Anne Fairchild Pomeroy, *Marx and Whitehead: Process, Dialectics, and the Critique of Capitalism*, Albany: State University of New York Press, 2004, pp. 161 – 162.

② 《马克思恩格斯选集》第 1 卷，北京：人民出版社 1995 年版，第 44 页。

克思关于人的劳动论述，充分肯定了人的能动性和创造性，强调如果没有人的主观意图对客观资料的能动整合，便不可能实现从自在自然向人化自然的转化，即不可能实现劳动创造。跟"人的劳动"相通，"人类经验"也是主观性与客观性的统一。怀特海对于人类经验分析，深入揭示作为本体的现实事态其物质极的"物质摄入"（physical prehensions）通过因果效应传递来自过去的经验资料，而其概念极的"概念摄入"（conceptual prehensions）则通过引入新的概念重新排列内在于以往经验中的可替换形式并引入新颖性。显然，怀特海十分重视现实事态概念极的作用，强调其概念摄入能够引起人类经验及其事物发生新的变化的可能性。

　　如果将怀特海对"人类经验"的分析与马克思对"人的劳动"的论述结合起来，便会使双方相得益彰。一方面，如果以现实事态的"物质摄入"解释人的劳动的受动性，以现实事态的"概念摄入"解释人的劳动的能动性，那么怀特海形而上学宇宙论由于普遍地"揭示了存在的辩证特点（the dialectical character of being），从而为马克思的生产劳动本体论范式（the ontological paradigm of production）提供了宇宙论根据"①。另一方面，从马克思的观点看怀特海哲学，关于"人的劳动"论述可以把"人类经验"分析落到实处，贯通形而上与形而下，促使观念与事实、可能与现实、自然与社会的内在统一。尤其是马克思对资本主义雇佣劳动及其剩余价值的分析，为怀特海过程哲学对现代性的抽象性批判提供了一个范例。换言之，从自然宇宙的普遍性到人类社会的特殊性再到资本主义的个别性，马克思的辩证法为怀特海的过程哲学找到了切实的用武之地，获得了对于现实的真正解释力。

　　综上所述，怀特海哲学与马克思思想可以互相对话、彼此互动。"人类经验"与"人的劳动"不仅在观念上对于人类实践的理解是互补的，而且在现实性上，微观的"现实事态"与宏观的"现实的人"也是相通的，同时在特征上，"人的劳动"的主体创造性和"现实事态"的概念创新性是相似的。因而，怀特海的过程哲学可以支持马克思的政治经济学批判，马克思的政治经济学批判可以落实怀特海的过程哲学。其实，过程哲学早已渗透在政治经济学批判文本中了。我们不难发现"在

---

① Anne Fairchild Pomeroy, *Marx and Whitehead: Process, Dialectics, and the Critique of Capitalism*, Albany: State University of New York Press, 2004, p. 148.

《〈政治经济学批判〉导言》中，考察人类生产的一切历史形式以及资本主义的生产方式都是过程性的；在《资本论》中，相关分析表现为人类劳动因其创新性而必然产生剩余价值，剩余价值作为资本主义生产利润的根据，生成于死劳动剥削活劳动的过程之中。"①

---

① Anne Fairchild Pomeroy, *Marx and Whitehead: Process, Dialectics, and the Critique of Capitalism*, Albany: State University of New York Press, 2004, p. 129.

第七章　两个思想系列与
中国式现代化

从现代性的抽象性批判到现代性的具体性重构，马克思思想与怀特海哲学可以说是彼此相通且互相补充的。无论从马克思对资本主义抽象性批判与怀特海对近代科学抽象性批判是相通的去看，还是就他们在社会历史维度和自然演化维度对现代性的具体性重构是互补的而言，两者的相通性和互补性都得到了本书各章的论证。在书尾，马克思与怀特海关于现代性的批判和重构还需通过"生态学马克思主义"和"建设性后现代主义"得以当代回应。故而，本章将围绕"马克思与生态学马克思主义"和"怀特海与建设性后现代主义"进行相关介绍。这两个传承系列不仅在理论上按照人与自然相统一的原理相互阐发，而且在实践中对于探索中国现代化发展与生态文明建设相统一具有启发性。

一、马克思与生态学马克思主义

从 19 世纪产生的马克思思想到 20 世纪以来的生态学马克思主义，其发展具有内在的逻辑关联。首先，马克思关于人的劳动和人化自然观，证明人类能动改造自然并超越自然，但终究不能脱离自然且内在于自然，这种观点有利于构建人与自然有机整体的生态学、促进人类保护自然生态环境的实践。进而，马克思揭示了现代工业化发展对于人的劳动解放具有重大意义，但资本主义私有制对工人的剥削造成了人的劳动异化并形成人与自然的对立关系。进入 20 世纪后半期以来，资本主义国家除了经济危机还爆发了生态危机，这无疑为资本主义灭亡敲响了"双重丧钟"。对此，生态学马克思主义将马克思的资本主义批判进一步发展为社会主义与生态环保的相互结合。从理论发展看，从马克思思想到生态学马克思主义，人与自然的关系和生态环境问题获得了专门的关注，历史唯物主义的生态维度得以凸显，且在政治经济学批判中得到了具体应用。

（一）从马克思的人化自然概念到生态学马克思主义阐发

1. 马克思的自然概念是人化自然

在马克思看来，现实中并不存在与人无关的纯粹自然。马克思表达自然概念的一些常用词语，诸如"大地""自然事物""自然材料"以及"劳动对象的存在基因""客观的劳动条件"等等，不仅默认了自然环境相对于人的劳动而存在，而且把自然理解为包括人类在内的广义概念，以至于"他的自然概念和'全部实在'是同一的。"① 人与自然是部分与整体的关系，而人作为部分又呈现了自然的整体，这通过人化自然得以体现。

人化自然作为人与自然的整体缩影，可揭示两方面的意蕴：其一，人类是自然界中最具能动性的部分。人类文明史就是一部人化自然史，它呈现了自然界经由科学理论成为人类认识对象并通过生产实践成为人类改造对象，从而转化为人化自然的过程。故而，我们"所谓人的肉体生活和精神生活同自然界相联系，不外是说自然界同自身相联系，因为人是自然界的一部分。"② 其二，自然界是人类外延的无机身体。从人的存在看，"整个自然界——首先作为人的直接的生活资料，其次作为人的生命活动的对象（材料）和工具——变成人的无机身体。"③

人化自然通过人类改造自然而生成，而人类改造自然的活动出于其本质力量的对象化。人的存在是一种对象性存在，自然对象因人的认识和实践而设定，人化自然由人的本质力量对象化产生，故超越自然存在物。人化自然既反映了人与自然的相互依存性，也凸显了人类改造自然的创造性。正因如此，不同于现代哲学关于人与自然的二元论和实证主义观点，马克思将人与自然、主体与对象从外在对立转为内在关联。

人与自然的对象性依存关系起源于自然界普遍存在的对象性依存关系。马克思以太阳与植物互为对象为例进行说明："太阳是植物的对象，是植物所不可缺少的、确证它的生命的对象，正像植物是太阳的对象，

---

① ［德］A. 施密特：《马克思的自然概念》，欧力同、吴仲昉译，北京：商务印书馆1988年版，第17—18页。

② 马克思：《1844年经济学哲学手稿》，北京：人民出版社2000年版，第56—57页。

③ 马克思：《1844年经济学哲学手稿》，北京：人民出版社2000年版，第56页。

是太阳的唤醒生命的力量的表现，是太阳的对象性的本质力量的表现一样。"从原则上讲，一个存在物若无任何对象便不是对象性的存在物，而"非对象性的存在物是非存在物"。① 同样道理，人离不开自然对象，自然对象也离不开人，纯粹自然只是一种抽象观念而已，现实的自然都是相对于人且被人改造过的人化自然。

人化自然作为对象性产物经由人的本质力量对象化并通过生产劳动得以实现。正如马克思所说，"人通过自己的外化把自己现实的、对象性的本质力量设定为异己的对象"，因而人的本质力量表现为"对象性的活动"，实现为"对象性的产物"。显然，人的本质力量并非"从自己的'纯粹的活动'创造对象，而是它的对象性的产物仅仅证实了它的对象性活动，证实了它的活动是对象性的自然存在物的活动。"②

人与自然的对象性关系源于自然界普遍存在的对象性关系，这是人内在于自然的证明。但是，这一关系又超越了自然界一般的对象性关系，具有人的类本质特征。马克思比较了人类与动物在对象性生产上的诸多区别："动物的生产是片面的，而人的生产是全面的"；"动物只生产自身，而人再生产整个自然界"；"动物只是按照它所属的那个种的尺度和需要来构造，而人懂得按照任何一个种的尺度来进行生产，并且懂得处处都把内在的尺度运用于对象"。③ 可见，人类超越动物在于其类本质，表现为自觉自由的生命活动和创造性生产。"通过这种生产，自然界才表现为他的作品和他的现实"，从而创造了超越自然存在物的人化自然。

20世纪法兰克福学派第二代学者A. 施密特在《马克思的自然概念》中指出，马克思的自然概念揭示了自然演化内蕴的社会历史性质，将自然看作人类实践和生产劳动的结果，其自然概念是指人化自然。但为了纠正早期西方马克思主义学者卢卡奇等人把自然完全消融于社会历史的唯心主义倾向，他把人化自然概念落实在人与自然之间发生的"物质变换"上。其实，理解人化自然概念离不开人与自然对象性依存的关系思维，因为"正如自然不可能脱离人那样，反过来，人和他的各种精神活

---

① 马克思：《1844年经济学哲学手稿》，北京：人民出版社2000年版，第106页。
② 马克思：《1844年经济学哲学手稿》，北京：人民出版社2000年版，第105页。
③ 马克思：《1844年经济学哲学手稿》，北京：人民出版社2000年版，第58页。

动也不可能脱离自然"①，对此施密特还批评了前苏联哲学家们忽视自然界的人类学意义，即"一方面议论世界总体的动力结构，一方面又使马克思当作首要问题的人的世界越来越从他们的视野里消失掉。"② 换言之，正确理解马克思的自然概念即人化自然，既要坚持自然本体论前提，又要强调人类社会历史内涵。

2. 马克思的生态学以社会为中介

如前所述，马克思的自然概念是广义的，指包括人类在内的全部实在。从人类视角看，自然作为人化自然具有深厚的社会历史底蕴，因而自然不是一个抽象概念。我们的自然观应是以社会为中介的人与自然的生态学观念，基本框架是"人·社会·自然"。在对自然的社会理解上，"马克思一开始就承认物质的实在已被社会所中介"③，事实上人与自然的关系也只有通过社会才能被落到实处。如此，马克思的生态学可以从两方面加以理解。

一方面，人与自然构成的生态学应将"劳动过程嵌入伟大的自然联系之中"，承认自然超出人类的广阔性和根本性。事实上，作为人化自然或被社会占有的那部分自然，"最后又战胜人的一切干扰而自我保持，被人渗透了的自然物质又再度沉入自然的最初的直接性中去。"④ 因此，历史唯物主义的"关注点从自然转向历史——没有否定前者在本体论意义上的先在性。"⑤ 马克思将自然的先在性融入社会历史中，视社会历史为"自然史的一个现实的部分"，由生产工具看到自然史的积淀，认为生产工具是人类"延长了的自然的肢体"。⑥

另一方面，人与自然构成的生态学不排除人类的主观能动性及其改

---

① [德] A. 施密特：《马克思的自然概念》，欧力同、吴仲昉译，北京：商务印书馆1988年版，第21页。

② [德] A. 施密特：《马克思的自然概念》，欧力同、吴仲昉译，北京：商务印书馆1988年版，第179页。

③ [德] A. 施密特：《马克思的自然概念》，欧力同、吴仲昉译，北京：商务印书馆1988年版，第25页。

④ [德] A. 施密特：《马克思的自然概念》，欧力同、吴仲昉译，北京：商务印书馆1988年版，第91页。

⑤ [美] 约翰·贝拉米·福斯特：《马克思的生态学——唯物主义与自然》，刘仁胜、肖峰译，北京：高等教育出版社2006年版，第126页。

⑥ [德] A. 施密特：《马克思的自然概念》，欧力同、吴仲昉译，北京：商务印书馆1988年版，第38页。

变自然的创造性。自然在此不是一个抽象的概念，而是与人的活动结合在一起的人化自然，并且展开于社会历史过程中，通过一定的生产方式和具体的社会制度得以实现。所以，生态学必须将人与自然关系纳入社会来思考，聚焦于生产方式和社会制度的变革，尤其是改变资本主义社会中人与自然的异化关系。

进入 21 世纪，生态学马克思主义学者约翰·贝拉米·福斯特（John Bellamy Foster）在其《马克思的生态学——唯物主义与自然》一书中，专门讨论了马克思的生态学思想。他发现马克思的《资本论》有一个非常重要的生态学概念即"新陈代谢"。所谓新陈代谢，是指人和自然相互作用的物质变换过程，而这一过程则由人类活动来调节和控制。因而，新陈代谢概念便有了双重涵义，即"所包含的物质变换和调节活动的观念，使马克思能够把人和自然的关系表述为既包括'自然条件'又包括影响这一过程的人类的能力。"①

马克思关于人与自然关系新陈代谢的论述主要集中于考察资本主义这一特殊的社会形态和人类近现代工业化这一特殊的历史阶段。资本主义社会各方面异化在生态学中被表述为人与自然物质变换发生了"新陈代谢断裂"，这种断裂从国内到国际普遍地得以呈现。在本土，资本主义的新陈代谢断裂表现为城乡之间相互敌对的状况，以致产生了"一个无法弥补的裂缝"。并且，这种城乡对立扩展至全球，又成为"全球层面上新陈代谢断裂的一个证据：所有殖民地国家眼看着他们的领土、资源和土壤被掠夺，用于支持殖民国家的工业化。"② 而资本主义社会之所以发生新陈代谢断裂，实则缘于其生产方式不可能"合理地调节他们和自然之间的物质变换，使之完全超越资产阶级社会的容纳范围。"③

工业化本可以"使用现代科学和工业方法以合理地调节人类和自然之间的新陈代谢关系"，但在资本主义生产方式和社会制度下，工业化却造成了城乡对立的结局。资本主义工业化最终表现为"对土地的异化"即对自然的异化，同时也表现为对雇佣工人的劳动异化即对人的异化，

---

① ［美］约翰·贝拉米·福斯特：《马克思的生态学——唯物主义与自然》，刘仁胜、肖峰译，北京：高等教育出版社 2006 年版，第 176 页。

② ［美］约翰·贝拉米·福斯特：《马克思的生态学——唯物主义与自然》，刘仁胜、肖峰译，北京：高等教育出版社 2006 年版，第 182 页。

③ ［美］约翰·贝拉米·福斯特：《马克思的生态学——唯物主义与自然》，刘仁胜、肖峰译，北京：高等教育出版社 2006 年版，第 157—158 页。

从而产生了人与自然关系的异化。在马克思的生态学视域中，资本主义对待人与自然关系极不合理的方式不仅指向资本对劳动的剥削，还包括其生产方式使人与自然的新陈代谢关系出现了严重断裂。因此，无论是工业化和生态学，还是物质变换和新陈代谢，"只有在这些术语中，马克思所经常号召的'废除雇佣劳动'才有意义。"①

3. 马克思自然观具有的双重意蕴

马克思的自然观，无论是其人化自然概念还是其生态学观念，均对人与自然关系作出了人类能动作用内嵌于自然生态系统并实现于社会历史发展的双重理解。首先，人既内在又超越自然，即人类作为自然进化的物种源于自然界从而内在于自然，但人类通过生产劳动改造自然界从而超越了自然。就人类自身而言，其内在于自然表现为人对自然的受动性，其超越了自然表现为人对自然的能动性。所以，人对自然是受动性和能动性的统一。马克思指出："人一方面具有自然力、生命力，是能动的自然存在物；这些力量作为天赋和才能、作为欲望存在于人身上；另一方面，人作为自然的、肉体的、感性的、对象性的存在物，同动植物一样，是受动的、受制约的和受限制的存在物。"② 但不同于其他物种，人的能动性尤为突出，并据此成为一个类存在物。

其次，人作为类存在物在自然界诞生，通过其自觉自由的实践活动改变了自然界和人自身，从而成为有别于其他物种的"人类"。马克思说："通过实践创造对象世界，改造无机界，人证明自己是有意识的类存在物，就是说是这样一种存在物，它把类看作自己的本质，或者说把自身看作类存在物。"③ 人一旦意识到自己是类存在物，便有了人类意识。人类意识对人的存在是类聚性的，对自然的存在则是区分性的。不难发现，在人类的社会关系中，个体总是以类聚方式过着集体生活，只有身处共同体和社会组织中才能活下去；但在人与自然的关系中，人按自身特性与自然界的其他物种区别开来，表现出独特的类本质。

同样，马克思的生态学对人与自然关系亦有双重意蕴，即他的生态学观念既有自然视域又有人类意识。一方面，自然被纳入人类意识成为

① [美]约翰·贝拉米·福斯特：《马克思的生态学——唯物主义与自然》，刘仁胜、肖峰译，北京：高等教育出版社2006年版，第196页。

② 马克思：《1844年经济学哲学手稿》，北京：人民出版社2000年版，第105页。

③ 马克思：《1844年经济学哲学手稿》，北京：人民出版社2000年版，第57页。

意识对象，即自然界的一切存在物，如植物、动物、石头、空气、光等等，无论是"作为自然科学的对象"，还是"作为艺术的对象"，均被纳入人的意识，成为人的意识对象，属于"人的精神的无机界"①；另一方面，人类意识于自然界中对象化，变自然存在物为人化自然，正是通过有目的有计划的生产劳动将其他物种变成人类实践对象，人类才创造了适合自己生活的自然条件。

与人化自然概念一样，马克思的生态学将人与自然关系落实于社会视域。因为改造自然的人化自然抑或人与自然的新陈代谢，实际上都以社会为中介并处于历史发展之中。在农业时代，人在自然中尚不具备完全的主体地位，人化自然只是自然界的小部分。人与自然关系以自然为主，表现为人的劳动归属于土地，不仅土地"还没有被看作劳动本身的因素，相反，劳动却表现为土地的因素"②，而且劳动对于人以及自然远未成为普遍意义上的活动，因为那时"劳动还不是从它的普遍性和抽象性上被理解的，它还是同一种作为它的材料的特殊自然要素结合在一起，因而，它也还是仅仅在一种特殊的、自然规定的存在形式中被认识的。"③ 进入工业时代，人在自然界中的主体地位空前凸显，人的类本质通过工业活动获得了普遍实现。因为伴随工业化而来的商品经济使个别劳动通过市场交换成为一般劳动，在普遍意义上实现了人的类本质并将人化自然的范围迅速扩大。可见，从传统社会到现代社会，人在自然中的主体地位不断凸显。但现代社会的工业化和商品经济在使个体摆脱传统人身依附关系同时，也瓦解了不少重要的社会关系，造成了人与自然的异化关系。

不难理解，对于当代经济社会发展与生态环境保护，上述马克思自然观的双重意蕴具有几个启示：

其一，坚持人本主义的立场。尽管马克思拥有丰富的生态思想，却并非一个生态主义者，而是一个人道主义者。他反对关于自然不切实际的崇拜和小资情调的伤感，强调人化自然的重要性，认为离开人类来空谈自然是没有现实意义的。同时，他也看到自然界是人类生存和发展的前提性条件，不能脱离自然讲以人为本。在这种意义上，人本主义的立

---

① 马克思：《1844 年经济学哲学手稿》，北京：人民出版社 2000 年版，第 56 页。
② 马克思：《1844 年经济学哲学手稿》，北京：人民出版社 2000 年版，第 76 页。
③ 马克思：《1844 年经济学哲学手稿》，北京：人民出版社 2000 年版，第 75 页。

场还需要生态学的整体观念加以必要的制约。

其二，通过物质变换的途径。自然界对人类的意义和价值表现为人化自然，而人化自然是人对自然进行物质变换的成果，生产劳动则是实现物质变换的途径。但在资本主义制度下，劳动异化造成了自然异化以致人与自然之间的新陈代谢断裂，引发当今全球生态环境危机。所以，人化自然和物质变换必须保持人与自然新陈代谢的正常运行，必须改变资本主义生产方式对自然的野蛮掠夺及其社会制度对工人的残酷剥削。

其三，实现共产主义的理想。人化自然和生态学都得通过社会变革来实现。马克思展望在未来共产主义社会中，人与自然、人与人的关系将变得极其合理和完全正义。那时人的劳动异化被克服了，生态环境也获得整个修复，人与自然的生态学在人化自然中达到了和谐共生状态，人化自然的实践活动在生态学中得以可持续地发展。于是，自然界在人身上复活了，人在自然界中也实现了自己的本质，人道主义的自然本质与自然主义的人道本质最终成为同一本质的两个方面。

（二）生态学马克思主义的生态视角与生态社会主义实践

1. 生态学马克思主义揭示资本主义的生态危机

马克思曾从人的类本质异化初探生态环境问题，认为后者属于"自然异化"，但起因于人改造自然的"劳动异化"。在他看来，资本主义的生产方式先导致劳动异化，进而引起自然异化。从 19 世纪到 20 世纪，随着西方发达资本主义国家地区工业化的普遍发展，生态危机也日益呈现，成为继经济危机之后资本主义现代性面临的又一大危机。围绕着人与自然的关系，国外马克思主义对资本主义批判的生态视角得以凸显。

20 世纪后半期以来，一些西方马克思主义学者对资本主义批判有了新的角度，他们看到由于资本主义国家的工业化发展，自然生态环境不断恶化，导致的社会问题也日益增多，引起了民众的普遍抗议。有鉴于此，法兰克福学派的霍克海默（Max Horkheimer）、阿道尔诺（Theoder Adorno）、马尔库塞（Herbert Marcuse）等人开始关注生态环境危机与资本主义制度的关联，挖掘马克思的生态思想。1974 年，加拿大学者本·阿格尔（Ben Agger）在《西方马克思主义概论》中首次提出"生态学马克思主义"（Ecological Marxism）这一概念。奥斯卡·拉封丹（Oskar Lafontaine）就此指出，"生态学马克思主义无疑代表了我们这个世纪的最后岁月里马克思主义发展的一个新阶段。"① 由此，这一新兴马克思主义流派开启了对资本主义批判的生态视角。从 19 世纪经典马克思主义到20 世纪早期西方马克思主义再到 20 世纪后期以来的生态学马克思主义，考察这些不同时期的马克思主义，可以发现它们关注的焦点发生了从社会到个人再到自然的明显转移，从人的存在几大维度出发形成了对资本主义批判的总体性视域。其中，生态视域彰显了人与自然关系这一根本维度。

生态学马克思主义诞生于 20 世纪 70 年代的西方发达资本主义国家，它在理论上回应了工业化发展带来生态环境问题的严峻现实，并开启了经典马克思主义对资本主义批判的生态视角。如果说经典马克思主义的政治经济学批判敲响了资本主义灭亡的"经济丧钟"，那么当代生态学马克思主义的生态学批判则敲响了资本主义灭亡的"生态丧钟"。从人与自然的统一性看，资本主义生产方式导致的经济危机与生态危机必然结合在一起，因而在理论上，"生态学马克思主义对资本主义的生态批判，丰富了马克思主义的社会批判理论。"②

不同于经典马克思主义，生态学马克思主义从生态学视角批判资本主义，指出造成当代生态环境问题的主要原因是资本主义制度。除资本主义制度这一主因以外，一些现代性的主导观念，像现代哲学中的控制自然观念、现代理性中的经济理性观念以及现代社会中的消费主义观念等也是导致当代生态环境问题的思想根源。然而，从批判资本主义制度到批判现代性观念，生态学马克思主义对资本主义生态危机的批判最终落实于重建社会制度，将批判目光从人与自然关系再次指向人类自身及其社会生活。

与此不同，生态中心主义者则试图超越人类中心主义的立场，抽象地站在自然的立场上批判人类对自然的所作所为。他们将生态危机归结为各种原因，比如，绿色分子将生态危机归结为人类认知误区和价值偏差，视之为现代化和工业化中出现的异化；技术决定论者将生态危机归结为技术失误和绿色技术滞后；人口学者认为生态危机是"人口爆炸"

---

① 解保军：《生态学马克思主义名著导读》，哈尔滨：哈尔滨工业大学出版社 2014 年版，前言第 1 页。

② 解保军：《生态学马克思主义名著导读》，哈尔滨：哈尔滨工业大学出版社 2014 年版，前言第 1—2 页。

的必然结果；人文学者则认为生态危机是人性的贪婪和对自然的骄傲自大所致；激进生态学者指出资本主义制度和社会主义制度都盛行"GDP崇拜"、奉行"经济至上主义"和倡导"极端工业主义"，正是上述错误导致了生态危机。① 可见，尽管生态学马克思主义和生态中心主义都对现代性发展造成的生态危机作出归因分析，但前者要比后者来得更加直接且更具现实性，后者主要在社会制度之外作了一种观念上的延伸性批判。

2. 生态社会主义基本价值立场及社会主义方案

生态学马克思主义赞同生态社会主义关于生态危机的解决方案。在众多生态社会主义提议者中，比较有代表性的是英国学者戴维·佩珀（David Pepper），他在《生态社会主义：从深生态学到社会正义》中明确指出生态社会主义的基本价值立场：

第一，重返人类中心主义。20世纪90年代以来，相对生态中心主义脱离人类立场的深生态学观念，生态社会主义提出重返人类中心主义的立场。但是，"生态社会主义的人类中心主义是一种长期的集体主义的人类中心主义，而不是新古典经济学的短期的个人主义的人类中心主义"。② 在佩珀看来，导致生态危机的根源不在于人类中心主义的立场和观念，而是资本主义制度的现实后果，因此只有确立社会主义原则才能克服资本主义制度造成的生态危机。

第二，落实社会公平正义。确立社会主义原则必须保护人民群众的整体长远利益（如生态环境保护等）来推行社会公平正义。与此相反，资本主义制度为了少数人局部眼前利益的最大化而无止境地追求资本利润，不惜以剥削劳工和破坏自然为代价。佩珀对此表示，资本家追求利润最大化而剥削工人阶级的不公平非正义造成了人民群众的普遍贫困化，贫困化又使大多数人为了挣得活下去的物质资料而被迫破坏生态环境，前者与后者形成了因果关系。所以，"实现更多的社会公正是与臭氧层耗

① 解保军：《生态学马克思主义名著导读》，哈尔滨：哈尔滨工业大学出版社2014年版，第153页。
② 解保军：《生态学马克思主义名著导读》，哈尔滨：哈尔滨工业大学出版社2014年版，第157页。

尽、全球变暖以及其他全球难题做斗争的前提条件。"①

　　第三，提出适度发展模式。佩珀提出有利于生态环境的"适度发展"模式，即一种既满足人类需要又保护生态环境的发展模式。从马克思关于人的全面发展思想出发，佩珀认为人的自我实现来自创造性劳动而非异化性消费，他批判消费主义误导人的真实需要，指出商品应该基于人的真实需要，从交换价值回归使用价值，并以人为本对资本逻辑加以引导，改变资本主义推行的生产生活方式。

　　除了观念变革，还有实践探索。为了实践生态社会主义，佩珀提出了"绿色政治战略"：将西方各种新社会运动（生态运动、民权运动、女权运动、和平运动等）与工人运动相联合，将发展中国家反对帝国主义与发达国家内部反对资本主义相联合，形成全球反对资本主义体系的总动员，发动一场反对"生态帝国主义—国际资本主义"的联合革命，试图以此实现生态社会主义。②

　　另一位重要学者萨拉·萨卡（Saral Sarkar）提出了更加激进的生态社会主义主张。首先，在《生态社会主义还是生态资本主义》中，他否认了资本市场对生态环境危机的解决方案，批判生态资本主义的局限性。③ 所谓生态资本主义，即在资本主义制度框架内，通过市场机制、绿色技术和理性的人来解决当代生态环境问题的一个设想。生态资本主义试图通过市场价格机制、环境污染许可证、国家生态指令、增收生态税、发展稳态经济等措施来应对事关人类命运的宏大生态危机，却无视于资本主义唯利是图的动机和导致贫富两极分化的私有制问题；极力赞同工业社会的经济增长，却无视于因大规模生产和大量消费所导致的不可持续和不可恢复的地球资源问题。④

　　其次，针对生态资本主义的局限性，萨拉·萨卡提出了十分激进的生态社会主义设想。他从增长极限出发，建议实施经济增长收缩战略、

---

　　① 解保军：《生态学马克思主义名著导读》，哈尔滨：哈尔滨工业大学出版社 2014 年版，第 160 页。

　　② 解保军：《生态学马克思主义名著导读》，哈尔滨：哈尔滨工业大学出版社 2014 年版，第 161 页。

　　③ 参见［印］萨拉·萨卡：《生态社会主义还是生态资本主义》，张淑兰译，济南：山东大学出版社 2012 年版，第 147—187 页。

　　④ 解保军：《生态学马克思主义名著导读》，哈尔滨：哈尔滨工业大学出版社 2014 年版，第 170—171 页。

推行计划经济、反对全球化，提倡社会主义的平等与合作，反对资本主义的差距与竞争。在他看来，当代生态环境日益严峻的现实问题迫使我们不得不站在市场经济和工业社会以外来考虑人类道路的其他可能选择，尽管这种选择十分艰难，但每个人都应从自己切身体验到的空气、水源和土壤污染中充分意识到超越当前现代性的必要性，否则人类文明将难于再持续下去。①

上述两位学者的生态社会主义观点都批判资本主义和提倡社会主义，但对于经济社会发展的看法却不尽相同。佩珀仍在发展观念内讨论生态环境问题，萨拉·萨卡则脱离了发展观念。两者的观点对照当下中国社会的发展与环保有两方面的问题：其一，中国解决当代生态环境问题的主要方案是建设社会主义生态文明，生态文明是中国特色社会主义"五位一体"总体布局中极其重要的方面；其二，解决生态环境问题选择社会主义道路必须以发展为导向，中国的历史和现实已经证明我们不可能不走工业化道路、也无法摆脱市场经济、或独身于全球化之外。所以，生态社会主义摆脱市场经济和工业社会的设想是不切实际的，对于我们的发展只有警示性而无建设性的意义。

3. 深生态学观点社会化与西方环境政治学实践

深生态学（deep ecology）由挪威哲学家奈斯（Arne Naess）提出，他根据人与自然在根本上统一的原理，将人的自我从社会延伸至自然，提出人"在自然中存在"（being in nature）的观点，即人的存在深深植根于自然界中，自我实现也应从社会扩展到自然。因而"现实的人"不仅要将自我实现于社会中，成为身处于社会关系中的人，而且要将自我实现于自然中，成为存在于自然生态中的人。于是，"人·社会·自然"构成深生态学的整体视域。

在马克思看来，现实的人作为"自然中的人"，只能表现为"社会中的人"，而"社会中的人"是"一切社会关系的总和"，其中"社会关系"通过其扮演的社会角色得以体现，"总和"则反映了他或她所扮演的多种社会角色叠加形成的具体人格。人在劳动中扮演的角色既是生产者也是消费者：前者是自我创造的、贡献的，后者是利己物欲的、索取

---

① 解保军：《生态学马克思主义名著导读》，哈尔滨：哈尔滨工业大学出版社2014年版，第174—175页。

的。传统伦理强调前者而抑制后者，规劝民众勤俭节约，现代经济则提倡后者，形成了一种消费社会。然而，消费社会中的人们不会考虑资源环境方面问题。

"社会中的人"必须承担社会责任并履行社会义务。人类作为社会性的存在，从古至今形成了各种社会共同体，但从人与自然的整体性来看，这些社会共同体还应延展至包括自然界在内的、人与自然和谐共生的地球生态共同体。从维护地球生态共同体来思考，人类社会必须从人内在于自然界来审视生态环境问题。然而，现代人仅将生态环境问题视为社会公共空间问题，强调个人在其中扮演公民角色。作为生态环境的巨大消费者，现代人对自然界应尽的生态责任和生态义务也往往不够自觉。这需要唤醒人们固有的地球生态共同体意识，促使全社会积极行动起来，保护人类共同的地球家园。

深生态学要想超越人类中心主义的局限性，未必要像生态中心主义那样直接否认人类立场。其实，人类立场对于人而言是无法从根本上超越的。因此，国内一些学者①提出了"人文生态学"的概念：作为一个研究范式，不同于自然科学和工程技术意义上的"科学生态学"，"人文生态学"是在人文社会学科视域下的一种生态学范式；作为一个学科群，它包括环境哲学②、环境伦理学、环境美学、环境人类学、环境社会学、环境经济学、环境贸易学等新兴的边缘学科和交叉学科，其中环境政治学研究的现实意义尤为引人瞩目。③

所谓环境政治学是指在政治学视角下探讨当代生态环境问题的解决途径，其主题涉及生态社会主义和生态资本主义之争。但不同于国内一些研究主要辨析生态社会主义和生态资本主义的意识形态属性，国外学者的环境政治学研究主要侧重于生态和社会在治理层面的具体议题，一些研究者还关注西方社会组织和绿党等有关问题。对于中国学界，引入西方环境政治学可用于比较研究，就同一议题在不同学科理论之间作比

---

① 北京大学马克思主义学院郇庆治教授2005年以来主编出版了一套"环境政治学译丛"（已出12册），在国内学界产生了一定的影响。

② 西北大学中国思想文化研究所的张岂之教授主编出版了"环境哲学译丛"。

③ ［美］戴维·佩珀：《生态社会主义：从深生态学到社会正义》，刘颖译，济南：山东大学出版社2012年，总序第1页。

较，或就同一议题在不同国家地区实践之间作比较。① 不过，除了研究，现实问题还得通过具体治理来解决。

在对生态环境的具体治理中，除了政府、企业和媒体，还需关注非政府组织和普通公众所起的作用，充分利用这些民间力量的潜在势能。据联合国有关机构统计，世界上各种非政府环保组织（ENGO）已达7000多个。这些民间的公益组织、非盈利性的社会团体、草根活动等在影响政府决策、促进社会组织交流合作、唤醒公众环保意识方面起到了积极作用，发挥了正面功效。参照国外经验，欧美发达国家生态环境保护比较好的地区，通常也是 ENGO 比较发达的地区。在当下中国，对于空气污染等生态环境问题的社会治理也应充分发挥 ENGO 的作用，让ENGO 和公众更多地出场，以促成多元主体治理体系中各主体责任分担、对话协商、协同创新的新格局。

二、怀特海与建设性后现代主义

怀特海的哲学观点在当代被一些中美学者引申为建设性后现代主义（constructive postmodernism），因为怀特海在《科学与近代世界》中蕴含了这一观点。建设性后现代主义不同于欧洲那种太过否定和激进的解构性后现代主义（deconstructive postmodernism），它试图将传统文化与工业文明结合起来，提出建设后现代生态文明，并尤为珍视中国传统文化价值，十分认同中国生态文明建设。在思想相关性上，怀特海哲学与中国传统哲学具有契合性，与马克思的辩证法和历史观也有相似性。但是，由于中国生态文明建设并不排斥现代性，中国也尚未进入后现代社会，而正处于推进社会主义现代化这一伟大的历史进程中。所以，建设性后现代主义观点与中国发展存有较大的差距。

（一）从怀特海现代性批判到建设性后现代主义当代响应

长期以来，怀特海哲学对现代性的批判被解读为一种后现代主义的观点。正如他本人在《科学与近代世界》（1925 年出版）中所指出的那样，20 世纪物理学和哲学的最新发展挑战了作为现代世界观的"科学唯物论"和笛卡尔二元论，标志着一个持续了大约 250 年时期的终结。在

---

① ［美］戴维·佩珀：《生态社会主义：从深生态学到社会正义》，刘颖译，济南：山东大学出版社 2012 年，总序第 2—3 页。

这一现代时期"终结"之后，科学和哲学关于世界本身和人类认识又将提出什么观点？对此，怀特海哲学的当代倡导者美国学者大卫·雷·格里芬认为，怀特海哲学以泛经验主义和非感官知觉取代了"成问题的现代设想"即现代世界观和认识论的本体预设，后者认为构成世界的基本单位是全然没有经验的纯粹物质实体，人类感觉经验是我们认识世界的唯一通道。然而，这种预设并不能完全说明世界与经验的真相，而仅仅是一种抽象观点。①

格里芬等人基于怀特海哲学，根据 20 世纪以来的相对论、量子力学、生态学等科学的最新发现，提出一系列建设性后现代主义的观点。建设性后现代主义具有几大特征：在哲学思维上，建设性后现代主义根据怀特海过程哲学或有机哲学原理，提出"从实体思维转向事件思维"②；在文化传承上，与解构性后现代主义不同，建设性后现代主义以传统精神整合现代文明，为人类文明的未来提出可供选择的方案；在理论批判上，建设性后现代主义不同于解构性后现代主义，"后者通常不鼓励尝试发展更好的理论，而这种尝试对建设性的后现代主义者来说似乎是很重要的。"③ 换言之，后者只"破"不"立"，前者既"破"又"立"。因此，"建设性后现代主义"对于时代和现实具有一定的积极意义。

一个国家的现代性实践表现为其现代化发展。参照西方国家经验，现代化发展是大规模工业化、城市化的发展，而这种发展模式会造成严重的生态环境问题。事实上，现代人类的城市生活远离乡村田野，生活方式大多数是非生态的，甚至是反生态的。历史上，自工业革命以来，人口集中的大城市也往往存在严重的生态环境破坏，因为城市生活基于大量生产和大量消费之上，会导致自然资源的加速消耗和巨大浪费。有鉴于此，一些建设性后现代主义学者认为，造成日益严峻的生态环境问题的根源是现代性和现代化发展。为了重建有利于自然生态环境的新文明，他们较为激进地提出建设后现代生态文明的设想。但按照怀特海哲

---

① 参见［美］大卫·雷·格里芬：《怀特海的另类后现代哲学》，周邦宪译，北京：北京大学出版社 2013 年，第 13—18 页。
② ［美］柯布：《建设性的后现代主义》，孔明安、牛祥云译，载《求是学刊》，2003 年第 1 期，第 31—38 页。
③ ［美］柯布：《怀特海哲学和建设性的后现代主义》，邵刚、杨金颖译，载《世界哲学》，2003 年第 1 期，第 31—39 页。

学，一切可能性都居于现实性中，建设任何一种可能的未来，其基础只能是已有的现实性，包括先前历史和当下现实。因此，建设性后现代主义试图将传统文化精神与现代科技文明结合起来，创造人类未来的新文明。这便是工业文明之后的后现代生态文明。

欧美国家的现代化随其工业化和城市化的发展，在 20 世纪后半期造成十分严重的生态环境问题。当时，知识界的回应是提倡可持续发展，视环保高于发展，甚至为了前者抑制后者；提出的理论方案也一般是消极的，如罗马俱乐部《增长的极限》的"零增长"等，其实践路径很多都脱离了普通民众的生活实际而带有生态乌托邦色彩。至于如何把社会与自然、经济与生态统一起来，实现民生与环保的双重诉求，当时西方世界没有给出理想方案。对此，生态学马克思主义将资本主义与生态危机关联起来，批判资本主义的社会制度，提出生态环境保护与社会主义制度相结合的方案。然而，建设性后现代主义则从资本主义造成的生态危机中透视其背后更为一般性的、更具普遍性的现代性危机，主张以后现代的生态文明建设来解决当代生态环境问题。

诚然，现代性强调个人自由和工业发展对于人的存在具有空前的解放意义，但个人主义的价值观和机械论的思维方式并不适合人类社会可持续发展，也不利于人与自然和谐共生的生态文明建设。因此，建设性后现代主义针对现代主义提出以下不同观点："现代主义把主体自我视为意义和价值的唯一源泉，后现代主义则以群体为先；现代主义是以竞争和支配的模式为基础，后现代主义的核心价值观却是合作；现代主义认为社会为个人而存在，后现代主义者则关心个体的幸福；现代主义主张事物之间的机械性关联，后现代主义则强调一切生物间的有机联系；现代主义常常自我鼓吹，否弃传统，后现代主义却能够尊重传统智慧。"①显而易见，"群体为先""团结合作""社会关怀""有机联系""传统智慧"等更有利于人类社会的可持续发展和保持自然生态的和谐共生状态。

（二）建设性后现代主义的智慧联盟与中国传统文化资源

上述观念需要确立一种新的世界观和思维方式，即转变近现代以来

① ［美］菲利普·克莱顿：《走向一种为了共同福祉的建设性后现代主义》，周邦宪译，载《武汉理工大学学报（社会科学版）》，2010 年第 5 期，第 619—621 页。

的机械论世界观和个人主义思维方式。这可以从中华优秀传统文化中汲取宝贵的思想资源。显然，中国传统文化的有机整体世界观和儒道佛合一的和谐智慧对此极具启发，不过，它们必须经过创造性转化和创新性发展方能参与新的世界观和思维方式的建构。在这种创造性转化和创新性发展中，传统元素被融入了现代性中。对此，建设性后现代主义提倡"传统、现代、后现代和当代现实的有机整合"，并鼓励历险和创新，推崇多元和谐的思维模式。① 这与机械论世界观和个人主义思维方式坚持的"划一思维"全然不同，后者造成了人的存在的单向度，导致自我与他人、人类与自然相分离。同时，提倡建设性后现代主义的学者认为，在现代性的生活方式以外，开启另一种生活方式也是可能的，即"追求'诗意存在'和'创意存在'的浪漫的后现代生活方式。"②这"另一种生活方式"认同人的自由全面发展的理想。

　　建设性后现代主义根据怀特海哲学提出的世界观和思维方式具有过程发展和有机关联的特征，其目光从现代性指向后现代并反观前现代，将过去、现在与未来有机关联地统摄于发展过程，落实于现代性重构之中。根据怀特海的"本体论原理"，一切可能性都存在于现实性之中，现实性包括过去与现在的经验事实。作为不同于解构主义的后现代世界观，建设性后现代主义批判现代性之余，没有完全抛弃现代性，也没有遗忘前现代，而是利用前现代的思想资源，试图将传统与现代结合起来重构现代性。这种重构实行"广泛的智慧联盟"，即"无论是古代智慧、现代智慧、还是后现代智慧，无论是东方智慧、还是西方智慧，无论是自然科学智慧、还是哲学社会科学智慧"③都将被汇聚在一起，发挥各自的积极作用来协同解决当代人类面临的重大生存危机问题。

　　在上述"广泛的智慧联盟"中，中国传统文化智慧和中国马克思主义发挥的作用十分重要。建设性后现代主义"注重中国元素"，它汲取中国传统文化中儒、道、佛的精神智慧，赞扬中国马克思主义的伟大实

---

　　① 王治河：《关于农业与农村发展的后现代哲学考量》，载《哲学动态》，2010 年第 4 期，第 5—14 页。

　　② 王治河：《别一种生活方式是可能的——论建设性后现代主义对现代生活方式的批判及启迪》，载《华中科技大学学报（社会科学版）》，2009 年第 1 期，第 23—29 页。

　　③ 冯颜利、孟献丽：《有机马克思主义：融通"中""西""马"的新范式》，载《社会科学家》，2015 年第 11 期，第 20—24 页。

践，并寄希望于其后现代生态文明理念"在中国取得成功"①。的确，作为建设性后现代主义理论根据的怀特海哲学与中国传统有机思想非常契合，诸如强调事物的流变性和关联性，反对二元论思维、坚持整体主义的价值观，等等。②

中国学者看到怀特海哲学与中国传统有机整体思想的契合性，以此作为沟通现代科学与传统文化之间的桥梁。怀特海哲学以动态发展的、相互关联的"事件"概念取代了现代机械论世界观孤立、静止的物质"实体"概念，确与中国传统的儒道佛思想，尤其是易经、华严宗颇有会通之处。③ 自20世纪以来，怀特海哲学传入中国知识界，老一辈的哲学家们借此展开中西哲学比较与创新研究，认为怀特海哲学与中国哲学的万物通体相关的宇宙本体论、关联感通的思维方式、成己成人的善治论是非常一致的。④ 建设性后现代主义学者根据怀特海哲学，对中国现代化发展提出的一些建议，特别是解决生态环境问题方面的建议，也具有一定的可借鉴性。一些旅美学者由此出发，提出"第二次启蒙"的主张，即一种不同于现代性启蒙的生态后现代启蒙⑤，并指出建设性后现代主义对于中国现代化发展具有的意义是："有助于中国独辟蹊径、迎头赶上、走一条后现代化的生态文明之路。"⑥

诚然，在历时性问题共时性呈现的当今背景下，中国式现代化不仅是现代性的，也负载着深厚的历史文化传统，并在全球化背景下受到西方发达国家后现代转向的影响。所以，兼具发展和环保双重诉求的中国生态文明建设远不同于欧美国家的现代化及其生态治理，不能盲目照搬西方模式，而必须走出一条适合当今时代和中国国情的创新之路。

无疑，建设性后现代主义只有了解中国社会的当代现实，符合中国

---

① ［美］柯布：《论有机马克思主义》，陈伟功译，载《马克思主义与现实》，2015年第1期，第68—73页。

② 杨志华：《何为有机马克思主义？——基于中国视角的观察》，载《马克思主义与现实》，2015年第1期，第78—83页。

③ 俞懿娴：《怀特海自然哲学——机体哲学初探》，北京：北京大学出版社2012年版，再版序第1—3页。

④ 王锟：《怀特海与中国哲学的第一次握手》，北京：北京大学出版社2014年版，附录三，第189—194页。

⑤ 参见王治河、樊美筠：《第二次启蒙》，北京：北京大学出版社2011年版，本书简介。

⑥ 王治河：《中国式建设性后现代主义与生态文明的建构》，载《马克思主义与现实》，2009年第1期，第26—30页。

社会的发展前景，才能提出可用之策。对此，有学者认为建设性后现代主义对于中国最大的启发在于，提出了"中国这样的社会主义发展中国家能否走一条跨越式发展之路，能否避免资本主义工业文明的弊端，利用社会主义的制度优势和中国文化的优质资源，直接建设生态文明"的问题。[①] 就此而言，建设性后现代主义"对当代中国如何避免重蹈西方现代性发展的覆辙，建设中国特色社会主义生态文明具有一定的启示价值"[②]。

三、中国现代化与生态文明建设

从马克思到生态学马克思主义，对资本主义的现代性批判由经济危机延伸到生态危机；从怀特海到建设性后现代主义，对近代科学的现代性批判由自然演化落实到社会历史。这两个思想系列若在 21 世纪结合起来，对于化解人类社会发展与自然生态保护的尖锐矛盾、满足经济增长和生态环保的双重诉求，将起到相互补充、相得益彰的作用。尤其对于中国而言，现代化发展要想在新的时空条件下有效应对人类生态危机、积极回应西方后现代思想挑战，就必须沿着中国特色社会主义道路，通过建设生态文明来解决当代生态环境问题。就人类文明发展而言，生态文明超越了农业文明和工业文明，也能在更高阶段上实现中国现代化发展与生态环境保护的内在统一。

（一）在生态危机形势下中国现代化发展的深绿色

进入 21 世纪，随着资本全球化运作和世界经济一体化，日益严峻的生态环境问题成为任何一个国家和地区在发展中都会遇到的重大问题。在这种形势下，西方近现代以来流行的抽象现代性理念及其现代化模式不再适合作为广大发展中国家和地区的参照样板。因而，21 世纪的现代性不同于启蒙时代的现代性，必须在新的历史条件下进行重构，后起现代化的国家必须开辟新的发展道路。对于中国而言，现代化发展中遇到的问题和解决的方案同样如此。建设性后现代主义倡导者提出，"中国的

---

① 王治河、杨韬：《有机马克思主义及其当代意义》，载《马克思主义与现实》，2015 年第 1 期，第 84—92 页。

② 孟献丽、左路平：《有机马克思主义的新生态观——兼评有机马克思主义的生态危机解决之道》，载《国外社会科学》，2016 年第 1 期，第 19—26 页。

传统文化和建设性后现代主义能够提供相应的资源和启发"①，认为"运用生态学马克思主义和建设性后现代主义，中国有望实现生态文明，挽救人类文明"②。从这些观点可以看出，中国传统文化、建设性后现代主义和生态学马克思主义，将成为解决中国现代化发展中遇到的诸多问题可资利用的思想资源。在这三种思想资源中不难发现，中国传统文化是中国现代化发展的历史基础，建设性后现代主义开启了中国现代化发展的另一种路径，生态学马克思主义对资本主义生态危机的批判可以规避现代化发展陷入资本主义陷阱。综合应用三者，中国现代化发展将呈现出"深绿色"，即基于人与自然和谐共生理念，意识到现代性问题与全球生态危机的关联，援用传统文化的精神智慧以求取化解之道。在字面上，"深绿色"之"绿"彰显了中国现代化发展的生态关切；"深绿色"之"深"则指既要深入揭示资本主义生态危机的现代性根源，也要深入挖掘现代化发展的传统文化根源。

关于生态危机社会根源的分析及其解决之道，欧美生态学马克思主义批判资本主义制度的各种弊端，提出以生态社会主义取代资本主义的方案。引人瞩目的是，新近出现的"有机马克思主义"③ 在这一方面非常激进。比如，美国学者菲利普·克莱顿（Philip Clayton）在《有机马克思主义：生态灾难与资本主义的替代选择》第一章指出"全球资本主义已经造成了人类有史以来最为严重的生态与人道主义灾难"④，在他看来，目前地球资源已难以维系资本主义生产增长的需求，对各种地球资源的利用也已达到或逼近极限状态，由此带来的地球生态破坏将对人类社会造成毁灭性的严重后果，尤其对工人阶级和社会底层群众的生存产

---

① ［美］柯布：《文明与生态文明》，李义天译，载《马克思主义与现实》，2007 年第 6 期，第 18—22 页。

② ［美］大卫·格里芬：《生态文明：拯救人类文明的必由之路》，柯进华译，载《深圳大学学报（人文社会科学版）》，2013 年第 6 期，第 27—35 页。

③ "有机马克思主义"（Organic Marxism）由美国加州克莱蒙学者于 2014 年正式提出，2015 年以来中国一些核心期刊对之有较多的介绍、讨论、争议和批评。而菲利普·克莱顿和贾斯廷·海因泽克的《有机马克思主义：生态灾难与资本主义的替代选择》一书则是比较系统地阐述了这一思想及其理论的代表著作。

④ Philip Clayton, *Organic Marxism: An Alternative to Capitalism and Ecological Catastrophe*, Process Century Press, 2014, p. 4. 中译本见 ［美］菲利普·克莱顿·贾斯廷·海因泽克：《有机马克思主义：生态灾难与资本主义的替代选择》，孟献丽、于桂凤、张丽霞译，北京：人民出版社 2015 年版，第 4 页。

生极大的危害。因而，迫于不断扩大的生态危机及其引发的社会危机，必须根据生态原则变革经济增长模式，把经济增长控制在地球承载能力范围之内，并以社会主义替代资本主义。①

除了上述观点以外，以小约翰·柯布和大卫·格里芬等人为代表的建设性后现代主义提倡者，更加广泛地寻求解决当代生态环境问题之道，包括科学、文化、教育、农业、商业、治理等诸多途径，尝试建设生态文明的各种后现代方案。② 与解构性后现代主义提出者主要在哲学、文学、艺术、建筑等领域发力不同，建设性后现代主义倡导者则聚焦于当代生态环境问题来进行广泛深入的现代性批判。在批判态度上，解构性后现代主义既否定现代也否认传统，建设性后现代主义则对现代仍有不少保留方面，而且尤为珍惜传统，尝试在汲取传统智慧并保留现代文明成就的基础上，超越工业文明的局限性，建设后现代的生态文明。

联系中国现代化发展，为了解决生态环境等诸多问题，从生态学马克思主义思考，中国现代性重构和现代化发展必须要有"绿"的底色。如果考虑中国悠久的历史文化传统和快速的现代化发展情况，这种"绿"将呈现于更深更广的范围。从矛盾普遍性与其特殊性看，中国现代性重构和现代化发展有两方面需要反思：一方面，发达资本主义国家在现代化中造成了生态危机，发展中国家后续的现代化同样遇到了严重的生态环境问题，这是否预示了遵循西方模式总是难以避免这种结局，所以必须深入思考西方现代化背后的现代性问题。另一方面，未来早已蕴含于过去和现在中，解决当代生态环境问题的答案是否已存在于中国文化传统和当下现实之中。

因此，由生态危机来看，中国现代化发展的"深绿色"可有两种理解：其一，从生态学马克思主义深入至现代性批判。生态学马克思主义认为是资本主义制度导致了生态危机，但这背后还有更为普遍的现代性根源。所以，批判资本主义制度之余还得进行现代性批判。这是从特殊到普遍的深绿思路。其二，按建设性后现代主义观念，将生态学马克思主义一般原理嵌入中华民族优秀传统文化，除了对资本主义生产方式的批判，还得重视思想观念和文化价值对社会发展的引导作用。这是从普遍到特殊的深绿思路。

---

① 参见此书有关章节论述。
② 参见王治河、樊美筠：《第二次启蒙》，北京：北京大学出版社2011年，有关章节。

前已论述了，将马克思思想与怀特海哲学结合起来不仅存在学理上的可能性，而且在实践中具有重大的意义。在学理上，怀特海的过程哲学或有机哲学与马克思的历史哲学或社会哲学是非常契合的，尽管两者在视域和层次上有所不同。在实践中，将怀特海哲学与马克思思想进行创造性综合，可以应对当代生态危机和各种社会危机。在资本主义全球扩张和生态环境问题日益严重的今天，现代性批判与重构的视野既要聚焦资本逻辑的宰制也要关切生态危机的爆发。从人或自然两大视域看，在西方文化中，马克思思想就像希伯来先知预言似的宣告社会正义终将实现于解除被压迫者的种种苦难①；在自然演化中，怀特海哲学将在宏大宇宙论背景中有助于我们理解马克思对资本主义批判的深远影响②。

（二）在后现代的转向下中国现代化发展的独创性

中国现代化发展是在世界全球化背景下和国内改革开放进程中快速推进的，形成了自己独特的模式。受西方晚期现代性和后工业社会的影响，自 20 世纪 90 年代以来各种后现代观念风起云涌地相继传入中国。从实际情况看，中国的现代化经过最近四十多年的快速发展形成了巨大的时空压缩，使中国现代化发展同时包含传统性、现代性和后现代性的三种因素或力量。其中，传统因素的深厚积淀与现代化快速转型使传统性与现代性的张力非常强烈，平衡这种张力需要寻求一种新的模式；并且，在全球化背景下，欧美发达国家的后现代转化趋势也渗入了中国现代化主流之中，使中国的现代化发展不得不吸纳一些后现代的东西。因此，无论就外部条件还是从内部根源看，中国现代化发展都必须具有独创性，不能简单仿效更不能照搬西方的现代性观念和现代化模式。

中国现代化发展的独创性旨在克服西方现代化的弊端，规避其现代性观念的误导。比如，自笛卡尔肇始的西方近现代哲学关于人与自然的二元论和机械论世界观，以及现代人片面征服自然的工业化改造，等等，这些都是造成当代生态环境问题的思想和行动原因。本书认为，取代上

---

① ［美］柯布：《马克思与怀特海》，曲跃厚译，载《求是学刊》，2004 年第 6 期，第 6—11 页。

② Anne Fairchild Pomeroy, *Marx and Whitehead: Process, Dialectics, and the Critique of Capitalism*, SUNY Press, 2004, pp. 3 – 13.

述现代性抽象观念的方法是将怀特海的有机自然观与马克思的社会正义观相结合。这种结合能带来两方面的效应：其一，通过怀特海哲学扩大了"马克思主义分析和理解的范围"，从而对日益严峻的全球生态危机做出深刻而广泛的说明；其二，通过马克思思想也使怀特海哲学获得"关于社会秩序的一些洞见"。因此，两者的结合是互补与互利的，为中国现代化发展提供了一种理解人与自然、社会与生态的哲学根据。

中国现代化发展的独创性立足于对时代问题的解决上。在理论创新方面，中国现代化发展以马克思主义为指导，并将马克思主义时代化和中国化，因而中国现代化发展的独创性表现为当代中国共产党人在现代化实践中，创造性地把马克思主义与中国传统、中国现实和当代世界相结合，解决人类面临的生态危机、经济危机、社会危机等一系列重大危机，既超越了资本主义现代性及其现代化的僵局，也证明了马克思主义在 21 世纪依然是正确的。在此之余，中国现代化发展的独创性更在于承担着实现中华民族伟大复兴的历史使命，将民族优秀传统文化通过创造性转化和创新性发展融入现代化发展和现代文明创造中，增强了民族自觉和文化自信。

中国现代化发展的独创性除了超越西方现代性和现代化的困境，还包括应对西方后现代转向的影响。在本书的语境中，不妨参考和借鉴建设性后现代主义不同于解构性后现代主义在现代性批判上采取的"建设性"观点，即将中国传统文化与现代工业文明相结合，以前者的精神智慧提升后者的物质财富。显然，一个国家和民族拥有大工业生产力，能够大量生产物质产品和充分满足其人民的物质生活需求是现代化发展的客观标准，但其"文化传统和精神因素对经济社会的作用"也不可小觑，所以要"将历史唯物主义原理嵌入不同文化传统来理解，自觉地从各种传统优秀文化当中吸取智慧养分、并与各种传统文化深度融合，从而成为一种活生生的、时代化、民族化的实践智慧"①。在这种意义上，中国现代化发展的独创性将基于本民族优秀传统文化，找到在西方后现代转向下中国现代性和现代化的新表达和新方案。

（三）中国现代化发展与生态文明建设根本相统一

以上讨论中国现代化发展的深绿色和独创性两种特征，为的是揭示

---

① 杨志华：《何为有机马克思主义？——基于中国视角的观察》，载《马克思主义与现实》，2015 年第 1 期，第 78—83 页。

影响中国现代化发展的一些现代性观念。确实，在中国现代化发展中，面对通常作为参照系的西方现代化模式及其现代性观念，需要结合时代背景和中国现实进行广泛深入的分析批判，并作出本土化转换。比如，怎样在全球气候变暖等生态危机形势下继续保持中国社会经济增长，怎样在世界经济一体化条件下发展社会主义市场经济，等等。回答这些问题，在本书的分析中，既要坚持马克思对资本主义市场的政治经济学批判，又要补充怀特海哲学"对资本主义反生态本性的批判"①。而且，这种分析批判必须展开于当代社会的经济发展、生态治理、文化传承、文明教育诸方面，落实到改革举措上，才会产生现实效应。所以，关于现代性反思和现代化实践还需要从以下几个方面来审视。

在经济增长方式方面，中国现代化发展以经济总量增长为物质基础，但粗放型增长造成了生态环境破坏的后果。走出增长与环保的二律背反在于经济增长方式的转变，即从粗放型增长转为集约型增长，采取一种注重内涵的高质量发展方式。在这种意义上，必须反对 GDP 崇拜和唯增长主义。为了实现增长与环保的双赢目标，中国现代化发展以绿色 GDP 作为衡量经济增长的新指标，提出"绿水青山就是金山银山"的绿色发展理念。从中国社会结构看，农村、农业和农民（"三农"）是中国现代化发展的基础层面，因此乡村经济振兴、农业现代化、美丽乡村建设就成为中国现代化发展与生态文明建设相统一的主战场。

在全面生态治理方面，中国现代化发展不赞同西方生态中心主义的立场和观念，因为后者从抽象的生态思维出发，无视人类在自然界中的存在地位和价值意义。如果说这种抽象的生态思维脱离人类利益单纯思考生态环境问题甚至坚持生态中心主义立场，那么中国生态文明建设提出人与自然和谐共生的理念便从人类生存发展考虑，充分发挥人类主体性来积极保护生态环境，兼顾人与自然双方，规避人类中心主义与生态中心主义两个极端。显然，如果我们从有机整体思维来进行生态治理，将发生"从治理自然到治理社会、从治理生产到治理消费、从治理行动到治理观念的反思式转变"②。

---

① 王治河、杨韬：《有机马克思主义的生态取向》，载《自然辩证法研究》，2015 年第 2 期，第 117—122 页。

② 黄铭、吕夏颖：《有机马克思主义的有机思维及其生态治理》，载《国外社会科学》，2016 年第 1 期，第 11—18 页。

　　在传统文化创新方面，中国现代化发展扎根于深厚的民族传统文化土壤之中。现代化在某种意义上是传统社会向现代社会的根本转型以及由此而来的巨变，这种巨变不仅发生在社会的经济物质方面，而且深入至民族的精神文化层面。就后者而言，传统文化被植入现代性，势必引起传统与现代的冲突乃至断裂。而要让传统在现代得以保留并延续下去，只有通过创造性转化和创新性发展才有可能，即将优秀传统文化融入现代工业文明来解决时代问题。比如，汲取中国传统文化中儒家的天人合一、道家的道法自然、佛教的自我觉悟等有利于保护生态环境的精神智慧，为解决当代生态环境问题和建设中国生态文明所用。诚然，现代性作为从传统到现代的转型要求，其普遍性和同质性只有融入不同国家民族文化的特殊性和多样性中才能真正实现。对于具有五千多年悠久历史的中华民族而言，在现代化发展中实现文化传承显得特别重要。

　　在生态文明教育方面，中国现代化发展在遵从工业文明的合理价值观和正确思维方式同时，也应充分吸收西方一些有利于中国生态文明建设的内容。譬如，有机整体世界观、可持续发展观、社群导向价值观、综合性创新观等，都是生态文明教育值得关注的方面。由于生态环境问题终究是人类不适当的生产方式和生活方式引起的，所以通过教育改变人类自身也就成为解决生态环境问题的关键所在，增强一般公民的环保意识和对大中小学的学生分层次进行生态文明教育十分必要。生态文明教育在价值观上，除了人类的知识和价值观，还得"教给学生与所有生命共生共荣及公正分配资源和机会的知识和价值观"①。只有超越狭隘的人类中心主义立场，走出消极的生态中心主义立场，现代人才能在观念和行动上积极保护地球家园，实践人与自然和谐共生的理念。

　　综上各方面所述，从人与自然关系思考：首先，转变经济增长方式、全面推进生态治理是从自然存在优先性出发的思考；其次，传统文化的现代创新转化、生态文明的普及教育是按人的存在主体性地位的思考。但在人与自然的关系中，倚重哪一方在不同时代下有不同取向。前现代的农耕文化和农业文明敬畏大自然，现代化的理性启蒙和工业文明依靠人自身，后现代的科技文化和生态文明转向人与自然和谐共生。人与自然关系对于人的存在而言，自然存在是人的存在的前提条件，人的存在

――――――――――

　　①　[美]菲利普·克莱顿：《有机马克思主义与有机教育》，孟献丽译，载《马克思主义与现实》，2015年第1期，第74—77页。

是自然存在的重要价值。作为前提条件的自然与实现重要价值的人是不可分离的两极，只有统一才能生成人与自然和谐共生的关系。

　　书写至末尾，本章作为对马克思与怀特海的现代性批判和重构的当代回应，通过两个思想系列的介绍，即介绍"马克思与生态学马克思主义"和"怀特海与建设性后现代主义"对中国现代化发展的启示，作者相信本书的理论价值在于：在普遍性上，关于中国现代化发展的思考不仅要掌握从马克思到生态学马克思主义这一思想系列对资本主义的经济政治文化社会批判，也要了解对造成生态危机的现代性批判；在特殊性上，中国现代化发展可以借鉴从怀特海到建设性后现代主义这一思想系列对西方工业文明的批判以及对中国农耕文化和农业文明价值的肯定，把发掘优秀传统文化资源与利用西方工业文明成就相结合，实现传统文化的创造性转化和创新性发展，在全球化背景下增强民族文化自信，坚持和发展 21 世纪的中国马克思主义。而本书的实践意义在于，思考中国现代化发展必须从中国现实出发，协调好经济与生态、发展与环保等重大关系，落实于中国现代化发展的两大主题："一是市场社会主义，一是生态文明建设。"① 实践前一主题主要基于马克思对资本主义现代性批判和重构的理论，实践后一主题可以参考怀特海对近代科学现代性批判和重构的理论。无论是理论价值还是实践意义，本书研究马克思思想与怀特海哲学阐发的现代性批判和重构，旨在转变观念和明确目标：转变西方现代性的机械论世界观、个人主义人生观、消费主义价值观等抽象性观念，代之以人与自然和谐共生的有机整体世界观、社会共同体中的个人存在、人的劳动创造幸福生活等具体性观念；目标则是满足"人民日益增长的对美好生活的需求"和建设"美丽中国"。上述观念和目标正是中国现代化发展与生态文明建设根本相统一所要求的。

------

　　① 王凤珍：《有机马克思主义：问题、进路及意义》，载《哲学研究》，2015 年第 8 期，第 21—24 页。

结　语

（一）

本书着眼于资本和科学两大现代性构件，将马克思思想和怀特海哲学关联起来进行分析综合，沿着先抽象性批判后具体性重构的论述思路，构建旨在解释人与自然和谐共生与现代社会发展相统一的"人·社会·自然"有机整体世界观。

关于现代性的抽象性批判，马克思的批判聚焦于"商品—货币—资本"这一系列抽象性，从社会历史维度揭示了资本主义现代性的暂时性，展开为《资本论》巨著中的政治经济学批判。怀特海的批判主要呈现于《科学与现代世界》一书，这本被誉为"现代心灵宝藏"名著，其中考察了现代科学思想抽象性发展及其功过是非，揭示了科学革命的哲学基础，从自然演化维度反思了现代科学思想的哲学基础。

关于现代性的具体性重构，马克思通过"人的劳动"聚焦了社会历史维度，怀特海经由"人类经验"展示了自然演化维度，两大维度以前景和背景相结合，形成人与自然的社会关联和历史演化的世界观。

将马克思思想和怀特海哲学关联起来并非属于偶然的学术联想，而是因为他们各自批判的资本现代性和科学现代性具有共构性、相通性和互补性。

其一，资本与科学是共同构成现代性的两大方面，即现代性的两大构件，马克思和怀特海恰好在这两大方面为我们提供了宝贵的思想理论资源。马克思的《资本论》聚焦于 19 世纪欧洲社会各种矛盾的激化，深入"商品—货币—资本"的抽象逻辑，揭示西方国家生产和交往的诸种弊端，批判资本主义生产方式剥削工人阶级并使人的类本质异化。怀特海在《科学与近代世界》中，从近现代（17—20 世纪）科学思想发展去深入揭示现代世界的抽象特征，为现代性症结找到抽象异化的认知根源，即犯了"将抽象误置为具体的谬误"。

其二，资本与科学在对人事物作同质化和数量化的抽象上是相同的，因而马克思对资本抽象性批判和怀特海对科学抽象性批判具有相通性。譬如，马克思指出"商品""人口"等抽象范畴应嵌入社会历史条件和工人生活状况去考察，怀特海指出将"实体""简单位置"等抽象范畴用于探究自然和分析经验的局限性，他们都在批判现代性的抽象性。

其三，从具体性重构去描绘现代人存在，马克思对资本现代性批判构成了社会历史前景，怀特海对科学现代性批判则形成自然演化背景，两者作为前景和背景对于人的存在具有互补性，各从人的劳动和人类经验揭示了人的存在原型。

分别而论，在社会历史维度，马克思对资本现代性的批判揭示了一个基础性视角。但是要想拓展其批判的全面性和广阔性，仍需要向其他的批判话语保持开放和对话。不然囿于人类社会内部，就容易忽视自然生态环境。诚然，生态马克思主义也开启了生态学的视域，但它将生态危机归结为社会危机，促使"生态正义"指向"社会正义"，因而其生态学视域仍然从属于社会历史维度。

相对而言，在自然演化维度，怀特海对科学现代性的批判开显了一种宇宙论背景。在资本主义全球扩张和生态危机日趋严重的今天，现代性批判不仅要深入社会历史维度，而且要拓展自然生态维度，从而构建具有整体性和包容性的有机整体世界观。选择怀特海，不仅因为其形而上学宇宙论超越了人与自然的二元论，还由于其过程哲学或有机哲学在众多西方哲学形态中极为难得地契合中国传统思想，因此引入怀特海哲学对现代性批判有助于发掘中国传统文化的世界意义。

（二）

现代社会由于科学技术突飞猛进、工业革命多次发生，极大改变了世界面貌，空前推进了历史进程，以致马克思在《共产党宣言》中感叹一切固定的东西都烟消云散了。确实，千差万别的物品现在按理性都变成商品且归约为货币，同质化的"量"遮蔽了差异性的"质"，一切变得有利于资本流通运转。市场理性的这种抽象化对应于自然物理的抽象化，人依靠科技理性从自然中独立出来，人依靠市场理性从传统社会走向现代社会。

马克思对现代性的批判表现为他对资本主义的政治经济学批判。在他看来，"现代性"主要表现在两个方面：一是科技理性，二是资本逻辑；对于前者，马克思基本持肯定观点，对于后者则持批判观点，特别是对现代性的拜物教——商品拜物教、货币拜物教、资本拜物教进行深入批判。①

社会批判作为马克思理论本色，在西方马克思主义学者中不断得以赓续。法兰克福学派将现代性批判落实于现代社会批判，四代核心人物先后提出了令人关注的重要观点：首先，霍克海默（M. Max Horkheimer）和阿多诺（Theodor Wiesengrund Adorno）合著《启蒙辩证法》，揭示启蒙理性发展至极端，走向自己的反面，使启蒙变为一种新神话；阿多诺更是从主体性、同一性和等价交往等方面批判现代性的抽象发展。其次，哈贝马斯（Jürgen Habermas）在《现代性的哲学话语》中，指出笛卡尔确立的意识主体性无视他者存在，被困在自我意识界限之内，惟有通过社会交往，个体才能摆脱自闭，据此以交往理性代替自我意识，但是对现代性仍保持一种信心，宣称"现代性是一项未完成的规划"，应该继续推进。再有，霍耐特（Axel Honneth）的《理性的病理学》将批判矛头直指现代性的理性，因为正是理性异化导致了现代社会病态和个体精神病症。最近，罗萨（Hartmut Rosa）从社会加速现象反思人与世界已失去共鸣关系，批判现代社会加速对人们美好生活的侵蚀。

有鉴于此，现代性批判和重构还须结合当代西方社会病理学等批判前沿打开的视域去审视在建设"数字中国""人文中国"中出现的现代性和现代化问题。在 21 世纪的批判理论中，德国哲学新秀韩炳哲（Byng-Chul Han）分析了数字媒体时代大众心理学，向内揭示了现代性异化的精神机理诸如《他者的消失》《爱欲之死》《娱乐何为》《美的救赎》等，也向外考察了现代社会《暴力拓扑学》的历史演变，不同于福柯生命政治学提出《精神政治学》，诊断了数字资本主义的《透明社会》《倦怠社会》《妥协社会》等异化形态。②

---

① 王凤才：《21 世纪语境中如何理解马克思的现代性批判?》，载《山西大学学报（哲学社会科学版）》，2022 年第 2 期，第 11—16 页。

② 参见中信出版社从 2019 年迄今已出版的韩炳哲作品译著第一辑（9 册）全套和第二辑（11 册）部分。

（三）

现代性喜欢的哲学类型更像过程哲学而非实体哲学，前者是"对转瞬即逝、昙花一现、过眼烟云之物的抬升，对动态主义的欢庆"①；而后者是对永恒不变实体的坚守，对静态主义的执著。如今，现代化呈全球化趋势，广大发展中的国家先后被卷入了现代化浪潮之中。于是，肇始于欧洲的现代性作为普遍规范是否适合于其他国家地区的现代化则是令人怀疑的，或者说，西方式现代化作为全球现代化的标准范式，其合法性将遭到质疑。人类社会应该存在多元现代性的可能性，在这种可能性中，中国式现代化作为一种新范式已然出现于世界历史，将成为引领人类命运共同体的一道曙光。

有鉴于此，批判和重构现代性对于深入理解中国式现代化具有重要的意义。现代化虽是人类社会的变迁，但在根本上改变了人与自然的关系。就这一根本关系而言，中国式现代化对现代性重构的启示是重建人与自然和谐共生的关系。而"和谐"属于中国传统文化基因，从人际内化为心性修养并外推至天地自然。西方文化传统基因则是"自由"，强调个人自由、社会契约和人对自然的独立性。并且，与"和谐"相结合的"共生"却是现代生态学概念，指生态系统中各类物种通过食物链关联在一起，其中低等浮游生物与高等哺乳动物同等重要，共同构筑了生态系统的平衡与稳定。可见"和谐共生"除了人与自然的关系，又反映了传统与现代的关系，表现于中国式现代化正是绿色发展理念和生态经济模式。

从矛盾存在的普遍性与特殊性看，现代性构入现代化呈现出"普遍性→特殊性→普遍性"否定之否定的辩证过程。中国式现代化的"中国式"不仅是中国特色的，让西方国家刮目相看，而且是世界的，以其伟大成就和美好愿景成为广大发展中国家值得仿效的现代化典范，能够引领人类命运共同体走向光明的未来。"中国式"也从西方现代性中汲取真正具有普遍性的元素，嵌入中国现代化之中，生成一种更具包容性的现代化范式引领全球和平与发展，积极参与世界历史实践。

---

① 汪民安主编：《文化研究关键词》（修订版），南京：江苏人民出版社2020年版，第437页。

参考文献

一、中文论著

1. 经典文献

[1]《马克思恩格斯选集》第 1—4 卷，北京：人民出版社 1995 年版。

[2]《马克思恩格斯文集》第 1—10 卷，北京：人民出版社 2009 年版。

[3]《马克思恩格斯全集》第 3 卷，北京：人民出版社 2002 年版。

[4]《马克思恩格斯全集》第 25 卷，北京：人民出版社 1974 年版。

[5]《马克思恩格斯全集》第 30 卷，北京：人民出版社 1995 年版。

[6]《马克思恩格斯全集》第 42 卷，北京：人民出版社 1979 年版。

[7] 马克思：《1844 年经济学哲学手稿》，北京：人民出版社 2000 年版。

[8] 马克思：《资本论》第 1 卷，北京：人民出版社 2004 年版。

[9] 习近平：《决胜全面建成小康社会 夺取新时代中国特色社会主义伟大胜利——在中国共产党第十九次全国代表大会上的报告》，北京：人民出版社 2017 年版。

[10] 习近平：《高举中国特色社会主义伟大旗帜 为全面建设社会主义现代化国家而团结奋斗——在中国共产党第二十次全国代表大会上的报告》，北京：人民出版社 2022 年版。

[11] 中共中央宣传部：《习近平总书记系列重要讲话读本》，北京：学习出版社、人民出版社 2016 年版。

2. 怀特海译著

［12］［英］怀特海：《科学与近代世界》，何钦译，北京：商务印书馆 2012 年版。

［13］［英］怀特海：《过程与实在》，李步楼译，北京：商务印书馆 2012 年版。

［14］［英］怀特海：《思维方式》，刘放桐译，北京：商务印书馆 2004 年版。

［15］［英］怀特海：《观念的冒险》，周邦宪译，贵州：贵州人民出版社 2007 年版。

［16］［英］怀特海：《宗教的形成·符号的意义及效果》，周邦宪译，贵州：贵州人民出版社 2007 年版。

［17］［英］怀特海：《教育与科学 理性的功能》，黄铭译，郑州：大象出版社 2010 年版。

3. 研究类著译

从马克思到生态学马克思主义

［18］方锡良：《现代性批判中的马克思自然观研究》，上海：上海人民出版社 2014 年版。

［19］罗骞：《论马克思的现代性批判及其当代意义》，上海：上海人民出版社 2007 年版。

［20］［美］伯特尔·奥尔曼：《异化：马克思论资本主义社会中人的概念》，王贵贤译，北京：北京师范大学出版社 2011 年版。

［21］［美］伯特尔·奥尔曼：《辩证法的舞蹈——马克思方法的步骤》，田世锭、何霜梅译，北京：高等教育出版社 2006 年版。

［22］［美］约翰·贝拉米·福斯特：《生态危机与资本主义》，耿建新、宋兴无译，上海：上海译文出版社 2006 年版。

［23］［美］戴维·佩珀：《生态社会主义：从深生态学到社会正义》，刘颖译，济南：山东大学出版社 2012 年版。

［24］夏林：《穿越资本的历史时空——基于唯物史观的现代性批判》，北京：社会科学文献出版社 2008 年版。

［25］解保军：《生态学马克思主义名著导读》，哈尔滨：哈尔滨工业大学出版社 2014 年版。

［26］［印］萨拉·萨卡：《生态社会主义还是生态资本主义》，张淑兰译，济南：山东大学出版社 2012 年版。

［27］赵剑英等主编：《马克思哲学与中国现代性建构》，北京：社会科学文献出版社 2006 年版。

从怀特海到建设性后现代主义

［28］陈奎德：《怀特海哲学演化概论》，上海：上海人民出版社 1988 年版。

［29］李惠斌、薛晓源、王治河主编：《生态文明与马克思主义》，北京：中央编译出版社 2008 年版。

［30］［美］大卫·雷·格里芬：《后现代科学——科学魅力的再现》，马季方译，北京：中央编译出版社 1995 年版。

［31］［美］唐力权：《脉络与实在——怀特海机体哲学之批判的诠释》，宋继杰译，北京：中国社会科学出版社 1998 年版。

［32］［美］菲利浦·罗斯：《怀特海》，李超杰译，北京：中华书局 2002 年版。

［33］［美］白诗朗：《论创造性：朱熹、怀特海和南乐山的比较研究》，陈浩译，北京：中国社会科学出版社 2012 年版。

［34］［美］大卫·雷·格里芬：《怀特海的另类后现代哲学》，周邦宪译，北京：北京大学出版社 2013 年版。

［35］［日］田中裕：《怀特海：有机哲学》，包国光译，石家庄：河北教育出版社 2001 年版。

［36］王治河、霍桂桓、任平主编：《中国过程研究》（第二辑），北京：中国社会科学出版社 2007 年版。

［37］王治河、樊美筠：《第二次启蒙》，北京：北京大学出版社 2011 年版。

［38］王锟：《怀特海与中国哲学的第一次握手》，北京：北京大学出版社 2014 年版。

［39］俞懿娴：《怀特海自然哲学——机体哲学初探》，北京：北京大学出版社 2012 年版。

有关自然和社会的现代性批判

［40］［克罗地亚］斯尔丹·勒拉斯：《科学与现代性——整体科学理论》，严忠志译，北京：商务印书馆 2011 年版。

［41］［美］伊安·巴伯：《当科学遇到宗教》，苏贤贵译，北京：生活·读书·新知三联书店 2004 年版。

［42］［美］米歇尔·艾伦·吉莱斯皮：《现代性的神学起源》，张卜天译，长沙：湖南科学技术出版社 2012 年版。

［43］汪民安：《现代性》，南京：南京大学出版社 2012 年版。

［44］［英］柯林伍德：《自然的观念》，吴国盛译，北京：北京大学出版社 2006 年版。

［45］［英］安东尼·吉登斯：《现代性的后果》，田禾译，南京：译林出版社 2011 年版。

［46］［英］安东尼·吉登斯：《资本主义与现代社会理论——读马克思、涂尔干和韦伯著作的分析》，郭忠华、潘华凌译，上海：上海译文出版社 2013 年版。

［47］［英］安东尼·吉登斯、［英］克里斯多弗·皮尔森：《现代性——吉登斯访谈录》，尹宏毅译，北京：新华出版社 2001 年版。

4. 期刊类论文

［48］冯颜利、孟献丽：《有机马克思主义：融通"中""西""马"的新范式》，载《社会科学家》，2015 年第 11 期。

［49］黄铭、吕夏颖：《有机马克思主义的有机思维及其生态治理》，载《国外社会科学》，2016 年第 1 期。

［50］［美］柯布：《怀特海哲学和建设性的后现代主义》，邵刚、杨金颖译，载《世界哲学》，2003 年第 1 期。

［51］［美］柯布：《马克思与怀特海》，曲跃厚译，载《求是学刊》，2004 年第 6 期。

［52］［美］柯布：《文明与生态文明》，李义天译，载《马克思主义与现实》，2007 年第 6 期。

［53］［美］柯布：《论有机马克思主义》，陈伟功译，载《马克思主义与现实》，2015 年第 1 期。

［54］［美］菲利普·克莱顿：《走向一种为了共同福祉的建设性后现代主义》，周邦宪译，载《武汉理工大学学报（社会科学版）》，2010 年第 5 期。

［55］［美］菲利普·克莱顿：《有机马克思主义与有机教育》，孟献

丽译，载《马克思主义与现实》，2015 年第 1 期。

　［56］［美］菲利普·克莱顿：《有机马克思主义与生态文明》，载《马克思主义与现实》，2016 年第 4 期。

　［57］［美］大卫·格里芬：《生态文明：拯救人类文明的必由之路》，柯进华译，载《深圳大学学报（人文社会科学版）》，2013 年第 6 期。

　［58］孟献丽、左路平：《有机马克思主义的新生态观——兼评有机马克思主义的生态危机解决之道》，载《国外社会科学》，2016 年第 1 期。

　［59］王治河、杨韬：《有机马克思主义及其当代意义》，载《马克思主义与现实》，2015 年第 1 期。

　［60］王治河：《中国式建设性后现代主义与生态文明的建构》，载《马克思主义与现实》2009 年第 1 期。

　［61］王治河：《别一种生活方式是可能的——论建设性后现代主义对现代生活方式的批判及启迪》，载《华中科技大学学报（社会科学版）》，2009 年第 1 期。

　［62］王凤珍：《有机马克思主义：问题、进路及意义》，载《哲学研究》，2015 年第 8 期。

　［63］汪信砚：《有机马克思主义与马克思的马克思主义》，载《哲学研究》，2015 年第 11 期。

　［64］杨富斌：《有机马克思主义的出场及意义》，载《东北师大学报（哲学社会科学版）》，2016 年第 2 期。

　［65］杨志华：《何为有机马克思主义？——基于中国视角的观察》，载《马克思主义与现实》，2015 年第 1 期。

二、英文文献

　［66］Alfred North Whitehead, *Science and the Modern World*, New York：The Fress Press, 1967.

　［67］Alfred North Whitehead, *Process and Reality*, New York：The Free Press, 1978.

　［68］Alfred North Whitehead, *Symbolism：Its Meaning and Effect*, New York：Fordham University Press, 1958.

［69］Alfred North Whitehead, *Symbolism: Its Meaning and Effect*, New York: Fordham University Press, 1958.

［70］Alfred North Whitehead, *Modes of Thought*, New York: The Free Press, 1968.

［71］Anne Fairchild Pomeroy, *Marx and Whitehead: Process, Dialectics, and the Critique of Capitalism*, Albany: State University of New York Press, 2004.

［72］Elizabeth M. Kraus, *The Metaphysics of Experience*, New York: Fordham University Press, 1998.

［73］John B. Cobb Jr. , *Whitehead word book*, Claremont, CA: P&F Press, 2008.

［74］John B. Cobb Jr. and David R. Grifin, *Process Theology: a Introductory Exposition* , Philadelphia: Westminster Press, 1976.

［75］John E. Smith, *The Spirit of American Philosophy*, revised edition, Albany: State University of New York Press, 1983.

［76］Jay McDaniel, *What Is Process Thought? Seven Answers to Seven Questions* , Claremont, CA: P&F Press, 2008.

［77］Philip Clayton, *Organic Marxism: An Alternative to Capitalism and Ecological Catastrophe*, Process Century Press, 2014.

［78］Robert B. Mellert, *What Is Process Theology?* New York: Paulist Press, 1975.

［79］Victor Lowe, *Alfred North Whitehead: The Man and His Work* Vol. Ⅰ: 1861 – 1910, Baltimore and London: The Johns Hopkins University Press, 1985.

［80］Victor Lowe, *Alfred North Whitehead: The Man and His Work* Vol. Ⅱ: 1910 – 1947, Baltimore and London: The Johns Hopkins University Press, 1990.

后 记

一切等级的和固定的东西都烟消云散了，一切神圣的东西都被亵渎了。——马克思①

哲学的功用之一，是批判宇宙观。换句话说，就是将各种有关事物本质的直觉加以调和、重建形式，并提出证明。……它在工人尚未搬来一块石头之前就盖好了教堂，又在自然因素尚未剥落拱门时就毁掉了教堂。它是精神建筑物的工程师及破坏者——物质到来之前，精神已经先到了。——怀特海②

今天，全世界的男女们都共享着一种重要的经验——一种关于时间和空间、自我和他人、生活的各种可能和危险的经验。我将把这种经验称作"现代性"。——伯曼③

现代性作为一种体验，其中个体经历了社会急剧的变迁，从传统社会奔向现代社会。面对 19 世纪欧洲资本主义社会发展，马克思深刻地描述了这种体验：快速变迁、固定消散、传统颠覆。这在怀特海看来，实体哲学不再能够解释时代精神，取而代之的过程哲学或许更能契合现代性变动不居的本性。怀特海过程哲学批判牛顿力学和笛卡尔的近代宇宙观，基于 20 世纪量子力学和相对论重构了过程宇宙观，并隐含了人与自

---

① 马克思、恩格斯：《共产党宣言》，中共中央马克思恩格斯列宁斯大林著作编译局，北京：人民出版社 2014 年版，第 31 页。

② ［英］怀特海：《科学与现代世界》，傅佩荣译，上海：上海人民出版社 2019 年版，第 1—2 页。

③ ［美］马歇尔·伯曼：《一切紧固的东西都烟消云散了：现代性体验》，徐大建、张辑译，北京：商务印书馆 2013 年，第 15 页。

然关系的中国传统智慧。在 21 世纪的今天，人类历史、自然宇宙和思维精神的快速现代化，给人们带来前所未有的切身感受。于是，现代性体验和现代化感受彼此交织，使每个人在现代性体验中经历事物，在现代化感受中认知世界，从而获得个体的具体经验。

我们这个时代由于资本和市场的客观存在，马克思的视域依然有效；我们这个时代由于科学和技术的迅猛发展，怀特海的反思非常必要。对于我而言，长期在大学讲授马克思主义原理课程，也对怀特海过程哲学有过多年的研读思考，并且生活于现代性充分彰显的时代，如今身处举国上下热议"中国式现代化"之中。在这一时代背景下，自己对现代性的体验和对现代化的感受尤其强烈。对此，我曾经写过一篇短文发表于一家媒体（原载《社会科学报》2020 年 11 月 14 日第 1730 期第 5 版）。现辑录于下：

我们生活在"物"的世界，还是"事"的世界？

世界观作为我们对世界总的看法和根本观点，是每个人存在于世自觉或不自觉的观念。人们时常习惯于从"物"的观念去看世界上的一切人事物，即将人和事也归结为物的观念。另有一种观念则把"事"视为世界的根本，人的一切活动可归为"人事"，物的全部存在可称为"事物"。两种世界观的基本概念各为"物"与"事"，于是便有了"物"的世界观与"事"的世界观之分。

一、"事"先于"物"

在现代汉语中，"事物"是一个常用词，用来指代相对于人的内心世界的外部物质世界。从这个意义上讲，"事物"与唯物主义强调的"物质"概念大致相当。不过，"事物"还可以进一步分析为"事"与"物"两种基本形式：前者处于联系和发展的状态，无论是自然事件还是社会人事；后者则呈现出分离和静止的样子，如岩石、桌子等各种自然物和人造物。总体而观，世界充满着形色各异的"物"，也交织着复杂多变之"事"，故表现为一个"事物"世界。

然而，作为世界观可以追问的是，世界的根本究竟是"物"还是"事"。换言之，"物"与"事"谁才是世界的第一性存在，是先有"物"还是先有"事"？不同于人们通常认为的"物"先于"事"的观点，我们倒可以提出"事"先于"物"的立论，并从三个方面寻求证据：

第一，宇宙论的证据。不妨从身边的桌子开始说起，桌子之"物"产生于木工制作之"事"，便是"事"先于"物"之例；但随之而来的反例则是木料必须先于桌子而存在，否则木工就像"巧妇难为无米之炊"那样无从下手，由此"物"便先于"事"；如果拓展一下视野，不难发现木料之"物"其实也来自砍伐之"事"，因而"事"又先于了"物"；但先得有大树之"物"存在才能有砍伐之"事"发生，不然砍伐就是无对象了；然而，大树之"物"又是其生长之"事"的结果，而生长的起点却是种子之"物"，……如此推论下去，一直会追溯至宇宙的起源，按科学假设，宇宙起源于一次大爆炸事件。因此，宇宙论证实了"事"而非"物"才是世界的本源。

第二，物理学的证据。"物"与"事"在物理学中表述为"物体"（material substances）与"事件"（actual events）两个基本概念。在 17、18 世纪牛顿力学的经典范式中，物理学的研究对象是"物体"，用空间 xyz 三个坐标即可简单定位。但 20 世纪物理学有了新发现，爱因斯坦的相对论取代了牛顿力学成为物理学的新范式，研究对象也随之转向"事件"。定位一个事件远比定位一个物体来得复杂，至少需要四个因素，即除了空间 xyz 三个坐标以外，还需要时间 t 的参数。相比之下，物体属于事件的一种抽象，只是事件之流的一个相对静止的横截面，至多是过程的一个结果而已。因此，事件要比物体更现实、更具体，在世界中更具本源性、更有根本性。在此意义上，说"事"而非"物"是世界的第一性存在显得更科学。

第三，生活中的证据。我们日常生活的真相是"活在事中"，每天起早摸黑，淹没于各种大小事务。从生活起居、一日三餐，到通勤途中、上班干活，再到社交活动、休闲娱乐，生活的各种处境无时不刻地处于事件之流中。从国事到家事、从他人的事到自己的事、从大事到小事，很难想象哪一天会没有任何事纷扰我们。也正是由于外部事务不断发生，人的内心始终不得安宁，总为日常事务所烦恼、为生活琐事所羁绊。我们还常将人与事合在一起，感叹人事变迁，物是人非，惹起莫名伤感。由此可见，我们真正生活的世界是一个由无数"事"接续发生的世界，现代消费社会充斥的"庞大的商品堆积"不见得是我们生活的真实世界。

上述三方面证据都能佐证"事"先于"物"存在的观点。在"事物"世界中，"事"为第一性，"物"为第二性，而非我们常识中关于"物"先于"事"的理解。所以，我们须从"物"的世界观转向"事"的世界观。值得注意的是，"事"的世界观并不违背唯物主义原则，因为唯物主义的"物质"是标志客观实在的哲学范畴，凡是相对于主观思维的一切事物都可纳入物质范畴。在现实层面，用"事物"代言"物质"显得更有生活气息，也暗合科学的新理论，并具中国语言的特色。在理论层面，这也是对物质第一性原理的深化，即在承认"事物"客观存在的前提下，通过追问"事"与"物"孰先孰后的关系，进一步凸显辩证唯物主义的实践观点即做实"事"和历史唯物主义的群众观点即重人"事"。

二、"事"的世界观

"事"的世界观基于"事"来看世界，可分微观和宏观两个层次。在微观层次上，我们通过"事"的一般结构揭示了世界本体的特征。以"事"作为世界的本体，能够说明世界存在的综合特征和世界演化的生长机制，即"多生成一、由一而长"（the many become one and are increased by one）。此谓"一"是指一个具体事件，"多"则是构成该事件的相关因素。比如，上课是一个教学事件，它由老师、学生、教室、时间、电脑、网络、电源等多项因素共同生成，是一个由人事物汇聚于特定时空中发生的事件，一次"多生成一"的综合过程。假如某因素不到位，像老师缺席、教室断电等，便会导致上课事件的中止。本次上课完成之后，又会引发后续的上课事件，众多上课事件的顺利推进，便形成了整个教学过程，实现了"由一而长"的发展。上课事件如此，自然事件、社会人事也都如此存在和演化。

在宏观层次上，"事"的世界观为我们描绘了一幅普遍联系和永恒发展的世界辩证图景。在"事"的世界观看来，整个宇宙都是由事件构成的有机整体和过程集合，从原子、分子到化合物，从无机界到有机界，从简单的、低级的机体到复杂的、高级的生命，直至人类的社会历史和文化精神，都处于"多生成一"和"由一而长"的事件世界之中，贯穿宇宙的活动就是一种整合并生长的创造性活动。由于事件的本质是一种创造性的活动，所以世界、宇宙和时空根本上处于绝对的运动状态。那么又如何解释物体相对静止的事实？"事"的世界观认为，世界的原初状态只是时空中发生的事件，所谓物体不过是事件演化的结果或重复出现的事件模式。因而，"事"成为"物"其实是事件中的重复性占据主导地位的结果，这在非生命的无机界中十分典型。但在有机界的生命进化中，特别是在人类文明的发展中，创新性相比重复性不断占据主导地位，最终起了决定作用。所以，对于人类社会及其历史而言，"事"比"物"更适合表达我们的世界观。

三、"事"与生活意义

"事"的世界观非常契合东方文化对世界人生的深刻领悟。佛教的基本教义为"缘起性空"，所讲的正是世界的事件性而非实体性。佛教认为，"多生成一"的事件结构决定了世界本性之空，因为"多"中的任一因素缺席都有可能导致事件"一"的解体，所以面对一切人事物实在没有必要过于执着。但是，佛教示人的"破执"太过消极，相比之下，儒家讲的"尽人事听天命"就要积极乐观得多。诚然，成就任何一件事（"多生成一"）都离不开主观努力（"人事"）与客观条件（"天命"）等多种因素的相互结合，因而凡事既要"拿得起"也须"放得下"。觉悟到世界及其人事物的缘起性和非实体性，没必要就对人生持悲观主义的态度，也不应该沉溺于享乐主义的醉生梦死中。中国禅宗将出世与入世融合于日常生活，启示人们抱着出世的心态去做入世的事情，并以审美精神体验现实人生，譬如，劈柴挑水均是修炼法门，黄花翠竹也是佛性呈现。

进入现代社会，现代性的后果让人处于一个充满不确定性的高风险世界之中，社会学家称之为风险社会。从"事"的世界观看，世界的根本乃事件的演化，而事件的一般结构为"多生成一"，用数学术语来讲是一个公式为"event $= f(x, y, z, t\cdots)$"的多元函数，其中多个自变量决定了因变量的不确定性。可见，"事"的世界观要比"物"的世界观更能解释风险社会。那么，生活于风险社会的现代人该如何安身立命？不少心灵慰藉类书籍都提出了"活在当下"的观点。从字面上看，这一观点似乎不够全面，因为过去与未来也是我们生活不可或缺的部分。在人类经验中，过去成为我们的记忆，未来则是我们的期望，我们不可能脱离记忆和期望而单纯地体验着现在。但如果从"事"的世界观来看，"活在当下"便可理解为人在做事，所做之事就是"当下"的本体。事件的发生无论长短总有一段时间 t 的持续，在这段时间中，除了现在的发生还包含过去的痕迹和未来的端倪，所以"当下"统摄了过去、现在和未来的三个时间维度，属于一种较为完整的观点。

现代人因为时间箭头飞逝而焦虑、因为外在关系思维而浮躁，丧失了古代人的内心宁静和内在于世的人生体验。从世界观来审视，这都与"物"的世界观有关，因为物的体积位置改变只是空间的函数，而与时间的变量无关。并且，人与物的关系属于外在关系，若将物作为世界的本体，时间和世界便都外在于人，难免让人觉得本体焦虑和生存浮躁。"事"的世界观则将人与世界的关系归为人与事的内在关系，这种关系使时间内在于事件，让人在做事中忘记了时间流逝而不再焦虑，并达到一种忘我境界。的确，人生活于物的世界还是事的世界，其意义截然不同。在物的世界中，特别是现代商品社会，人生的意义很容易被拜物教所支配；而在事的世界中，尤其在中国文化语境中，"修身齐家治国平天下"则由近而远、从小事到大事都能够让我们活出人生的意义来。

诚如这篇文章所述，从"物"的世界观转向"事"的世界观落实于个体身上，正是一种现代性体验和现代化感受！由此获得的具体经验和生活认知则是扬弃"物"的世界观和确立"事"的世界观，消除各种拜物教的异化，诗意地栖居在大地上，这将是我本人对现代性的批判和重构。

人生在世，指人在"事"的世界中存在，这是一个"多生成一、由一而长"的过程，期间离不开家人、同事和领导，离不开家庭、学校和国家，我的此在和众多他者生活在一个个共同体里，应该感恩一切际遇和感谢所有人事。在此，我特别感恩家人为我创造一个温馨的生活环境，感谢何宛怿博士为书稿做了仔细的文字润色和格式调整，感谢学院的出版资助，感谢五位匿名评审专家的修改意见，感谢彭永强编辑的辛勤工作。

2023 年 4 月 30 日于浙江大学紫金港校区启真湖西畔